번역사 만들기

A Handbook for Translator Trainers
A Guide to Reflective Practice

Copyright ⓒ Dorothy Kelly 2005

이 책의 한국어 판권은 St. Jerome Publishing과의 독점 계약에 따라 한국문화사에 있습니다.

Korean Translation Copyright ⓒ Hankookmunhwasa Publishing Company 2012

번역사 만들기
번역사 양성을 위한 실용적 제안

A Handbook for Translator Trainers
A Guide to Reflective Practice

Dorothy Kelly 지음
김도훈 · 성승은 옮김

한국문화사

번역사 만들기 - 번역사 양성을 위한 실용적 제안
A Handbook for Translator Trainers - A Guide to Reflective Practice

초판인쇄	2012년 8월 10일
초판발행	2012년 8월 20일

지 은 이	Dorothy Kelly
옮 긴 이	김도훈 · 성승은
펴 낸 이	김 진 수
펴 낸 곳	**한국문화사**
등 록	1991년 11월 9일 제2-1276호
주 소	서울특별시 성동구 아차산로 3(성수동 1가) 502호
전 화	(02)464-7708 / 3409-4488
전 송	(02)499-0846
이 메 일	hkm7708@hanmail.net
홈페이지	www.hankookmunhwasa.co.kr

책값은 뒤표지에 있습니다.

잘못된 책은 바꾸어 드립니다.
이 책의 내용은 저작권법에 따라 보호받고 있습니다.

ISBN 978-89-5726-976-3 93700

이 도서의 국립중앙도서관 출판시도서목록(CIP)은 e-CIP 홈페이지
(http://www.nl.go.kr/cip.php)에서 이용하실 수 있습니다.
(CIP제어번호: CIP2012003507)

역자 서문

Kelly의 『A Handbook for Translator Trainers』는 번역 교수자들이나 번역학자들에게는 이미 널리 알려진 책으로 세인트제롬 출판사(St. Jerome Publishing)의 <Translation Practices Explained> 시리즈 중 하나이다. 번역 실무자들이나 교수자들이 저자로 참여한 이 시리즈는 번역 학습자들이나 교수자들이 실제 사례를 중심으로 문제를 해결함으로써 귀납적으로 번역을 학습하고 지도할 수 있도록 구성되어 있다. 『A Handbook for Translator Trainers』 역시 이론과 실무를 접목하여 수업에 바로 활용할 수 있는 다양한 제안을 하고 있다. 이 책은 번역 교수자를 주요 독자로 삼고 있으나 역자들은 이 책이 번역 교수자뿐 아니라 자가 학습자에게도 크게 유용할 것이라고 판단하여 번역서의 제목을 『번역사 만들기』로 정했다.

Kelly는 이 책에서 논하고 제안한 내용을 독자의 상황에 적용해 볼 것을 시종일관 권하는데, 역자들은 이 같은 제안을 실천에 옮김으로써 기존에 견지해 온 교수방식과 활동을 되돌아보는 계기가 되었다. 기대학습성과 설정부터 평가에 이르기까지 일관된 체계를 갖추었는지 비판적으로 살펴보고 개선이 필요한 부분을 찾아보았으며, 이를 적용하고 다시 피드백을 얻음으로써 전 과정을 반추하는 값진 시간이 되었다.

이 책이 출판되기까지는 많은 분들의 도움과 배려가 있었다. 특히, 초고와 교정본을 읽고 조언해 주신 한국외국어대학교의 김진숙 선생님과 부산영상위원회의 주연우 선생님, 번역의 기획 단계부터 마지막 과정까지 꼼꼼히 챙겨주신 한국문화사의 김태균 편집부장님, 편집을 맡아 역자들의 여러 가지 질문과 요청에 항상 친절히 응대해 주신 허미양 선생님께 심심한 감사의 마음을 전한다.

번역교육이 꾸준히 확대되고 있는 현 시점에서『번역사 만들기』가 효과적인 교과과정 설계 및 운영에 일조할 수 있기를 바란다.

2012. 8.
김도훈, 성승은

역자 일러두기

1. 주요 술어는 원어를 병기하였다. 주요 술어는 아니지만 한글만으로는 혼동의 여지가 있다고 판단되는 경우에는 한자를 병기하였다.
   예) 능동적 사용언어(active working language), 정확한 이론적 기술(記述)

2. 독자의 이해를 돕기 위해 추가로 설명이 필요하다고 판단된 부분에는 역주를 첨가하거나 본문 내에 설명을 삽입하였다.
   예) [역주] 릴레이 번역: 번역물을 다시 원천텍스트로 삼아 또 다른 목표텍스트로 옮기는 번역 방식
   예) 프랑스 파리3대학교 부속 통번역학교(ESIT)

3. 인명은 원문을 따라 알파벳으로 표기했으며, 국가, 도시, 대학 등은 한국어로 옮겼다.
   예) González Davies
   예) 렌대학

4. 이 책의 번역은 김도훈과 성승은의 공역이다. 전체적인 방향을 함께 설정하고 용어 통일 작업을 한 후 김도훈이 1~4장을, 성승은이 5~9

장을 옮겼으며 수차례 상호 확인하고 감수했다.

|차|례|

역자 서문	v
역자 일러두기	vii
도표 목록	xiv
약어 풀이	xv
이 책의 구성과 활용법	xvii

1장 번역교육의 어제와 오늘 — 1

1. 번역교육의 역사와 배경	3
1-1. 제도적 번역교육의 유형	5
1-2. 번역사협회	5
1-3. 번역회사	7
1-4. 번역학회	7
2. 번역교육에 대한 주요 접근법	8
2-1. 초기 번역교육 접근법	8
2-2. 교수목표 설정의 중요성: Delisle	9
2-3. 실무기반 학습자중심 접근법을 향해: Nord	11
2-4. 과정중심 접근법: Gile	13
2-5. 인지·심리언어학 연구의 접목: Kiraly 등	15
2-6. 상황적 접근법: Vienne, Gouadec	17
2-7. 과업기반 접근법: Hurtado, González Davies	18
2-8. 의식적 분석과 잠재의식 발견의 균형: Robinson	19
2-9. 사회구성주의 접근법: Kiraly	20

2장 학습성과/교수목표　25

1. 교과과정 설계의 핵심　27
2. 기대학습성과/교수목표　28
3. 기대학습성과/교수목표에 영향을 미치는 요인　29
4. 직업적 고려사항: 번역사의 업무　31
5. 학문적 고려사항: 번역능력　38
6. 고등교육에서의 '능력'에 대한 개념　45
7. 전체적 목적　49
8. 세부학습성과　53

3장 교육참여자: 학습자와 교수자　59

1. 학습자　61
   - 1-1. 사전지식　62
   - 1-2. 개인적 특성　66
   - 1-3. 학습방식 및 접근법　67
   - 1-4. 기대 및 동기　70
   - 1-5. 동질성의 정도　74
2. 필요분석　76
3. 교수자　78
   - 3-1. 사전지식 및 경험　79
   - 3-2. 교수방식　82
   - 3-3. 기대 및 동기　84
   - 3-4. 조율 및 협동작업　85

4장 교육내용 89

1. 맥락 91
    - 1-1. 학문중심 대(對) 직업교육중심 91
    - 1-2. 학부 대(對) 대학원 91
    - 1-3. 전문화의 정도 92
    - 1-4. 수업 연한 93
2. 사례 연구 94
    - 2-1. 스페인 통번역 학부과정 핵심 교육내용 95
    - 2-2. POSI 프로젝트의 교육과정 구조(안) 102
    - 2-3. 호주 맥쿼리대학교 번역·통역 석사과정 104
    - 2-4. 영국 리즈대학교 영상 번역 석사과정 105
3. 교육내용 및 구성에 대한 일반적 고려사항 106
    - 3-1. 언어 능력 106
    - 3-2. 문화적 능력 108
    - 3-3. 도구적 능력 108
    - 3-4. 전문가화 109
    - 3-5. 대인관계 능력 111
    - 3-6. 주제 분야 능력 111
    - 3-7. 태도적 능력 112
    - 3-8. 단절 대(對) 연결 113

5장 기존 자원과 새로운 자원 117

1. 물리적 환경 119
2. 전통적 교실 자원 122
3. 새로운 기술 125
4. 교류프로그램 130
5. 실무 연수 134

6장 교수·학습활동 · 141

1. 피해야 할 것 · 143
2. 교수·학습활동 · 144
   - 2-1. 대집단: 강의 및 발표 · 144
   - 2-2. 학생발표 · 147
   - 2-3. 소집단 · 149
3. 교수·학습활동에서 고려사항 · 151
   - 3-1. 팀/집단 작업 · 151
   - 3-2. 교실 내외 활동 · 155
4. 지원과 멘토링 · 156
5. 교수·학습활동의 예 · 159

7장 교육 순서 · 167

1. 이론과 실제 · 169
2. 언어 학습과 번역 · 171
3. 활동 순서: 과업과 프로젝트 · 172
4. 텍스트 선정 기준 · 174
   - 4-1. 실무적 접근법 · 177
   - 4-2. 교육의 진행 과정 · 181
5. 학습자 참여 · 189

8장 평가 193

1. 번역물 평가와 오류의 개념 195
2. 번역교육과정에서의 전통적인 평가 196
3. 학습과정 평가의 기본 원칙: 성과와 연계하기 197
4. 번역 시험을 현실적으로 만들기 202
5. 대안: 번역 포트폴리오 205
6. 성적처리: 규준참조 대(對) 준거참조 207
7. 누가 평가할 것인가? 211
8. 개별평가 대(對) 집단평가 214
9. 교육과정 평가 216

9장 번역 교수자 교육 223

1. 교수자 교육의 필요성과 교수자 능력 225
2. 교수자 교육 설계 226
3. 기존 자원 228
   - 3-1. 문헌 228
   - 3-2. 교육과정 229
4. 결론 230

- 용어 해설 234
- 참고문헌 243
- 색인 258

|도|표|목|록|

도표 1	교과과정 설계 절차	xix
도표 2	SDL 인터내셔널의 번역사 채용공고	34
도표 3	유럽연합(EU) 튜닝 프로젝트(Tuning Project)에서 정의한 포괄능력	49
도표 4	Bloom 교육목표 분류체계와 학습성과 단계별 제안 어휘 (Bloom, 1956의 분류체계에 기초/ D'Andrea, 2003: 35)	51
도표 5	SOLO 분류체계의 단계별 특성/동사 유형 (Biggs, 2003: 48을 토대로 재구성)	52
도표 6	Kolb 학습사이클	69
도표 7	교수·학습을 둘러싼 다양한 관점 (Cannon과 Newble, 2000; Villa, 2004를 토대로 재구성)	84
도표 8	스페인 번역·통역교육과정(학사) 핵심 교과과정	98
도표 9	POSI 프로젝트의 교육과정 구조(안)	103
도표 10	호주 맥쿼리대학교 번역·통역 석사과정 구조	104
도표 11	영국 리즈대학교 영상 번역 석사과정 구조	105
도표 12	학습자의 자율성과 적합한 교수 접근법	173
도표 13	전문화의 정도	184
도표 14	평가보고서 양식	214

|약|어|풀|이|

ALE (Applied Languages Europe triple degree programme)
　　응용언어 유럽 3개 학위과정

ATA (American Translators Association)
　　미국번역사협회

AVANTI (Avances en Traducción e Interpretación Research Group,
　　Universidad de Granada, Spain)
　　스페인 그라나다대학교 통번역연구소

BDÜ (Bundesverband der Dolmetscher und der Übersetzer)
　　독일통번역사협회

CILT (National Centre for Languages)
　　영국국립언어원

CIUTI (Conférence Internationale Permanente d'Instituts Universitaires de
　　Traducteurs et d'Interprètes)
　　세계통번역대학협회

EST (European Society for Translation Studies)
　　유럽번역학회

FIT (Fédération Internationale de Traducteurs)
　　국제번역사연맹

IATIS (International Association for Translation and Intercultural Studies)
　　국제번역·문화간연구학회

ITI (Institute for Translation and Interpreting)
　　국제통번역기구

ITIA (Irish Translators and Interpreters Association)
아일랜드통번역사협회

LNTO (Languages National Training Organization)
영국국립언어교육기구

NZSTI (New Zealand Society of Translators and Interpreters)
뉴질랜드통번역사협회

PACTE (Proceso de Adquisición de la Competencia Traductora y Evaluación Research Group, Universitat Autónoma de Barcelona, Spain)
번역능력 습득·평가과정 연구집단, 스페인 바르셀로나자치대학교

POSI (Praxis-orientierte Studieninhalte)
번역 교수자 양성을 위한 실무지향적 학습자료

SATI (South African Translators' Institute)
남아프리카번역사협회

SFT (Société Française des Traducteurs)
프랑스번역사협회

SOLO (Structure of the Observed Learning Outcome)
관찰 학습성과 구조

Temcu (Training Teachers for the Multicultural Classroom at University)
대학 내 다문화 수업을 위한 교수자 교육

TRAP (Translation Process Research Group, Copenhagen Business School, Denmark)
번역절차 연구집단, 덴마크 코펜하겐비즈니스스쿨

이 책의 구성과 활용법

　이 책의 주목적은 번역 교수자들이 더욱 체계적인 방식으로 수업을 계획하도록 돕는 것이다. 번역 교수자들의 학문적·직업적 배경은 매우 다양하다. 다시 말해 번역사, 언어 교수자, 번역학자 모두 번역교육의 한 축을 담당하고 있는 번역 교수자들이지만 이들의 번역, 연구, 교육 경험은 그 성격과 차원을 달리 한다. 번역교육과 관련된 '사고의 양식'을 최대한 제공하는 것이 이 책의 일차적인 목적이라는 점에서 다양한 배경을 가진 번역 교수자 모두에게 도움이 되기를 희망한다.

　필자는 본문에서 기회가 있을 때마다 번역교육이 실제로 이루어지는 구체적인 맥락에 주목해야 한다는 점을 강조했다. 이러한 관점에서 본다면 번역교육을 둘러싼 여러 쟁점과 문제에 두루 적용될 수 있는 천편일률적인 해결책을 제시하는 것은 논리적으로 맞지 않다. 이 책에 나오는 학습목표, 활동, 과업, 프로젝트, 강의계획서 역시 모든 번역교육과정에서 실행될 수 있는 만능처방이 아니다. 필자는 독자들이 다양한 각도에서 사고하고 개개인이 처한 제도와 지역과 국가의 현실에 적합한 결론을 스스로 도출할 수 있도록 논의를 이끌었다.

　이 책의 큰 틀과 구성은 다음과 같다. 우선 번역 교과과정 설계 단계별로 고려해야 하는 기본적인 사항이 기술되어 있다. 이어서 관련된 예시와 분석이 제시되어 있다. 다음으로는 독자들 스스로 분석을 하도록 유도한 후 각자의 목적 및 기대학습성과를 토대로 교과과정, 강의계획서, 프로젝트, 과업, 학습활동을 독자적으로 설계할 수 있도록 했다.

이 책은 '교육'에 초점을 맞추고 있다. 따라서 독자들이 이미 직업적 활동으로서의 번역과 학문으로서의 번역에 대한 지식을 보유하고 있다고 전제했으며 번역 자체에 대한 논의는 별도로 하지 않았다. 번역 관련 주제 지식을 원하는 비(非)번역학 전공자들은 다양한 번역 문제를 서로 다른 각도에서 조명한 번역 연구가 다수 있으니 찾아보기를 권한다.

필자는 통역과 번역이 사회·문화·언어적 중개(仲介)의 한 형태라는 측면에서 차이점보다는 공통점이 훨씬 더 많다고 생각한다. 그럼에도 불구하고 이 책은 번역교육만을 대상으로 하고 있다. 물론 이 책에 나오는 접근법이 통역교육에도 적용될 수 있다. 하지만 앞서 논한 통역과 번역의 공통점에도 불구하고 두 분야의 개별성과 특수성으로 인해 통역교육에 관해서는 별개의 책에서 다루는 것이 보다 바람직하다고 판단했다.

번역학은 종종 학제간(學際間) 또는 학제적(學際的) 연구 분야로 일컬어진다. 이는 번역이 매우 복합적인 사회·문화·텍스트·인지 활동이기 때문이다. 결국, 다양한 학문과의 접목은 번역학에도 득이 된다는 결론에 도달할 수 있다. 이에 대해서는 번역학자들 사이에서도 이견이 없는 상황이다. 그럼에도 불구하고 번역학이 다소 편협한 관점을 유지해 왔다는 사실을 부인할 수는 없다. 이는 독립적인 학문으로서의 번역학의 입지를 강화하려 했던 시도로 해석된다. 번역학 내의 다른 연구 분야도 마찬가지지만 번역교육과 관련해서는 최근에 와서야 우리 스스로를 옭아매던 틀을 조금이라도 벗어나 고등교육과 관련한 다양한 문제를 연계하기 시작했다. 이 책 역시 교육학, 특히 고등교육 및 교과과정 분야의 연구를 번역교육에 접목했다. 필자는 이러한 융합 연구가 보다 활성화될 필요가 있다고 생각한다. 부족하나마 이 책이 번역학자들의 관심 영역을 조금이라도 넓히는 데 기여하고, 교육학이 이미 이루어놓은 성과를 토대로 번역학과 교육학을 접목한 다양한 연구를 진행하는 데에 일조할 수 있기를 바란다.

이 책은 교과과정 설계를 다루는 데 있어 나름의 체계를 갖추고 있다. 우선, 가장 일반적인 차원에서 시작해서 점차 세부적인 차원으로 논의를 좁혀 간다. 아울러 교과과정에 관여하는 의사결정 과정의 순서대로 논의가 진행되고 있다(물론 이러한 과정은 서로 불가분의 관계이며 본질적으로 반복되기도 한다.). 독자들은 이 책을 순서대로 읽어도 되지만 각각의 장이 독립적으로 구성되어 있기 때문에 순서에 연연할 필요는 없다. 예를 들어, 교수 자원(敎授資源)에 관심이 있는 번역 교수자는 1~4장을 뛰어넘고 바로 5장을 읽어도 관련 논의와 개념을 이해하는 데 무리가 없다.

이 책의 모든 장은 다루고자 하는 내용을 전체적으로 요약한 개요로 시작한다. 이어 번역교육에 필요한 실질적인 활동이 제시되어 있다. 이는 현재, 그리고 미래의 번역교육에 대한 심도 있는 논의와 사고를 유도하기 위함이다. 각 장의 마지막 부분에서는 핵심 내용을 다시 한 번 정리한 후 추천문헌을 열거했다. 추천문헌 중 일부는 고등교육에 관한 기초적인 연구이며 번역학과는 직접적인 관련이 없지만 비(非)교육학 전공자들의 이해를 도울 것이다. 물론, 번역학과 관련된 추천문헌이 훨씬 더 많으며 상대적으로 깊이가 있다.

앞서 밝혔듯 이 책의 전체적인 접근법은 독자들의 사고를 촉진하고 교과과정 설계와 관련된 각각의 요소를 비판적인 시각으로 연결하도록 이끄는 데 초점이 맞추어져 있다. 이와 더불어 필자가 제안하는 다양한 활동 역시 매우 중요한 부분을 차지하고 있다. 적극적인 참여가 보다 높은 수준의 학습을 위한 촉매제가 되듯 번역교육에 있어서도 이 책에 나오는 다양한 활동을 제대로 실행한다면 보다 적극적인 참여를 유도하고 깊은 사고를 촉진할 수 있으며 이러한 과정을 통해 더욱 적합한 결론을 도출할 수 있다. 활동은 개인 단위로, 또는 조별로 진행할 수 있다. 특히, 소집단 단위로 진행하면 보다 효과적이다. 이들 활동은 번역회사에서 운영하는 단기 직원 교육과정 또는 번역 교수자 교육과정을 설계할 때도 유용하다.

체계적인 교과과정 설계의 출발점은 번역교육이 실제로 이루어지는 제도적·사회적 맥락이다. 여기에 기초해 교수목표 또는 기대학습성과를 설정해야 하며, 이 단계에서는 해당 분야 전문가들과 학자들의 경험과 지식도 충분히 수용하고 반영해야 한다. 가용 자원 및 교육참여자들(학습자와 교수자)의 약력(개인·집단의 성격 및 배경)도 중요하다. 필자는 이러한 배경 및 요인에 대한 논의를 체계적으로 진행하려 노력했다.

이 책에서 제안된 교수·학습활동은 기대학습성과를 달성하는 데 필요한 방향으로 설계되어 있다. 이에 기초해 활동 순서를 정했으며 다른 여러 활동 및 평가와 조화를 이루도록 했다. 평가와 관련해서는 학습성과는 물론 교육과정 자체가 기능하고 있는가에 대한 평가 역시 포함하고 있다. 후자의 경우 교육과정에서 개선이 필요한 부분을 파악하기 위함이다. 논의를 완성하는 마지막 단계에서는 평가과정에서 혁신과 개선이 필요하다고 확인된 모든 사항을 교육내용, 교육과정의 구조, 각종 활동에 반영하는 방안이 언급되어 있다. 전체적인 절차는 <도표 1>과 같다.

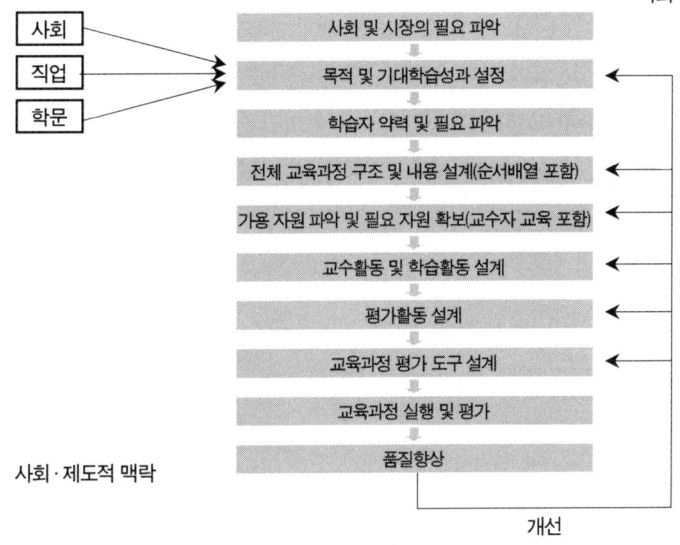

도표 1. 교과과정 설계 절차

2장부터는 <도표 1>을 단순화한 형태의 그림이 각 장의 앞부분에 제시된다. 이를 통해 해당 장에서 다루고 있는 내용과 교과과정 설계 단계를 한눈에 파악할 수 있다.

1장에서는 번역교육에 대한 개괄적인 배경을 기술하고 있다. 우선, 번역교육의 기원과 발전 과정을 정리했고, 이어서 최근에 발표된 주요 연구에 대한 개관을 제시했다. 번역교육과 관련한 문헌이 방대한 만큼 전부 살펴보는 것은 현실적으로 불가능하다. 따라서 필자는 주요 학자들과 그들의 주요 연구를 위주로 논의를 진행했다. 모든 연구를 다루지 못한 점은 아쉽지만 적어도 교수 및 학습과 관련한 다양한 각도의 대표적인 연구는 빠짐없이 살펴보고자 했다. 대표적인 학자들을 선별함에 있어 그들의 번역학 전통 또는 접근법보다는 교수·학습과정에 대한 접근법을 우선 고려했다. 번역교육에 있어서는 실로 다양한 관점이 필요하며 특정 연구가 모든 필요를 충족시키는 경우는 거의 없다. 따라서 우리가 처한 상황에 부합하게 사용된다면 이 책에서 살펴볼 모든 학자들의 연구가 번역교육에 큰 기여를 할 것이라 생각한다.

2장에서는 교과과정 설계의 첫 단계인 기대학습성과 설정과 관련된 내용을 다루고 있다. 교과과정 설계의 첫 단추는 교육을 통해 궁극적으로 성취하고자 하는 바를 구체적으로 정하는 것이다. 이를 위해 본 장에서는 우선 번역사라는 직업의 세계, 학문으로서의 번역, 번역교육을 위한 제도적 배경을 살펴보았다. 직업기준, 번역능력에 대한 이론적 연구 및 제도적 맥락, 번역사의 업무 등을 살펴보는 과정은 교육과정의 전체적인 목적은 물론 기대학습성과를 설정하는 데 있어 중요한 토대가 된다. 이 책을 읽는 독자들은 가능한 모든 환경적 요인 및 제약을 고려하면서 본인의 지역적·제도적 상황에 적합한 목적과 기대학습성과를 설정하기 바란다.

3장에서는 교수·학습과정에 관여하는 사람들, 즉 학습자와 교수자에 초점을 맞추고 있다. 교수활동이든 학습활동이든 본질적으로 사람이 하는, 그리고 사람 사이에서 이루어지는 일이기 때문에 사람이 중심에 있음은 자명하다. 학습자들의 사전지식, 성격, 학습방식, 기대, 학습동기, 동질성의 정도 등에 대한 논의를 우선 다루었다. 아울러, 학습자 못지않게 중요하지만 교과과정 설계에서 종종 간과되는 요인인 교수자에 대해서도 살펴보았다. 번역교육은 매우 복합적인 교육과정이며 교수자들 간의 조율과 협동작업이 중요하다는 점은 아무리 강조해도 지나치지 않다. 아울러, 필요분석은 평가의 한 형태로 볼 수도 있지만 학습자 약력과도 관련이 있기에 3장에서 다루었다.

4장에서는 교육내용을 다루고 있다. 재차 언급하지만 번역사들이 교육받고 일하는 환경은 각양각색이다. 따라서 모든 환경에 적용될 수 있는 교육내용을 제안하는 것은 무리다. 본 장의 핵심 내용은 학문중심 과정과 직업교육중심 과정의 비교, 학부와 대학원의 비교, 전문화의 정도(특정 번역 분야를 심화하는 정도) 등이다. 이어서 교육과정 구조의 사례들이 제시되고 있는데, 이 중 첫 번째 사례에 대해서는 필자가 심도 있는 분석을 했다. 마지막으로, 번역능력에 대한 논의가 교육내용과 관련해 다루어지고 있다.

5장에서는 활용 가능한 자원에 대한 내용을 다루고 있다. 계획한 교육과정의 성공적인 실행을 위해서는 교과과정을 설계할 때 기존 자원은 물론 그 외에 필요한 자원도 역시 파악해야 한다. 여기서의 자원이란 광의의 용어로서 기존의 자원과 상대적으로 새로운 자원을 아우른다. 교실 내부의 책상이나 의자의 배치와 같은 기본적인 물리적 환경에서 시작해 교과서 및 칠판과 같은 전통적인 자원 및 IT 기술까지 포괄하며, 각각의 장단점을 논했다. 이어 교류프로그램과 실무 연수와 같은 상대적으로 새로운 자원을 살펴보았다.

6장에서는 교수·학습 방법, 기법, 활동 등 교수 및 학습 자체에 관한 내용을 다룬다. 여기서 다루는 주요 내용은 세부학습성과 달성을 위해 필요한 다양한 실습 및 활동 유형 설계, 집단 활동, 교실 내외 활동 및 지원과 멘토링 등이다. 특히 교수·학습활동과 2장에서 살펴본 학습성과 간의 직접적인 연계의 필요성에 초점이 맞추어져 있으며, 3장에서 다룬 참여자와 5장의 가용 자원을 함께 논했다.

7장에서는 학습 단계에 따른 교육의 진행과 활동의 순서배열을 다루고 있다. 필자가 제안하는 활동들은 학습 단계에 따라 실행 순서가 다르다. 교육의 진행 과정 관련, 이론과 실습 중 어느 것이 우선인지, 언어 숙달이 번역교육에 선행해야 하는지, 아니면 동시에 진행되어야 하는지 등은 번역학의 오랜 논쟁거리인데 이에 대한 논의를 먼저 소개했다. 이어서 활동 유형별 순서와 번역 실습용 텍스트 선정에 관한 내용을 다루고 있다. 교육의 진행 과정과 관련해 적용 가능한 기준도 제안하였다. 마지막으로 학생들을 수업 자료와 활동 내용 선정에 참여시키기 위한 방안에 대해서도 논하였다.

8장에서는 평가 및 평가 준거와 관련된 문제를 다루고 있다. 평가 역시 광의의 표현이다. 교수·학습의 일부로서의 형성평가 및 총괄평가, 피드백의 중요성, 동료평가, 자가평가, 번역능력 평가를 위해 사용할 수 있는 기존의 방법과 새로운 방법, 개인평가와 집단평가의 비교 등이 논의 대상이다. 교수 및 교육과정 평가에 대해서도 간략히 언급했다.

9장에서는 번역 교수자 교육에 대한 내용을 다룬다. 신임 교수자들이나 어떤 형태로든 계속적인 교육의 필요를 느끼는 기존 교수자들이 활용할 수 있는 자원을 소개하고 있다. 또한, 번역 교수자 교육의 설계에 관해 체계적으로 접근하고 있다. 기대학습성과의 설정에서 시작해 학습자 약력 파악, 교육내용, 활동, 평가에 대하여 차례로 논했다. 9장은 논의를 완성하는 마지막 장이기 때문에 이 책에서 필자가 논의한 내용들에 대한 결론 역시 담고 있다.

마지막 부분에는 주요 용어에 대한 해설을 제공했다. 이어 각 장의 끝에 제시된 추천문헌을 포함하여 참고문헌을 열거했다.

필자는 이 책에서 제시된 다양한 질문과 논의에 대하여 독자들의 사고와 분석과 비판을 기대한다. 또한 이 책의 오류, 부정확성, 누락에 대한 지적은 물론 필자가 제안한 활동들의 유용성에 대한 독자들의 의견을 환영한다.

2005년 4월 그라나다에서
도로시 켈리
dkelly@ugr.es

1장 번역교육의 어제와 오늘

개요 및 목적

1장은 크게 두 부분으로 구성되어 있다. 첫 번째 부분에서는 번역교육을 역사적·사회적·직업적·학문적 틀 내에서 조명할 것이다. 이는 이 책에서 다루어질 각각의 내용을 전체적인 맥락에서 이해하기 위해서다. 역사 속의 번역교육기관, 특히 초기의 제도적 번역교육과정이 중점 논의 대상이다. 이와 더불어 번역교육의 다양한 유형, 현재 운영되고 있는 학문중심 또는 직업교육중심 번역교육과정, 번역사협회 및 번역학회의 역할과 교육, 번역교육에 있어서의 번역회사의 역할에 대해서도 다룰 것이다. 번역교육의 발전 과정은 지역이나 국가에 따라 차이를 보이기 때문에 모든 정보를 제공하기는 힘들다. 따라서 본 장의 목적은 독자들의 지역적·국가적 전통이 어느 단계에 속하는가를 스스로 파악할 수 있도록 안내하고 개개인이 처한 상황에서 번역교육 설계 및 의사결정에의 시사점을 찾도록 유도하는 것이다. 두 번째 부분에서는 번역교육에 관한 최근의 연구를 살펴볼 것이다. 구체적으로는 핵심 학자들과 이들의 접근법을 간략히 정리한다. 번역 이론에 따라 학자들을 분류하는 것이 일반적이며 번역에 대한 접근법이 번역교육에 대한 입장에도 영향을 미친다는 점은 분명하다. 하지만 번역 교수자를 대상으로 하는 이 책의 성격을 고려할 때 교육방법론에 따라 학자들을 분류하는 것이 보다 적절하다고 판단했다. 따라서 필자는 의미이론, 기능주의, 인지적 접근법 등으로 학자들을 분류한 후 서로를 비교하는 기존의 번역학 분류법을 따르지 않는다. 그보다는 전통적 접근법, 목표중심 접근법, 학습자중심 접근법, 상황적 접근법 등으로 크게 분류한 후 각각의 접근법을 대표하는 학자들의 주장과 연구를 살펴볼 것이다. 독자들은 1장을 읽은 후 주요 학자들과 그들의 전체적인 접근법에 친숙해질 것이다. 본장의 끝부분에 열거된 추천문헌 역시 읽어볼 것을 적극 권한다.

1 번역교육의 역사와 배경

번역교육은 20세기 중반에 들어서야 비로소 제도적 기틀을 마련했다. 1669년 콜베르 칙령(Colbert Decree)에 따라 프랑스에서 정규 불어-터키어, 아랍어, 페르시아어 통역교육과정이 개설된 사례(Caminade와 Pym, 1998) 등 일부 예외가 있지만 본격적인 제도화 시기는 20세기 중반이라 보는 것이 타당하다. 이전까지만 해도 외국어 전문가나 이중언어 사용자가 스스로 번역을 익히거나 경험이 풍부한 번역사에게 도제 수업이나 지도 및 조언을 받는 방법으로 번역사의 길로 들어섰다. 오늘날에도 이와 같은 과정을 거쳐 번역 업무에 종사하는 사람들이 일부 있다. 제도적 번역교육과정이 존재하지 않는 국가는 물론 존재하는 국가에서도 이들을 찾을 수 있다. 번역 행위의 본질을 고려할 때, 그리고 번역 분야에 따라 불가능한 일은 아니다. 하지만 제도적 번역교육이 매우 효과적이며 돌이킬 수 없는 추세로 판명됨에 따라 스스로 깨우치거나 비제도적 교육을 통해 번역사가 되는 경우는 현저히 줄어들었다. 현재는 프리랜서 번역사든 인하우스 번역사든 제도적 번역교육을 받은 사람들이 훨씬 더 많다.

번역교육기관들 스스로 공개한 정보에 따르면 일반 번역(통역 포함) 교육기관 중 가장 역사가 오래된 곳으로는 러시아의 모스코바언어대학교(모리스토레즈연구소가 모태, 1930년), 독일의 하이델베르크대학교(1933년), 스위스의 제네바대학교(1941년), 오스트리아의 빈대학교(1943년)를 꼽을 수 있다. 이어 제2차 세계대전 이후를 기점으로 오스트리아의 인스브루크대학교(1945)와 그라츠대학교(1946), 독일의 마인츠요하네스구텐베르크대학교(게르머샤임 소재, 1947)와 자를란트대학교(자르브뤼켄 소재, 1948) 등이 번역교육에 나섰다. 1950년대 들어서는 프랑스 파리 3대학교 부속 통번역학교(ESIT)와 파리카톨릭대학교 부속 통번역학교(ISIT)

가 설립되었다. 번역교육 선진화에 앞장서고 있는 주요 대학들의 협의체인 세계통번역대학협회(CIUTI)가 창설된 시기도 1950년대인데 설립 목적은 아래와 같다.

> [...] 전문 번역과 통역의 품질을 보장하고 이를 통해 빠르게 변하는 국제 업무 환경이 필요로 하는 고도의 전문성을 갖춘 번역사와 통역사에 대한 수요를 충족시키고 [...] 번역과 통역 연구의 발전에 기여하며 전 세계에 걸쳐 전문 번역사 및 통역사 교육에 이바지한다.
>
> (www.ciuti.org)

이중언어 환경과 경제의 세계화로 인해 전문 번역사와 통역사에 대한 수요가 증가했고 이로 인해 번역교육과정을 새로 개설하거나 확대하는 국가의 수도 날로 늘어났다. 벨기에, 캐나다, 이탈리아, 네덜란드, 호주, 덴마크, 영국, 스페인 등 수많은 국가에서 제도적 번역교육이 실시되고 있다. Caminade와 Pym(1998)에 따르면 1990년대 기준 전 세계적으로 250개 교육기관이 번역교육과정을 운영했으며 그 수는 현재까지도 줄지 않고 있다. 일부 국가에서는 포화 상태에 이르기도 했지만 포르투갈, 한국, 폴란드 등에서 과정이 새롭게 개설됨에 따라 전체 수는 최소 250개 이상으로 추정된다.

> 당신의 나라에서 번역교육과정이 최초로 개설된 시기는 언제인가? 현재 운영되고 있는 과정은 몇 개인가? 당신이 소속된 기관에 개설된 과정과 당신 나라에서 운영되고 있는 다른 과정의 차이점은 무엇인가?

1-1 제도적 번역교육의 유형

번역교육과정의 형태는 국가에 따라 차이를 보인다. 해당 국가가 처한 상황과 전통에 따라 달라지는데 독일, 벨기에, 스페인, 캐나다 등에서는 학부에서 번역교육이 이루어지는 반면 프랑스, 미국, 영국(학부에 번역교육과정이 개설된 대학도 일부 있음) 등에서는 대학원에서 번역교육과정이 운영되고 있다. 일부는 대학 체계에 완전히 편입되어 있으며, 이에 따라 학과와 연계되어 있다. 이와 같은 경우 학술 연구도 진행하며 이론 수업이 상대적으로 높은 비중을 차지한다. 반면, 대학 체계에 완전히 편입되어 있지 않은 기관에 번역교육과정이 개설된 경우도 있다. 이는 직업교육수료증을 취득하게 되는 과정으로 대학원 교육으로 이어지지 않으며 대부분 이론 수업이 없거나 그 비중이 매우 낮다.

교육과정의 목적도 서로 다르다. 일반 번역사 양성에 초점을 두는 과정도 있는 반면 특정 분야(문학 번역, 기술 번역, 시청각 또는 영상 번역, 회의 통역, 지역사회 통역)를 전문적으로 다루는 과정도 있다. 수업 연한 역시 짧게는 1년에서 길게는 5년까지로 큰 차이를 보인다.

> 당신이 소속된 기관에서 운영하는 번역교육과정의 일반적인 특성은 무엇인가? 학부인가, 대학원인가? 이론과 실무 중 어디에 주안점을 두는가? 일반 번역에 초점을 두는가, 아니면 특정 분야를 전문적으로 다루는가? 수업 연한이 짧은 편인가, 긴 편인가?

1-2 번역사협회

초기의 번역사들은 대학에서 번역교육을 받지 않았다. 현재 활동하고 있는 번역사들 역시 모두가 제도적 틀 내에서 번역교육을 받은 것은 아니다. 비제도적 번역교육은 2가지 유형으로 나눌 수 있다. 첫째는 번역사협회가 회원들을 대상으로 제공하는 교육이다. 둘째는 번역회사가 직원들이나 학생들을 대상으로 실시하는 사내 교육 및 실무 연수다. 번역사협회와 번역회사 모두 이 분야의 주요 이해관계자들이다.

대부분의 국가에는 적어도 하나 이상의 번역사협회가 있다. 번역사협회의 역할은 번역사들의 권익을 보호하고 번역사라는 직업의 세계를 널리 알리고 직업기준을 마련하는 것이다. 상당수의 번역사협회는 회원들의 직무능력 향상을 위한 단기 교육과정을 운영하고 있다. 일반적으로는 번역 업무와 관련된 구체적인 문제 해결 능력을 향상시키기 위한 과정이며 신기술, 마케팅, 세무, 저작권, 용어 관리, 감수 등에 대한 내용이 주를 이룬다.

상대적으로 장기 교육과정을 운영하는 협회도 일부 있다. 예를 들어, 미국번역사협회(ATA)는 초보 번역사들이 보다 수월하게 자리 잡을 수 있도록 경험이 풍부한 선배 번역사가 신참 번역사를 일정 기간 지도하는 멘토링 과정을 제공한다. 이 협회는 평생교육과정도 운영하며, 회원들은 3년마다 최소 20학점을 이수해야 협회의 공인 번역사 자격을 유지할 수 있다.

> 당신 나라에는 어떤 번역사협회가 있는가? 홈페이지에 접속해 해당 협회가 제공하는 교육과정을 조사해 보시오. 멘토링 과정, 또는 이와 유사한 과정이 있는가?

1-3 번역회사

규모가 큰 번역회사들은 자체적으로 단기 직원교육 과정을 운영하고 있으며 신입사원들에게는 상대적으로 긴 초기 교육과정을 제공한다. 예를 들어, SDL 인터내셔널[1]은 6개월 교육과정을 통해 전문 번역 및 현지화와 관련된 기술적 측면을 교육하고 있다. 상당수의 번역회사는 대학과 협정을 맺어 고급 과정에 있는 학생들에게 실무 연수 기회를 제공한다. 이를 통해 학생들은 학교 교육을 보충할 수 있는 현장 경험을 쌓을 수 있다.

> 당신 나라에 있는 주요 번역회사를 조사해 보시오. 직원들을 대상으로 교육과정을 제공하는가? 구체적으로 무엇을 교육하는가? 당신이 소속된 교육기관은 번역회사와 협정을 맺어 학생들이 실무 경험을 쌓을 수 있도록 지원하는가?

1-4 번역학회

학회는 본질상 연구에 주안점을 둘 수밖에 없다. 하지만 번역교육 역시 많은 학자들이 주목해 온 연구 주제다. 또한, 다수의 번역학자가 번역 교수자의 역할을 동시에 수행하고 있기 때문에 번역교육에 관심을 갖는 것은 당연하다. 유럽번역학회(EST)나 국제번역·문화간연구학회(IATIS)와 같은 대규모 국제 학회에는 교육위원회가 별도로 있다. 국제 학회가 아니더라도 이와 같은 위원회를 두고 있는 경우가 더러 있다. 교육위원회는

---

[1] [역주] 영국의 대표적 번역회사이며 최근에는 현지화 서비스 및 국제 전자상거래 솔루션과 웹 콘텐츠 관리 등의 분야에도 진출했다(http://www.sdl.com).

주로 번역교육 관련 세미나를 준비하고 번역교육에 관한 책이나 논문에 대한 서지 정보를 제공하며 번역교육 연구를 촉진하는 역할을 한다. 이렇듯 학회의 교육위원회가 하는 활동 역시 번역 교수자에게 도움이 될 수 있다.

> 유럽번역학회(EST) 또는 국제번역·문화간연구학회(IATIS)의 홈페이지에서 정보를 검색해 보시오. 어떤 방식으로 번역교육에 기여하고 있는가? 번역 교수자에게 유용한 자원을 제공하고 있는가?
>
> 당신 나라에 있는 학회는 어떠한가? 번역교육을 다루는 별도의 위원회 등이 존재하는가? 어떤 방식으로 번역교육 문제를 다루고 있는가? 해당 위원회의 활동이 번역 교수자에게 도움이 되는가?

2 번역교육에 대한 주요 접근법

2-1 초기 번역교육 접근법

오랜 시간 동안 번역 교수자들은 학생들 또는 견습생들이 단순히 번역을 열심히 하면 번역 실력이 향상된다고 생각했다. 초기에는 전문 번역사들이 종종 번역 교수자의 역할을 했다. 체계적인 교수활동이나 학습활동에 대해 고민할 시간적 여유가 거의 없다 보니 수업활동은 단순했다. 다수의 번역 교수자들은 학생들에게 사전 준비를 시키지도 않은 채 수업시간에 신문 기사나 문학 작품을 바로, 그것도 구두로 번역하도록 했다. 이어 학생들의 번역이 전문 번역으로서의 품질이 떨어진다고 공개적으로 비판하고 조목조목 지적한 후 모범 답안을 제시했다. 이러한 접근법은 비교육학적이며 학생들에게 극도의 좌절감을 안겨주었다. 다행히도 번역학이 학문으로 자리 잡고 언어학이 발전하고(텍스트언어학, 담화분석, 화용론 등의 입지가 공고해짐) 전체적인 교육접근법이 교수자중심의 일방적인 전달자적(transmissionist) 교육 방식에서 학습자중심적 교육 방식으로 전환됨에 따라 번역교육도 진화했다. 그러나 현재의 번역교육에도 전통적 교육 방식의 이형(異形)이 일부 남아 있기는 하다. 아래에서는 교육접근법의 발전 과정을 주요 학자들과 이들의 접근법을 통해 간략히 살펴보겠다.

2-2 교수목표 설정의 중요성: Delisle

모든 교수·학습과정에는 명확한 목표 설정이 필수적이다. 이는 기본적인 교육학적 전제다. 번역교육에 있어 교수목표(teaching objective) 설정의 중요성을 최초로 강조하고 적용한 학자는 캐나다 출신의 Jean Delisle로 추정된다. Delisle은 1980년 출간된 『L'analyse du discours comme méthode de traduction(번역 방법으로서의 담화분석)』에서 실용 영어-불어 번역 입문 교육과정에 대한 체계적인 제안을 내놓으면서 23개의 교수목표를 제시했다. 1993년 출간된 Delisle의 두 번째 번역교육 관련 저서『La traduction raisonnée(체계적 번역)』에는 일반 목표 및 세부 목표가 제시되어 있으며 일반 목표는 총 8개다(1993: 16).

- 초보자를 위한 번역 메타언어 교육
- 번역사를 위한 기초적인 자료 조사 방법 교육
- 번역 작업 방법 교육
- 번역의 인지적 과정 교육
- 글쓰기 관습 교육

- 어휘적 어려움 극복 방법 교육
- 통사적 어려움 극복 방법 교육
- 초벌 번역의 어려움 극복 방법 교육

Delisle은 각각의 세부 목표를 달성하는 데 필요한 다양한 유형별 수업 활동을 제안했다. 참고로, 1998년 발표한 논문에서는 1993년 저서에서 사용한 교수목표 대신 Bloom 분류체계(2장 참조)를 따를 것을 제안했다.

Delisle의 번역 접근법은 의미이론2)의 영향을 받았다. 또한, Delisle은 캐나다의 Vinay와 Darbelnet의 비교언어학 기반 번역 연구를 비판했음에도 불구하고 이들의 접근법을 부분적으로 수용했다. 하지만 번역교육에 있어 Delisle이 기여한 부분은 이론적인 측면보다는 기본적인 교육 원칙들을 수업에 적용해야 할 필요성을 상기시킨 것이다. 그중에서도 명확하고 성취 가능한 목표를 설정해야 한다는 점이 가장 중요하다. 이는 이 책에서도 강조되고 있는 요소다. 목표 설정은 교과과정 설계에 있어 가장 핵심적인 요소인데 Delisle에 따르면 4가지 장점이 있다.

- 교수자와 학습자 간 의사소통을 원활하게 한다.
- 교수 도구 선택을 용이하게 한다.
- 다양한 학습활동을 가능하게 한다.
- 학습성과 평가의 토대가 된다.

(Delisle, 1998: 21-22)

---

2) [역주] 의미이론(theory of sense)은 해석이론(interpretive theory)으로도 불리며, ESIT의 Seleskovitch 교수가 회의통역 분석을 위해 발전시킨 이론으로 번역에도 확장·적용되고 있다. 탈언어화(deverbalization)와 재구성(reformulation)을 요체로 하고 있으며, 의미(sense)를 언어에서 분리할 수 있다고 가정한다.

2-3 실무기반 학습자중심 접근법을 향해: Nord

Nord(1988/1991)는 번역교육이 실무와 최대한 유사한 방식으로 설계·진행되어야 한다고 주장한다. 즉, 유의미한 현실적 목적이 없는 번역을 학생들에게 시켜서는 안 된다는 것이다. Nord는 이러한 전제 위에서 완성도가 상당히 높은 실무기반 학습자중심(profession-based learner-centered) 번역교육 모형을 제안했다. Nord의 접근법은 비교 분석을 기초로 하고 있는 Delisle의 접근법과는 차이가 있으며 텍스트 분석을 위한 번역지향적·기능주의 모형이 그 중심에 있다. 학생들은 신수사학에서 들여온 아래 질문에 대한 답을 해야 하며, 이는 번역능력 계발을 위해 설계된 현실적인 번역 과업을 용이하게 만드는 데 그 목적이 있다.3)

누가
　　　　전할 것인가?
누구에게?
무엇을 위해?
어떤 매체로?
어디에서?
언제?
왜?

　　　　텍스트는
어떤 기능을 가지는가?

---

3) [역주] '누가, 무엇을, 언제, 어디서, 왜'에 대한 정보를 제공하는 것이 기사 작성의 기본이듯, Nord는 특정 상황을 설명하기 위해 필요한 가장 기본적인 정보를 우선 분석해야 번역이 가능하다고 주장한다. 본문의 질문들은 그리스의 작은 도시국가 템노스의 수사학자 헤르마고라스(기원전 2세기경)가 제시한 것이며 Nord가 번역에 응용했다.

어떤 주제에 대해
　　그가 말할 것인가?

무엇을?
(혹은 무엇이 아닌 것을?)
어떤 순서로?
어떤 비언어적 요소를 사용해서?
어떤 어휘를 사용해서?
어떤 유형의 문장으로?
어떤 어조로?
의도하는 효과는?

(Nord, 1991: 144)

　　Nord는 이 연구 및 이후의 연구에서 교과과정 설계, 수업 자료 및 교재, 수업진행, 활동, 동기, 평가 등과 관련해 고려해야 할 사항을 자세히 다루었고 매우 실용적인 조언을 내놓았다. 이러한 노력 덕분에 Nord는 번역교육을 가장 철저히 연구한 학자 중 한 명으로 인정받고 있다. Nord의 접근법은 분명 학습자중심 교수·학습법, 그리고 실무적 접근법으로의 전환이다. 또한, 다른 번역학자들이 추후 제안한 다양한 교육접근법의 토대가 되었다.

　　앞에서 살펴보았듯 Nord는 현실과 최대한 유사하게 만들어진 모의 환경, 즉 시뮬레이션을 통해 번역교육이 이루어져야 한다고 주장한다. 그럼에도 불구하고 번역능력이 본질적으로 점진적인 방식으로 습득되며, 특히 초기 단계에서는 교수자가 많은 부분 개입해야 한다는 점을 강조하고 있음에 주목해야 한다. Nord가 이러한 보충 주장을 펼친 것은 번역 교수자들이 현실적인 번역 과업을 사용하는 것도 중요하지만 학생들이 해당 과업을 실제 수행할 수 있어야 하며 학습동기의 상실로 이어져서는 안 되기 때문이다.

2-4 과정중심 접근법: Gile

앞서 살펴본 Delisle과 Nord 모두 번역교육에 있어 과정(process)이 중요하다는 점을 강조하고 있다. 이는 결과물(product), 즉 학생들의 번역에 초점을 두는 전통적인 접근법과는 큰 차이를 보인다. 과정중심 접근법에 따르면 번역교육은 복잡한 번역과정의 최종 결과물이 아니라 번역과정 자체에 초점을 맞춰야 한다. 이는 번역교육이라는 것이 결국 미래의 번역사들로 하여금 전문성을 점진적으로 쌓아가는 과정을 스스로 익히도록 돕는 일이기 때문이다.

이러한 관점에서 보면 Gile(1995)의 연구는 여러 측면에서 흥미롭다.

- 번역과 통역에 있어서의 고려사항을 통합해서 논하고 있으며 둘의 유사점을 강조한다. 통번역학자 대부분은 번역과 통역 중 하나만을 논의의 대상으로 삼는다.
- Nord와 마찬가지로 번역과 통역이 전문적인 의사소통 행위라고 인식하고 있다.
- 전문적인 관점에서 번역 품질에 대한 문제를 다루고 있다.
- 번역과 통역을 위한 자료 조사의 문제를 심도 있게 다루고 있다.
- 번역교육과 통역교육에 관한 문헌을 시대별로 고찰하고 있다.

Gile은 다음과 같이 주장한다.

번역교육은 결과, 즉 번역과정의 최종 결과물이 아니라 과정 자체에 초점을 맞춰야 한다. 학생들에게 번역할 텍스트를 나누어 준 후 학생들의 번역에서 잘 된 부분과 그렇지 않은 부분에 대해 논평하고 이러한 경험과 평가가 축적되면 학생들의 번역 실력이 향상될 것이라 기대하는 기존의 교육 방식과 달리 과정중심 접근법은 좋은 번역의 원

리와 방법과 절차를 학생들에게 보여주는 것이다. (Gile, 1995: 10)

이를 위해 Gile은 일련의 통번역 모형과 기본적인 개념들을 제시했다. 통번역 모형으로는 순차모형(sequential model)(번역), 노력분할모형 (effort model)(통역), 중력모형(gravitational model)(통역)이 있다. 기본 개념으로는 의사소통, 품질, 충실성(메시지에 대한 충실성), 이해 및 지식 습득(자료 조사) 등이 있다. 이어 일부를 실제 수업활동에 적용했으며 흥미롭고 혁신적인 활동을 다수 제안했다. Gile에 따르면 과정중심 접근법의 장점은 다음과 같다.

- 시행착오에 기반을 두는 결과물중심 접근법에 비해 학생들의 번역 실력 향상 속도가 빠르다.
- 전체 과정 중 특정 부분을 집중적으로 다룰 수 있기 때문에 수업이 산만해지는 것을 막을 수 있다. 반면, 결과물중심 접근법은 본질적으로 번역 결과물에 드러나는 모든 문제를 한꺼번에 다루게 된다.
- 번역하는 데 들인 노력이 결실을 맺었는지 여부를 평가하기보다는 구체적인 번역 전략을 집중적으로 살펴볼 수 있다. 학생들 입장에서는 번역을 실제 어떻게 해야 하는가를 체험할 수 있다.
- 언어 수용성이나 충실성 등에 있어 보다 유연한 기준을 적용할 수 있다. 이는 번역교육의 초기 단계에서 특히 필요하다. 초기 단계에서 학생들의 번역 결과물을 교수자의 번역 결과물 또는 '모범번역'과 비교할 경우 학습동기 상실로 이어지거나 심지어 교수자와 학생 사이에 대립적인 분위기가 형성될 수도 있다.

Gile은 과정중심 접근법이 번역교육의 초기 단계에 특히 적합한 반면 이후의 단계에서는 결과물에 보다 초점을 두어야 한다고 주장한다. 단계별로 교육 방식이 달라야 한다는 Gile의 주장은 흥미롭다. 학생들의 실력이 향상됨에 따라 교육 방식이 변해야 한다고 주장하는 학자는 거의 없으며, 주로 특정 접근법을 제안한 후 이를 모든 단계에 일괄적으로 적용하고 있다.

2-5 인지·심리언어학 연구의 접목: Kiraly 등

1980년대 중반 이후, 특히 1990년대에는 인지 과학(cognitive science)에 기초한 실증주의 번역 연구 접근법이 번역교육에도 도입되었다. 초기 실증주의 번역 연구를 선도한 학자 중 Kiraly(1995: 3)는 "번역 실무에 대한 정확한 이론적 기술(記述)을 토대로 하는 기술적 번역 교수법의 근간에 있는 문제들을 체계적으로 설명"하려는 야심찬 시도를 했다. Kiraly의 1995년 연구 결과는 사고발화법(TAP)을 활용한 실험으로부터 도출되었다. 이 실험에서는 18명의 피험자가 독일어에서 영어로 번역을 했다(모국어에서 외국어로의 번역). Kiraly는 실험을 통해 번역사들이 실제 어떤 과정을 거치면서 번역을 수행하는지 관찰했으며 이를 토대로 잠정적 번역과정 모형을 설계했다. 그는 번역교육 역시 이 실증적 모형에 기초해야 한다고 주장한다(Kiraly, 1995: 101).

Kiraly의 논리 중 흥미로운 점은 번역사의 자아개념(self-concept)이 핵심 요소라는 것이다. Kiraly가 명명한 자아개념은 번역사의 역할에 대한 인식이며 이를 계발하는 것이 번역교육의 핵심 목적이다. 결론부터 살펴보면 Kiraly는 교육과정 개선을 위해 다음을 고려해야 한다고 주장한다.

- 번역교육은 서로 다른 언어, 문화, 텍스트를 연결하는 능력을 키우는 데 초점을 두어야 한다.
- 오류 분석은 매우 중요한 교수 자원일 수 있다.
- 번역 교수자들은 오류 분석에 기초해 학생들에게 직관적 능력 향

상을 위한 번역 실습을 지도할 수 있으며, 이어 문제 해결 및 번역 대안 도출 방법으로서의 의식적인 전략을 가르칠 수 있다.
- 번역사의 자아개념을 계발하고 번역을 보는 안목을 키우는 것이 주된 교수목표가 되어야 한다.
- 학생들의 실력이 향상될수록 반복 훈련을 통한 번역능력 습득에는 한계가 있다. 구체적인 교육 및 교육학적 개입이 없을 경우 번역능력이 자연스럽게 향상되기 힘들며 단순한 의미적·통사적 정확성을 넘어서는 차원의 번역 품질 평가가 필요하다.
- 학생들이 습득해야 하는 인지적 자원과 이러한 인지적 기술과 지식을 교육·평가할 수 있는 교수법 도구를 파악하여 이를 바탕으로 한 이론적 틀을 구축해 번역교육을 재편해야 한다.

(1995: 110-112)

Kiraly와 관점을 공유하는 학자들의 연구는 Jääskeläinen(1998: 268)에 요약되어 있다. 아울러 TRAP 연구집단에서 발간한 논문집(단행본 형태이며 관련 주제에 대한 여러 저자들의 논문을 취합) 역시 읽어볼 만하다(Hansen, 1999; Hansen, 2002). 번역교육과 직접적으로 관련된 연구 결과 중 일부를 요약하면 다음과 같다.

- 학생들은 어휘적 전환 과정에 초점을 두는 경향이 있다.
- 전문 번역사들은 문체와 관련된 문제, 그리고 사용자의 필요에 초점을 맞춘다.
- 학생들은 잠재적 번역 문제를 파악하지 못한다. 반면, 전문 번역사들은 보다 높은 차원의 번역능력 덕분에 잠재적 번역 문제를 인지한다.
- 전문 번역사들은 일상적인 번역을 할 때는 자동화된 처리 방식에 의존하다가 새로운 상황에 직면하면 의식적인 처리 방식으로 전환한다.

- 번역과정은 직선 형태가 아니다. 거시적 차원의 요인과 미시적 차원의 요인을 넘나드는데, 이는 전체적인 거시 전략에 의해 지배된다.
- 일에 대한 긍정적 태도나 강한 동기 등의 정의적 요인 역시 번역능력의 일부일 수 있으며 번역 품질향상에도 도움이 될 수 있다.
- 전문 번역사들은 이미 머릿속에 형성된 의미에 뉘앙스를 더하기 위해, 혹은 해결책 모색을 촉진하기 위해 이중언어 사전을 활용한다. 반면, 학생들은 원천텍스트를 이해하기 위해 이중언어 사전을 찾는다.
- 전문 번역사들은 최소의 노력으로 최고의 결과를 얻고자 한다. 예를 들어, 번역을 하면서는 표면적인 오류를 바로잡고 최종 감수 단계에서는 문체를 살펴본다.
- 번역사들은 단일언어 사용자와는 다른 방식으로 텍스트를 읽는다. 구체적인 방식은 향후 수행하게 될 업무에 의해 좌우된다.
- 번역사들은 모국어에서 외국어로 번역할 때 상대적으로 확신이 없다.

2-6 상황적 접근법: Vienne, Gouadec

번역교육에 있어 상황적 접근법(situational approach)을 주창한 학자는 Jean Vienne(1994)이다. 번역 교수자가 이미 수행한 '실제' 번역 프로젝트를 토대로 수업활동을 설계해야 한다는 것이 이 접근법의 요체다. 이 경우, 교수자는 번역과정의 개시인(initiator) 역할을 할 수 있다. 번역과정 자체도 보다 현실에 가까운 방식으로 진행될 수 있다. 상황적 접근법은 이론적으로는 기능주의 접근법과 일맥상통하지만 위에서 살펴본 Nord의 접근법과는 핵심적인 부분에서 차이를 보인다. 번역 실무에 대한 시뮬레이션, 즉 모의 상황을 설정하는 Nord의 방식을 전적으로 거부하면서

Vienne는 다음과 같이 주장한다. "특정 상황을 현실성 있게 분석하고 잠재적인 질문에 모두 답한다는 것은 어려울 뿐 아니라 때로는 불가능하다 (1994: 52)." 비슷한 시기에 Gouadec 역시 같은 맥락의 주장을 했다. 그는 실제 의뢰인이 맡긴 번역물을 수업에 활용할 것을 제안했다(Gouadec, 1994; Gouadec, 2003 참조). 흥미롭게도 Kiraly 역시 2000년 발간된 번역교육에 관한 두 번째 주요 저서에서 이러한 관점을 수용한다. Vienne의 접근법에는 번역 의뢰에 대한 상황 분석이 포함되어 있는데(앞에서 살펴본 Nord의 텍스트 분석과 흡사함) 개시인 역할을 하는 교수자가 학생들의 질문에 답을 하도록 되어 있다. 이러한 질의응답 과정을 통해 학생들은 번역 수행의 전체적인 틀을 파악할 수 있다.

2-7 과업기반 접근법: Hurtado, González Davies

과업기반 학습(task-based learning)은 외국어 교수·학습에서 상당 기간 사용되어 온 접근법이다(Nunan, 1989 참조). Hurtado(1999)와 González Davies(2003, 2004)를 필두로 한 번역학자들은 이 접근법을 번역교육에 응용했다. 이 접근법은 일련의 활동 설계를 근간으로 한다.

> 이들 활동은 특정 사항을 연습할 수 있도록 구체적이며 짧은 실습으로 이루어져 있으며 [...] 동일한 길을 따라 동일한 목표를 이루도록 설계된다. 과업은 동일한 전체 목표 및 최종 결과물 도출을 위한 연쇄적 활동일 필요가 있다. 이 과정을 통해 절차적 지식과 서술적 지식 모두 연습하고 탐구할 수 있다. (González Davies, 2004: 22-23)

이 접근법에 따르면 전체적인 교과과정을 설계할 때는 기대학습성과가 무엇인가를 우선적으로 고려해야 한다. 따라서 과업기반 접근법은 본질적으로 Delisle의 연구를 발전시킨 것이다. 다시 말해, 학습성과/교수목표 설정이 교과과정 설계의 출발점이라는 주장의 연장이며 부분적으로는 이 책의 뒷부분에서 살펴볼 Biggs의 상호 연계 교과과정 설계를 위한 체계적 접근법을 접목한 것이다. Hurtado와 그가 연구책임자로 있는 스페인 카스텔론대학교 연구팀이 1999년 공동으로 발표한 연구, González Davies가 2004년 발표한 연구, González Davies와 그가 연구책임자로 있는 스페인 빅대학교 연구팀이 2003년 공동으로 발표한 연구를 살펴보면 번역교육 유형 및 수준별 활동이 다양하게 제안되어 있다.

2-8 의식적 분석과 잠재의식 발견의 균형: Robinson

1997년 발간된 Robinson의 『Becoming a Translator(번역사 되기)』는 제목만 봐도 학습자중심적 접근법을 채택하고 있음을 알 수 있다. 이 책에서 Robinson은 속도가 느린 학문적(의식적, 분석적, 이성적, 논리적, 체계적) 학습과 속도가 빠른 실세계의(전체론적, 잠재의식적) 학습이 균형을 이루어야 한다고 주장한다. Robinson은 학습 속도를 중시하는 것으로 보이는데 이는 『Becoming a Translator(번역사 되기)』의 부제 'An Accelerated Course(속성 과정)'에서도 드러난다. 이 부제는 2003년 개정판에서 'An Introduction to the Theory and Practice of Translation(번역의 이론과 실제 입문)'으로 바뀌었다. 이 책은 번역과 관련한 거의 모든 주제를 다루고 있을 정도로 포괄적이며 완성도 역시 높다. 번역이라는 직업의 세계와 다양한 번역 이론은 물론 번역의 인지적·기호적·개인적·사회적·문화적·언어적 측면을 폭넓게 다루고 있다. 번역교육의 관점에서 볼 때 Robinson의 담론은 풍부한 논거에 기초하고 있으며 아래 논지에서 출발하고 있다.

> 번역은 매우 복잡한 의식적·무의식적 과정을 포함하는 지적 활동이다. 우리는 각기 다른 방식으로 학습한다. 따라서 제도적 교육은 최대한 유연하고 복합적이며 풍부해야 한다. 이는 학습자 개개인이 가장 효율적으로 학습하는 통로를 활성화시키기 위해서다.
>
> (Robinson, 2003: 49)

아울러, Robinson은 전문 번역사는 평생학습자라고 주장한다. 고등교육에서도 평생교육이 화두인데, 이에 비추어 본다면 Robinson의 주장에 관심을 가질 만하다. Robinson의 저서 초판과 개정판에 나오는 다양한 교실 내 활동과 자가 학습활동은 시사하는 바가 많다.

2-9 사회구성주의 접근법: Kiraly

1장에서 마지막으로 살펴볼 내용은 2000년 발간된 Kiraly의 저서 『A Social Constructivist Approach to Translator Education(번역교육에 대한 사회구성주의 접근법)』에 나오는 교육접근법이다. 이 책은 번역교육을 본격적으로 다룬 Kiraly의 두 번째 주요 저서인데, 여기서 Kiraly는 과거 자신이 진행한 인지과학 접목 연구를 비판하면서 사회구성주의(social constructivism)로의 전향을 공표했다. 이는 번역교육이 협력적 접근법(collaborative approach)을 지향해야 한다는 믿음에 따른 것이다. 번역사의 자아개념을 개발하는 것이 번역교육의 핵심이 되어야 하며 번역사들의 세상을 체험하는 것이 중요하다는 주장은 여전히 중요한 요소로 남아 있다. 하지만 실제 진행된 번역 프로젝트를 활용한 번역교육을 강조하고 있다는 점에 주목할 필요가 있다(상황적 접근법 참고). Kiraly는 다음과 같이 말한다.

학습성과를 높이려면 학습자들이 진출하고자 하는 업계에서 왕성하게 활동하고 있는 전문가들은 물론 동료들과의 유의미한 상호작용이 있어야 한다. [...] 번역 실무에 앞서 현실을 모방한 모의 상황을 설정함으로써 학생들의 번역 관련 기술 및 지식을 단편적으로 향상시키는 것보다는 각각의 교수·학습활동을 매우 현실적인, 가능하다면 실제 진행된 번역 프로젝트를 활용한 교육을 실시하는 것이 훨씬 더 건설적이다. (2000: 60)

사회구성주의 접근법은 과업기반 접근법과는 양극단에 있다는 인식이 지배적이다. 하지만 최근에는 이와 다른 관점의 주장이 제기되기도 했다. Marco(2004)나 Kelly(발간 예정)는 두 접근법이 양립할 수 있으며 학생들의 번역 실력과 진전 상황에 따라 취사선택하거나 비중을 조절하면 된다고 주장한다.

우리는 1장을 통해 번역교육의 발전 과정을 제도적·방법론적 관점에서 살펴보았다. 앞에서 언급한 학자들의 책과 논문은 반드시 읽어 보기를 권한다. 개별 학자들의 연구 결과 및 접근법을 보다 심층적으로 이해하고자 하는 독자들에게는 추천문헌 역시 큰 도움이 될 것이다. 2장부터는 이들 학자들을 중심으로 본격적인 논의를 진행하겠다.

● 추천문헌: 번역교육의 역사와 배경

Caminade, Monique and Anthony Pym (1998) 'Translator-training Institutions', in Mona Baker (ed.) *Routledge Encyclopedia of Translation Studies*. London: Routledge. 280-285.

Europe Society for Translation Studies (EST):
    http://www.est-translationstudies.org

International Federation of Translators (FIT): http://www.fit-ift.org [국가별 ·

지역별 회원(전문 번역사협회들)도 링크되어 있음].

International Permanent Conference of University Institutes of Translators and Interpreters (CIUTI): http://www.ciuti.org. [회원(교육기관들)도 링크되어 있음]

Translator Training Observatory, Intercultural Studies Group, Universitat Rovira i Virgili, Tarragona, Spain: http://isg.urv.es/tti/tti.htm

● 추천문헌: 번역교육에 대한 주요 접근법

Colina, Sonia (2003) *Teaching Translation. From Research to the Classroom*. New York, San Francisco: McGraw Hill.

Delisle, Jean (1980) *L'analyse du discours comme méthode de traduction: Initiation á la traduction française de textes pragmatiques anglais, théorie et pratique*. Ottawa: Presses de l'Université d'Ottawa. [1장 영어 번역: Patricia Logan and Monica Creery (1988) *Translation: An Interpretive Approach*. Ottawa: University of Ottawa Press.]

_____ (1993) *La traduction raisonnée. Manuel d'initiation á la traduction professionelle de l'anglais vers le français*. Ottawa: Université d'Ottawa.

Gile, Daniel (1995) *Basic Concepts and Models for Interpreter and Translator Training*. Amesterdam: John Benjamins.

González Davies, Mariá (coord.) (2003) *Secuencias. Tareas para el apprendizaje interactivo de la traducción especializada*. Barcelona: Octaedro-EUB.

_____ (2004) *Multiple Voices in the Translation Classroom*. Amsterdam: John Benjamins.

Gouadec, Daniel (2003) 'Position Paper: Notes on Translator Training', in

Anthony Pym, Carmina Fallada, José Ramón Biau and Jill Orenstein (eds.) *Innovation and E-Learning in Translator Training.* Tarragona: Universitat Rovira i Virgili. 11-19.

[http://www.fut.es/~apym/symp/intro.html 또는 *Across Languages and Cultures* 1에도 게재]

Hurtado Albir, Amparo (dir.) (1999) *Enseñar a traducir. Metodología en la formación de traductores e intérpretes.* Madrid: Edelsa.

Kiraly, Donald (1995) *Pathways to Translation. Pedagogy and Process.* Kent, Ohio: Kent State University Press.

_____ (2000) *A Social Constructivist Approach to Translator Education. Empowerment From Theory to Practice.* Manchester: St. Jerome.

Kussmaul, Paul (1995) *Training the Translator.* Amsterdam: John Benjamins.

Nord, Christiane (1988) *Textanalyse und Übersetzen.* Heidelberg: Groos.[영어 번역: Penelope Sparrow and Christiane Nord (1991) *Text Analysis in Translation. Theory, Methodology, and Didactic Applications of a Model for Translation-Oriented Text Analysis*, Amsterdam: Rodopi.]

Robinson, Douglas (1997) *Becoming a Translator. An Accelerated Course.* London: Routledge. [2nd edition 2003: *Becoming a Translator. An Introduction to the Theory and Practice of Translation*]

Vienne, Jean (1994) 'Towards a Pedagogy of "Translation in Situation"'. *Perspectives* 2 (1): 51-59.

2장

학습성과/교수목표

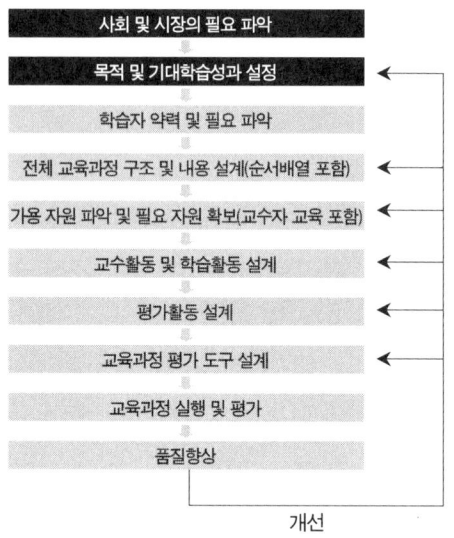

개요 및 목적

  2장의 주제인 학습성과는 마지막에 논해야 할 문제로 보일 수도 있다. 하지만 교과과정 설계에 있어 가장 중요한 것은 우리가 궁극적으로 성취하고자 하는 바, 즉 기대학습성과를 명확히 설정하는 일이다. 이를 고려한다면 학습성과를 책의 앞부분에서 다루는 것은 지극히 당연하다. 독자들은 2장을 읽은 후 학습성과/교수목표, 포괄능력과 세부능력, 번역능력 등의 개념에 친숙해질 것이다. 이와 더불어 번역 업무에 필요한 지식과 능력에 대한 이해도 깊어질 것이다. 이들 개념을 제대로 이해한다면 교육과정의 기대학습성과를 보다 용이하게 이해하고 설명할 수 있다. 세계 곳곳에서 활동하는 전문 번역사들이 처한 상황과 담당하고 있는 업무를 살펴보면 공통점이 더 많기는 하지만 지역이나 국가나 문화 또는 분야에 따른 차이점도 분명 존재한다. 따라서 교육과정을 설계할 때는 이 모든 요인을 총체적으로 고려해야 한다. 이에 필자는 모든 상황에 적용될 수 있는 모범 답안을 내놓기보다는 번역 교수자 스스로 학습성과/교수목표를 설계할 수 있도록 큰 틀을 제시하는 데 초점을 둘 것이다.

1 교과과정 설계의 핵심

Cannon과 Newble(2000)은 다음과 같이 주장한다.

교과과정 설계의 핵심은 계획된 의도(목표), 교육과정 내용, 교수법 및 학습법, 학습성과 평가 사이에 교육적으로 타당하고 논리적인 연결고리를 구축하는 것이다. 학생들의 특성 역시 고려해야 한다. (2000: 142-143)

이제부터는 교과과정 설계에 대한 소위 '체계적 접근법'(D'Andrea, 2003: 29-30)에 따라 단계별로 논의를 진행할 것이며, 2장에서는 학습성과에 관한 문제를 다루었다. 구체적으로는 전체적 목적과 이에 따라 결정되는 세부학습성과가 논의의 대상이다.

개별 교수자가 교과과정 설계 과정에 참여하는 범위나 정도는 제도나 교육기관에 따라 차이를 보인다. 일부 대학에서는 교수자들이 교과과정 설계에 관여할 여지가 거의 없다. 전체적인 교육과정 구조는 물론 개별 교과목의 설계에 있어서도 담당 교수자들의 목소리가 반영되지 않는 것이다. 반면, 일부 대학에서는 개별 교과목은 물론 전체적인 교육과정 구조 설계에 있어서도 교수자의 의견이 반영된다. 회사에서 실시하는 사내 번역교육과정도 마찬가지다. 담당 교수자가 단기 교육과정을 독자적으로 설계하도록 의뢰받는 경우도 있는 반면 교육담당 부서에서 이미 세부 내용까지 설계한 교육과정에 따라 수업을 진행하는 경우도 있다. 대부분의 교육기관과 회사에는 일종의 교육기획위원회나 교육담당 부서가 별도로 있으며 본인 의사에 따라 참여하거나 경력이 쌓이면 위원으로 임명되기도 한다.

구체적인 의사결정 방법을 이해하고 자신의 역할을 인식하는 것이 가장 중요하다. 또한 교수자는 합리적인 제안을 내놓을 수 있어야 한다. 교과과정이 어떤 방식으로 설계되어 있으며, 왜 그런 방식을 채택했는지를 확실하게 이해해야만 설계 과정에 보다 능동적으로 참여하고 해당 교육과정의 전체적 목적을 달성하는 데 기여할 수 있다.

> 위의 내용을 당신이 처한 현실과 담당 교과목에 비추어 생각해 보시오. 전체적인 교육과정 구조나 개별 교과목 등이 어떤 방식으로 설계되어 있는가? 누가 설계했는가? 교수자로서 당신이 참여했다면(또는 참여할 것이라면) 그 역할은 무엇인가?

2 기대학습성과/교수목표

앞서 살펴보았듯, 교과과정 설계의 첫 단추는 우리가 궁극적으로 성취하고자 하는 바를 명확히 기술하는 일이다. 하지만 다수의 번역교육과정은 학생들과 번역 교수자들이 기본적인 '기준점'으로 참조할 수 있는 기대학습성과(intended learning outcome)/교수목표(teaching objective)를 명확히 밝히고 있지 않다. 특히, 학문중심 대학의 번역교육과정이 여기에 해당된다. 하지만 교육과정의 유형이나 성격을 불문하고 명확한 기대학습성과/교수목표 설정은 필수이며, 이러한 인식은 이미 대부분의 대학에서 수용되고 있다. 이는 학생들의 학습을 향상시키기 위한 노력의 일환이기도 하다. 과거에는 교수자가 무엇을 가르칠 것인지가 가장 중요했으며 교수자 입장에서 학생들이 배웠으면 하는 바를 기술하는 데 초점을 두었다(교수목표). 반면, 현재는 교육과정을 이수한 후에 학생들이 무엇을 할 수 있는가에 초점이 맞춰지고 있다(기대학습성과). 어느 쪽이든, 가장 중요한 것은 교육과정이 명확하고 투명한 기대학습성과/교수목표를 제시해야 한다는 점이다.

3   기대학습성과/교수목표에 영향을 미치는 요인

다음으로는 기대학습성과/교수목표를 어떻게 설정할지 알아보자. 교육과정의 전체적인 목적은 물론 세부학습성과/교수목표 차원에서도 살펴보겠다. 개개인이 처한 상황에 따라 고려사항이 서로 다를 수 있다는 전제하에 가장 중요한 요인들을 아래에 열거했다.

- 사회적 필요(종종 현지/지역 경제에 연계)
- 직업기준[때로는 공시되지 않는 경우도 있으며, 때로는 명확하게 정리되어 구성요소별로 세분화된 상태로 공개되는 경우도 있다. 후자에 해당하는 예가 영국국립언어교육기구(LNTO)의 <영국 국립기준>이다.]
- 업계(고용주)의 필요 및 관점
- 교육기관의 정책(또는 회사의 정책)
- 제도적 제약(국가의 규제 또는 법, 가용 교수 자원 등)
- 학문적 고려사항(기존 연구 및 문헌, 동일 국가 내의 유사 과정에서 통용되는 관습)
- 학습자 약력/교수자 약력

현재 당신이 처한 상황에 비추어 생각해 보시오. 위에 열거된 사항 중 특히 고려해야 할 부분은 무엇인가? 필자가 열거한 항목 외에 고려해야 할 사항이 있는가?

이들 중 가장 중요한 요인으로는 사회·문화·제도적 상황을 꼽을 수 있다. 이러한 현실 속에서 번역교육과정이 실제 운영되기 때문이다. 대학의 전일제 학부 및 대학원 과정과 번역협회가 운영하는 직무능력 향상 과정 또는 언어서비스 제공업체의 사내 단기 교육과정 사이에는 큰 차이점이 존재한다. 전자의 경우 일반적인 교육적 고려사항도 중요한 반면 후자는 전혀 그렇지 않다. 같은 맥락에서, 학문중심 대학과 직업교육중심 대학은 각기 다른 방식으로 전체적인 교육과정의 목적을 설정할 것이다. 혹자는 학술 연구에 초점을 두는 대학이 과연 전문 번역사 양성을 목적으로 하는 번역교육에 관심이 있는지에 대해 의구심을 나타내기도 한다. 번역학자 양성은 또 다른 문제인데, 물론 현실에서는 실무와 연구 모두 추구하는 대학이 많다. 이는 기대학습성과 설정에도 영향을 미친다.

> 당신이 소속된 기관이 제공하는 교육과정의 전체적인 목적에 특히 영향을 미치는 제약 요인은 무엇인가? 제도적 고려사항[학문중심 대(對) 직업교육중심, 공공 서비스로서의 제3차 교육[1] 등] 또는 자원(번역 교수자, 기술적 자원 등)에 대해 생각해 보시오. 이러한 제약 요인이 어떤 방식으로 교육과정의 목적에 영향을 미치는가?

제도적 요인들은 국가와 지역에 따라 상당한 차이를 보이기 때문에 여기서 자세히 다루지 않겠다. 제도적 요인에 초점을 맞추게 되면 결국 현재의 제3차 교육 동향으로 논의가 국한될 수 있기 때문이다. 그보다는 공통적으로 적용되는 요인들을 살펴보고자 한다. 본 장에서는 이들 요인을 크게 두 분야로 분류했다. 첫째는 직업적 고려사항, 즉 직업기준(professional standards)과 미래 고용주의 의견이다. 둘째는 학문적 고려사항, 즉 교육과 관련된 번역학 연구 및 문헌이다. 다음 장에서 다룰 학습자

---

1) [역주] 중등학교에 이어지는 대학 및 직업 교육과정의 총칭

및 교수자 약력(profile) 역시 영향을 미치는 요인이다. 이 외에도 중요한 요인들이 많으며, 의사 결정 과정에서 결정적인 변수가 되기도 한다. 안타깝게도 모든 변수를 다루기는 힘들기에 논의에서 제외했다. 참고로, 스페인의 번역교육과정에서는 교육기관의 정책과 학내 정치가 결정적 요인이라는 주장을 분석한 사례 연구는 논란의 여지가 있지만 흥미롭다. 이와 관련해서는 Pym(2000)의 연구를 추천한다.

4 직업적 고려사항 : 번역사의 업무

교육과정의 전체적 목적이 전문 번역사 양성이라면, 전문 번역사가 실제 수행해야 하는 업무를 기술하는 작업이 논리적 출발점이 될 것이다. 현재 진행 중인 볼로냐 프로세스(Bologna Process)의 목표인 유럽고등교육지역(European Higher Education Area) 역시 해당 직업을 제대로 이해하고 기술하는 것이 교육과정 설계의 출발점이라는 인식을 공유하고 있다. 볼로냐 프로세스는 범유럽연합 차원의 통합적 고등교육 교과과정 체계를 마련하려는 노력의 일환이며 세계의 다른 지역에서도 이와 유사한 교육과정 개편이 진행되고 있다. 이와 관련해서는 잠시 후 번역능력 또는 번역기술에 관한 논의에서 보다 구체적으로 살펴보자.

> 당신의 번역 실무 경험과 지식에 기초해 전문 번역사의 업무를 간략히 기술하시오.

얼핏 보기에는 매우 간단한 문제로 보일 수도 있지만 전문 번역사의 업무를 구체적으로 기술한다는 것이 그리 쉬운 일은 아니다. 상당수의 학자들은 번역사의 업무가 갈수록 복잡해지고 확산되고 있다는 데 공감한다. 여기에는 새로운 기술의 등장이 특히 큰 역할을 했다. 번역사의 업무에 대한 아래의 간략한 정의를 살펴보자. 독자 개개인의 생각과 비교해 보기를 권한다.

영국국립언어교육기구[LNTO, 현재의 영국국립언어원(CILT)]는 진로지도 안내문에서 "번역사는 무엇을 하는가?"라는 질문에 대해 다음과 같은 답변 형식의 설명을 제공하고 있다.

> 번역사는 문자 언어를 작업 대상으로 한다. 원천언어로 작성된 문서를 번역하는데, 번역된 내용을 읽고 이해할 필요가 있는 사람들의 언어(목표언어)로 옮기며 최종 번역물은 원문처럼 명료하게 읽혀야 한다. (http://www.cilt.org.uk)

위의 간략한 설명은 많은 비판에 직면할 수 있다. 우선, 단일언어로 작성된 원천텍스트가 항상 있다는 전제는 현실을 제대로 반영하지 못한 것이다. 다중언어(다국어) 문서, 다시 말해 복수의 언어로 작성된 문서도 분명 존재한다. 또한, 원천텍스트와 목표텍스트 모두 전적으로 문자 언어를 기반으로 한다는 설명도 논란의 여지가 있다. 시청각 텍스트와 멀티미디어 텍스트(예: 소프트웨어)가 배제되기 때문이다. 또한, 목표텍스트가 항상 독자에게 필요해야 한다는 전제도 문제가 있다. 아울러, 위의 설명을 보면 번역이 언어들 간에 이루어지며 원천텍스트는 기본적으로 명료하다는 대전제 위에서 목표텍스트 역시 명료하게 읽혀야 한다는 내용이 있다. 이러한 진술에 대해서는 번역사들이 할 말이 많을 듯하다. 원천텍스트가 질적인 차원에서 오히려 문제가 많은 경우도 종종 있으며 일반적인 번역 관행은 원천텍스트보다 향상된 목표텍스트를 생산하는 것이기 때문이다. 물론, 일부 학자들은 목표텍스트가 상대적으로 더 명료하고 쉽게 읽히는 것은 자국화이기 때문에 문제가 있다고 비판하기도 하지만 이러한 관점에서 보더라도 위의 진로지도 안내문은 논란의 소지를 내포하고 있다.

현실을 제대로 반영하려면 우선 이중언어 및 다중언어 텍스트, 그리고 시청각·멀티미디어 텍스트의 존재를 인정해야 한다. 그래야만 단일언어 원천텍스트 관련 논란에서 자유로울 수 있으며 다양하고 새로운 멀티미디어 텍스트 양식을 수용할 수 있다. 또한, 번역사의 업무에 대한 규범적 진술도 피할 수 있다. 모든 업무 상황에 적용될 수 있는 진술은 존재하지 않는다.

번역사의 업무를 구체적으로 이해하고 기술하기 위한 또 다른 방법은 자격 요건과 담당 업무가 명시된 번역사 채용공고를 분석하는 것이다. 아래에서는 우선 언어서비스 제공업체인 SDL 인터내셔널의 번역사 채용공고를 들여다보자. 이어 유럽위원회(EC)의 번역사 업무 개요를 살펴보겠다.

SDL

현지화 전문 기업으로 세계 곳곳에 지사를 운영하고 있는 SDL 인터내셔널에서는 아래와 같이 유능하고 역동적인 인재를 초빙합니다. SDL 인터내셔널은 마이크로소프트, 코렐, 월트디즈니, 코닥 등 다수의 초우량 기업들을 고객사로 두고 있습니다.

상근직 스페인어 정보기술 분야 번역사 - 참조번호: SP Uni2000
소프트웨어, 온라인 도움말, 웹사이트, 각종 문서, 게임 번역을 주로 담당하며 현지화 제품 시험 및 스튜디오 녹음 시 언어 자문도 수행함

응시자격

- 스페인어 모국어 화자
- 학사 또는 이에 준하는 자격, 번역 자격증(영어) 소지자 우대
- 숙달된 컴퓨터 활용 능력
- 트라도스(Trados) 등 번역 메모리 도구 활용 능력
- 뛰어난 대인관계 능력 및 의사소통 능력
- 충실하고 품질 높은 번역을 생산할 수 있는 능력

SDL은 국제적이고 도전적인 환경에서의 경력 개발 기회는 물론 높은 수준의 급여, 연금, 급여지속 프로그램, 생명보험, 개인 건강보험 등의 다양한 혜택을 제공하고 있습니다.

이력서를 아래 주소로 보내주시기 바랍니다.
SDL 인터내셔널/앨리슨 크랙넬(담당자)
버크셔 메이든헤드 마켓가 버틀러하우스 SL6 8AA
팩스: +44 (0) 1628-410505
이메일: acracknell@sdlintl.com (참조번호 기재 요망)

도표 2. SDL 인터내셔널의 번역사 채용공고

유럽위원회(EC)에서 일하는 번역사들은 정치적·법적 성격의 텍스트를 주로 외국어에서 모국어 방향으로 번역한다. 번역 텍스트는 주로 복합적이며 유럽연합(EU)의 다양한 활동 영역(경제, 금융, 과학기술 등)을 아우른다.

유럽위원회가 원하는 기본적인 자질을 살펴보자. 우선, 유럽연합의 활동 영역과 관련 있는 유능한 이공계 및 인문학 전공자들이 대상이다. 아울러, 유럽위원회가 요구하는 기본 자질을 충족시키기 위해 스스로를 변화시키고 전문성을 키울 수 있는 능력이 있어야 한다. 보다 구체적인 자격요건은 아래와 같다.

- 다양하고 복합적인 사안을 이해하고 변화하는 상황에 신속하게 대응하며 정보를 체계적으로 관리하고 의사소통을 원활하게 할 수 있는 능력
- 진취적이고 창의적인 성격/강한 지적호기심 및 동기
- 단독으로든 팀원으로서든 꾸준히 일하고 스트레스를 받는 상황에서도 업무를 처리할 수 있는 능력/다문화 업무 환경에 적응할 수 있는 능력
- 대규모 공공 서비스 조직 특유의 행정 규칙을 준수하면서 업무를 추진할 수 있는 능력

위의 기본적인 자질은 직종이나 업무와 무관하게 모든 유럽위원회 직원 채용에 해당된다. 번역직과 관련해서는 아래의 세부적 기술(specific skills)을 추가적으로 보유한, 그리고 근무하면서 이들 기술을 보다 발전시키고자 하는 인재들이 채용 대상이다.

언어 기술
- 완벽한 모국어 구사 능력(문체 및 모든 측면의 능숙함)
- 모국어 외 2개 이상의 언어(영어, 불어, 독일어 선호)에 대한 완전한 지식(영어, 불어, 독일어 중 1개 언어에만 능숙한 경우 기타 유럽연합 공식 언어를 포함할 수 있음)

주제 기술
- 경제, 금융, 법, 과학기술 분야에 대한 친숙함

번역 기술
- 원천텍스트를 이해한 후 의도된 목적에 부합하는 사용역 및 기타 언어 관습을 활용해 목표언어로 정확하게 전달할 수 있는 능력

- 상대적으로 익숙하지 않은 분야라 할지라도 전문적 수준의 번역을 위해 원천언어와 목표언어 모두에서 배경 지식(내용, 용어, 언어 관습)을 조사할 수 있는 능력(자료 조사 도구를 사용하는 능력 및 자료 조사 전략에 친숙할 수 있는 능력 포함)
- 일반적인 사무 자동화 소프트웨어는 물론 컴퓨터 보조 번역(CAT) 도구 및 용어 도구를 익힐 수 있는 능력

(http://europa.eu.int/comm/dgs/translation/workingwithus/
recruitment/translator_profile_en.htm)

마지막으로, 번역사라는 직업의 세계를 보다 심도 있게 이해하기 위해서는 이 분야를 선도하는 번역사들과 학자들의 견해에도 귀를 기울일 필요가 있다. 번역직의 진화와 관련해 Shreve(2000)는 다음과 같은 흥미로운 정의를 내놓았다.

> 번역직은 시간을 헤치며 움직이는 특별한 유형의 생태계이고, 사회문화적 환경으로부터 발산되는 영향에 의해 스스로 변화하며, 한 형태에서 다른 형태로 성공적으로 진화한다. (Shreve, 2000: 217)

위에서 언급되는 '진화'는 이 시대에 존재하는 모든 직업에 적용된다. 그럼에도 불구하고 진화라는 표현은 시사하는 바가 많다. 진화 때문에 평생학습이 대두되었는데, 평생학습은 현재 교육정책의 핵심 개념이다. 평생학습은 교육기관들이 미래의 사회적 필요를 구체적으로 예측하는 데 한계가 있고 이에 따라 학습자들이 유연한 자세를 가져야 하며 새로운 기술에 적응하고 지속적으로 학습할 필요가 있음을 인정하고 있다.

더 나아가 Shreve는 언어 산업이 다양한 직업으로 확산되었으며—Shreve의 주장에 따르면 언어 산업이 번역직을 대체하고 포괄하게 되었다—이러한 직업군에는 이중언어 편집자, 멀티미디어 디자이너, 조사 및

정보 전문가, 문화 평론가, 다문화 소프트웨어 디자이너, 소프트웨어 현지화 담당자, 용어 전문가, 프로젝트 매니저 등이 있으며, 번역교육을 받은 사람들도 이들 직업에 종사한다는 분석을 내놓았다.

같은 맥락에서 Kingscott(2000: 227) 역시 번역직의 "분화의 심화(growing fragmentation)"를 외쳤다. 그는 번역직이 상당한 변화를 겪고 있으며 이 추세는 앞으로도 지속될 것이라 주장했다. 의사소통의 국제화, '보조 언어'로서의 영어 사용의 증가, 기타 언어들의 비중 변화, 별개 활동이 아닌 문서화의 일부로서의 번역, 언어 기술 사용의 점진적 확산, 텍스트 생산의 다중모드적 특성 등이 대표적이다.

앞서 살펴봤듯, 번역사는 실로 광범위하고 복합적인 업무를 수행하며 이들 업무에 필요한 다양한 기술을 보유해야 한다. 이는 교육과정 설계와 운영에 있어 적지 않은 어려움을 초래한다. 물론, 특정 번역 분야에만 초점을 맞추는 몇몇 특수 번역교육과정은 예외다. 하지만 전 세계적으로 압도적인 다수를 차지하는 일반 번역교육과정은 현재 시장이 필요로 하는 매우 다양한 필요를 충족시키는 동시에 미래의 변화를 예측하고 학생들을 준비시킬 수 있어야 한다.

> 위에서 살펴본 번역사 채용공고에 명시된 다양한 업무, 유럽위원회(EC)가 요구하는 자질 및 기술, Shreve(2000)와 Kingscott(2000)의 견해를 독자 개개인이 속해 있는 국가 또는 지역에서 활동하고 있는 번역사의 업무와 비교해 보시오. 공통점도 있겠지만 교과과정 설계는 결국 해당 국가나 지역의 현실에 의해 결정된다. 여기에서의 현실이란 첫째는 전체적인 교육 목적과 향후 목표로 하는 취업 시장이며 둘째는 교육 구조다.

번역사의 업무와 이를 수행하기 위해 필요한 지식의 측면에서 전체적인 목적을 기술하기 위해서는 번역사의 일상 업무에 대한 공통점을 체계화시킬 필요가 있다. 번역학에서는 이 문제를 아래에서 살펴볼 번역능력 (번역사 능력)이라는 개념을 통해 다루어 왔다.

5 학문적 고려사항 : 번역능력

아래에서는 번역능력(translation competence)에 대해 번역학자들이 논증한 내용을 간략히 살펴보았다. 모든 학자들의 견해를 다루지는 않았지만 다양한 지역과 국가에서 진행된 연구를 연대순으로 정리했다. 독자들은 번역능력에 대한 논의가 어떻게 발전해 왔는지, 그리고 학자들의 제안이 어떤 방식으로 서로 영향을 미쳤는지를 파악할 수 있을 것이다.

교과과정 설계와 결부해 번역능력을 논하면서 Wilss(1976: 120)는 번역사는 3가지 능력을 갖춰야 한다고 주장한 바 있다. Wilss의 주장은 번역능력에 대한 초기의 논의이지만 그가 제안한 내용 중 다수가 추후 다른 학자들에 의해 발전되었기 때문에 특히 살펴볼 만한 가치가 있다.

1) 원천언어 수용능력(원천언어를 해독하고 이해하는 능력)
2) 목표언어 생산능력(목표언어의 언어적·텍스트적 자원을 활용하는 능력)
3) 조월 능력(원천문화의 언어적·텍스트적 체계와 목표문화의 언어적·텍스트적 체계 사이의 전환 능력)

번역 교수법에 큰 획을 그은 『L'analyse du discours comme méthode de traduction(번역 방법으로서의 담화분석)』의 결론 부분에서 캐나다 출신 학자 Delisle(1980: 235)은 총 4가지 번역능력—언어 능력, 백과사전적 능력, 이해 능력, 재표현 능력—을 제시한다.

Delisle과 동향인 Roberts(1984: 172)는 번역사에게는 다음의 5가지 능력이 필요하다고 주장한다.

1) 언어 능력(원천언어 및 목표언어 표현 양식을 이해하는 능력)
2) 번역적 능력(텍스트의 의미 표현을 이해한 후 언어 간섭을 피하면서 왜곡 없이 목표언어로 전환시키는 능력)
3) 방법론적 능력(주제를 기록하고 등가 용어를 소화하는 능력)
4) 학문적 능력(경제학, 컴퓨터공학, 법학 등의 학문 분야를 이해하고 관련 텍스트를 번역하는 능력)
5) 기술적 능력(워드프로세싱, 용어데이터베이스, 딕터폰 등 다양한 번역 보조 도구를 사용하는 능력)

Delisle(1992: 32)은 추후 발표한 논문에서 상기 Roberts의 주장을 수용했으며 Nord(1988/1991)의 주장이 Roberts의 주장과 상당 부분 일치한다는 점을 강조했다.

기능주의 학파의 주요 연구로 꼽히는 『Text Analysis in Translation(번역에서의 텍스트 분석)』에서 Nord(1988/1991)는 다음과 같은 주장을 편다. 이 책은 기능주의 관련 연구 중 최초로 영어로 옮겨졌기 때문에 특히 주목받는 측면이 있다.

> 번역사에게 요구되는 필수 능력은 텍스트 수용 및 분석 능력, 자료 조사 능력, 전환 능력, 텍스트 생산능력, 번역품질 평가능력, 그리고 당연한 얘기지만 원천언어 및 목표언어 측면에서의 언어적·문화적 능력이다. (1991: 235)

Pym(1992, 2003)은 번역사는 물론 다른 분야의 전문가들도 보유해야 하는 지식(문법, 수사법, 용어, 세상지식, 상식, 영업전략)과 소위 '번역 실무에 국한해 필요한 지식'을 구별한다. 후자는 언어적 지식이나 상식, 영업전략을 넘어 2가지 능력으로 구성되어 있다.

1) 하나의 원천텍스트에 대해 복수의 목표텍스트(목표텍스트1, 목표텍스트2...목표텍스트n)를 생산할 수 있는 능력
2) 복수의 목표텍스트 중 하나를 신속하게, 또한 정당한 근거에 기초해 자신 있게 선택하고 이 목표텍스트를 해당 목적 및 대상 독자를 위해 원천텍스트의 대체물로 제시할 수 있는 능력

(1992: 281)

Gile(1995: 20)은 번역능력이라는 용어 대신 "번역 전문성의 구성요소(components of translation expertise)"라는 표현을 사용하는데, 이는 수동적 사용언어(passive working language)에 대한 수동적 구사 능력, 능동적 사용언어(active working language)에 대한 능동적 구사 능력, 텍스트 및 담화의 주제에 대한 충분한 지식[저서 다른 부분에서는 "세상지식(world knowledge)"이라는 표현을 사용], 그리고 번역 방법에 대한 지식을 포함한다.

Hurtado(1996: 34)는 번역능력은 총 5가지 하부 능력으로 나눌 수 있다고 주장한다. 두 언어에 대한 언어 능력, 언어 외적 능력, 분석 및 종합 능력, "번역적" 능력, 전문가적 능력이 바로 그것이다.

Hatim과 Mason(1997: 205)은 Bachmann(1990)의 언어 능력 모형과 다른 학자들의 담론에 기초해 "번역사 역량(translator abilities)"이라 명명한 모형을 제안하고 각각의 구성요소에 대해 기술했다. 이 모형에 따르면 번역사는 원천텍스트 처리 기술, 전환 기술, 목표텍스트 처리 기술 등 총 3가지 기술을 보유해야 한다.

Campbell(1998: 154)은 제2언어로의 번역에 대한 논의를 진행하면서 목표텍스트적 능력, 번역사로서의 기질, 모니터링 능력 등 총 3가지 능력에 기초한 모형을 제시한다. 이 모형은 Campbell이 호주에서 번역을 공부하는 아랍어 모국어 화자 학생들을 대상으로 한 실증적 연구 결과에 기초해 도출한 것이며, 다른 요소들도 추가적으로 수용할 필요가 있음을 인정하고 있다. Campbell은 연구의 결론 부분에서 번역능력 모형들과 관련한 4가지 기본 원칙을 제시한다.

1) 번역능력은 상대적으로 독립적인 구성요소들로 나눌 수 있으며, 이들은 교과과정 설계의 일부로 사용될 수 있다.
2) 학습자들이 번역능력의 다양한 구성요소를 계발하는 과정에 적절히 개입하는 것이 번역교육의 핵심이다.
3) 학습자들의 이중언어 구사능력이 불균형 상태에 있음을 고려할 때, 이들은 번역능력의 다양한 구성요소에 있어 서로 다른 정도의 성취도를 보일 가능성이 크다.
4) 번역 품질 평가는 단순히 최종 번역물의 품질만을 대상으로 하기보다는 학습자들의 번역능력 정보를 수집하고 분석하는 데 초점을 두어야 한다.

Neubert(2002: 6)는 번역능력은 언어 능력, 텍스트적 능력, 세부 주제 분야 능력, 문화적 능력, 전환 능력으로 구성되며, 이 외의 구성요소가 추가적으로 있을 수 있다고 주장한다. Neubert는 이들 능력이 상호 밀접하게 연관되어 있으며 전체적인 능력의 특징은 "복합성, 이질성, 유사성, 비제약성, 창의성, 상황성, 역사성(2000: 5)"이라고 설명한다.

최근 들어 스페인 바르셀로나자치대학교의 PACTE 연구집단은 Hurtado, Preas, Beeby 등 회원들의 연구를 토대로 번역능력 모형을 발전시켰다. 이 모형에 따르면 번역능력을 구성하는 6가지 요소는 다음과 같으며, 다섯 번째와 여섯 번째 능력은 핵심 능력으로 다른 모든 능력을 지배한다.

- 두 언어에 있어서의 의사소통 능력
- 언어 외적 능력
- 전문 도구 사용능력
- 심리적·생리적 능력
- 전략적 능력
- 전환 능력

(PACTE, 2000: 101)

PACTE 연구집단의 번역능력 관련 논의가 흥미로운 이유는 Neubert의 모형과 마찬가지로 서로 다른 구성요소들 간에 명확한 관계를 설정하기 때문이다. 한편, 전략적 능력과 전환 능력이 다른 능력들에 비해 우위를 점한다고 주장함으로써 능력들 간에 위계가 존재한다는 점을 암시했다는 점에서는 Neubert와 차이를 보인다.

위의 짧은 논의를 통해 알 수 있듯 번역능력을 구성하는 요소들에 있어 학자들 간에 일치하는 부분도 물론 많지만(특히 언어적 지식) 구체적인 개념이나 용어 차원에서는 상당한 차이가 존재한다.

> 번역교육 교과과정 설계를 위해 가장 도움이 되는 번역능력 모형이 무엇인지 생각해 보고 그 근거를 제시하시오.

번역능력을 둘러싼 일부 논란은 용어 그 자체에 기인한다. 위에서 살펴보았듯 일부 학자들은 번역능력 대신 번역사 역량이나 번역 전문성의 구성요소 등 자신들이 고안한 용어를 사용한다.

아울러, 번역능력은 다양한 목적을 위해 사용된다. Campbell(1998: 6)은 번역학에 있어 이 개념이 3가지 용도로 사용된다고 주장한다.

1) 번역과정에 대한 심리적 모형의 개발
2) 결과물로서의 번역 품질에 대한 총괄평가(Campbell은 기존 총괄 평가 관련 연구에 대해 상당히 비판적이다.)
3) 번역교육

학자들은 서로 다른 방식으로 번역능력이라는 개념을 사용해 왔다. 일부 학자들은 번역이 실제 어떤 과정을 통해 진행되는가를 인지적 관점에서 기술하기 위해 이 개념을 사용한 반면 다른 학자들은 오늘날의 교과과정 설계자들과 같은 맥락에서 교육학적 관점에 이 개념을 사용했다. 이렇게 서로 다른 목적을 위해 번역능력이라는 용어를 사용하다 보니 일부 불필요한 논쟁이 야기된 측면이 있다.

몇몇 비판적인 학자들은 번역능력 자체가 실증적으로 입증된 바 없다는 점을 강조한다(Mayoral, 2001a 참조). 물론, 번역의 실제 인지적 과정을 설명하기 위해 번역능력이라는 개념을 사용하거나 제안한다면 이러한 비판을 피할 길이 없다. 반면, 번역교육과정이 제공해야 하는 기술들을 나열하려는 의도로 이 개념을 사용한다면 비판에서 어느 정도 자유로울 수 있다. 앞서 살펴봤듯 번역직에 대한 직·간접적 관찰을 통해 번역사로 채용되기 위해 필요한 일련의 기술을 금세 파악할 수 있다. 마찬가지로, 고용주들을 대상으로 보다 공식적인 설문조사를 진행함으로써 그들이 번역사들에게 요구하는 바를 알아내는 것이 가능하다. 이는 시장 수요에 대한 일종의 실증적 데이터다. 이러한 분석은 현재의 교과과정 설계 동향에도 부합하며 정당성을 갖는다. 실증적 연구가 불충분하다는 이유로 교육과정 개발에 있어 구체적인 기대학습성과/교수목표를 출발선으로 제시하지 않는다면 이는 세계 각지에 개설된 번역교육과정에 등록하는 수많은 사람들이 있다는 사실, 그리고 기대학습성과/교수목표가 명확해야만 이들 교육과정이 제대로 운영될 수 있다는 현실을 간과하는 것이다. 기대학습성과/교수목표를 제시함에 있어 '능력'이라는 용어를 사용할지 여부는 부차적인 문제다.

위의 직업적·학문적 고려사항을 토대로 필자는 번역교육과정을 통해 학생들이 계발해야 하는 번역능력을 제안하고자 한다. 이는 교과과정 설계를 위한 목적이며, 교육과정이 추구하는 방향과 역할에 따라 추가해야 할 요소도 있을 수 있다. 각각의 능력은 일정 부분 중복될 수 있으며 교육과정의 전체적 목적과 기대학습성과/교수목표가 얼마나 구체적이어야 하는가에 따라 보다 세분화될 수 있다.

- 최소 2개 언어 및 문화에 대한 의사소통·텍스트적 능력: 원천언어와 목표언어에 대한 능동적 기술 및 수동적 기술이 포함되며 원천문화 및 목표문화의 텍스트성·담화 그리고 텍스트·담화 관습에 대한 지식도 포괄한다.
- 문화적·문화간 능력: 여기에서의 문화란 원천문화 및 목표문화의 역사, 지리, 제도 등에 대한 백과사전적 지식은 물론 가치, 신화, 인식, 종교, 행동 양식, 그리고 이들 요소의 텍스트적 표상까지 포괄한다. 문화간 의사소통의 문제와 특수한 의사소통 형태로서의 번역에 대한 인식 역시 포함된다.
- 주제 분야 능력: 향후 종사하게 될 분야에 대한 기초적인 주제 지식이며, 원천텍스트 이해 및 번역 문제 해결에 필요한 전문 자료에 접근할 수 있을 정도의 지식 수준을 가리킨다.
- 도구적 능력·전문가적 능력: 자료 활용 능력, 용어 검색 능력, 그리고 자료 활용 및 용어 검색을 위한 정보 관리 능력, 업무에 필요한 정보 기술 도구(문서작성, 전자출판, 데이터베이스, 인터넷, 이

메일 등) 활용 능력 및 상대적으로 전통적인 도구(팩스, 딕터폰 등) 활용 능력과 더불어 전문가로서 번역 업무를 관리하는 데 필요한 기본적인 지식(계약, 입찰, 청구서 발부, 직업윤리, 협회)을 아우른다.
- 태도 또는 심리적·생리적 능력: 자아개념, 자신감, 주의력/집중력, 기억력을 포함한다. 진취성 역시 중요하다.
- 대인관계 능력: 번역과정에 직접 참여하는 사람들(번역사, 감수자, 자료 조사인, 용어 전문가, 프로젝트 매니저, 레이아웃 전문가) 및 그 외의 사람들(의뢰인, 개시인, 저자, 사용자, 주제 분야 전문가)과 함께 일할 수 있는 능력을 일컫는다. 절충 기술과 지도력이 중요하다.
- 전략적 능력: 조직력 및 기획력, 문제 파악 및 해결 능력, 모니터링 능력, 자가평가 능력 및 감수 능력이 포함된다.

6 고등교육에서의 '능력'에 대한 개념

번역학계 내에서의 논란에도 불구하고 이 책에서는 다음과 같은 이유로 '능력(competence)'이라는 용어를 계속 사용하겠다. 첫째, 필자는 번역 행위의 인지적 과정에 대한 모형을 제시하려는 것이 아니며 학습성과에 국한해 번역능력이라는 개념을 사용하려 한다. 이럴 경우 앞서 살펴본 혼동이나 논란에서 상당 부분 자유로울 수 있다. 둘째, 논란에도 불구하고 번역학에서 선호되는 용어로 판단된다. 셋째, 현재의 고등교육 연구, 특히 유럽고등교육지역에서 널리 사용되는 용어다. 넷째, 교육학에서 빈번히 사용되는 '기술(skill)'에 비해 포괄성을 갖는다. <교육실행을 위한 기초기술·기업가 정신·외국어교육 워킹그룹 2010>이 최근 발표한 『유럽연합

(EU) 워킹그룹 성과보고서』는 능력이라는 용어를 사용하는 이유에 대해 다음과 같이 설명하고 있다. "능력은 기술, 지식, 적성, 태도의 총체로 간주되며 지식을 쌓고 노하우를 배우고자 하는 기질도 포함한다."(2003: 10)

오늘날의 번역교육은 주로 대학의 학부 또는 대학원 과정에서 이루어진다. 이들 과정에 대해서는 잠시 후에 집중적으로 살펴볼 필요가 있는데, 우리가 다룰 내용은 사내 교육과 번역사협회의 평생교육 및 직무능력 향상 과정 등에도 일부 적용될 수 있다.

유럽은 물론 세계 다른 지역의 고등교육은 새로운 제3차 교육모형으로 이동하고 있는데, 목적과 기대학습성과의 명확한 정의 및 학습자중심 학습에 초점이 맞춰져 있다. 이러한 변화는 유럽 내 원활한 인적 자원 이동을 촉진시키기 위한 교과과정의 통합과 유럽 고등교육의 국제 경쟁력 향상의 촉매제 역할을 했으며 제3차 교육기관들이 스스로를 되돌아보고 성찰하는 계기가 되었다. 학교, 교수자, 학과 등 번역교육에 관여하고 있는 모든 주체들 역시 이러한 큰 변화에 동참해야 한다. 사실, 번역교육은 번역학에서 지속적으로 관심을 기울여 온 연구 분야이기 때문에 제3차 교육 관련 논의와 분석에 있어서도 기여할 부분이 참으로 많다. 번역학은 본질적으로 직업 교육과 관련된 실무중심 학문이며, 많은 번역학자들은 최선의 전문 번역사 교육방법을 찾기 위해 함께 고민했고 때로는 치열한 논쟁을 벌였다. 실무중심 분야 중 우리와 상황이 다른 경우도 종종 있다.

이울리, 현재의 논생은 번역학에 기여할 부분이 많다. 우선, 능력이라는 개념을 이 개혁 과정의 일부로 생각하고 앞서 살펴본 번역능력에 대한 논의를 기억한 상태에서 이 개념이 번역교육 분야에 어떤 시사점을 갖는지 살펴보자. 능력은 포괄능력(일반적 능력/전환적 능력)과 주제 분야 세부능력(전문적 능력/전공 분야 능력)으로 구분할 필요가 있다. 포괄능력 (generic competence)의 향상은 전공 분야에 관계없이 모든 학부 및 대학원의 공통된 목적이어야 하며, 주제 분야 세부능력(subject area specific competence)의 향상은 개별 전공 분야의 목적이 되어야 한다. 전자는 제3차 교육의 궁극적인 목적(자아실현, 자기계발, 사회통합, 취업)의 일부를 이루며, 후자는 개별 분야에 국한된 역할을 수행한다.

    학습자들은 번역교육과정을 통해 상당히 광범위한 포괄능력을 키울 수 있다. 대학에 존재하는 다른 어떤 교육과정도 이처럼 '포괄적인' 교과과정을 제공하지 않는다. 유럽연합(EU)의 시범 튜닝 프로젝트(Tuning Project)는 아래 <도표 3>의 포괄능력을 학부과정의 기대학습성과로 채택했다. 이를 번역능력(주제 분야 세부능력)과 비교해 보면 놀라운 사실을 알 수 있다. 바로 번역교육과정을 마친 학생들이 매우 유연하고 적응력이 뛰어나고 취업이 용이한 인력이라는 점이다. 우리는 이 장점에 주목해야 한다. 현재 전 세계적으로 수많은 교육기관에서 번역교육과정이 운영되고 있는데, 졸업생 중 상당수는 번역사의 길을 걷기보다는 다른 일에 종사할 것이다. 이는 우리가 고도의 전문적 능력을 갖춘 인력을 양성하지만 이 능력이 졸업 후에는 무용지물이 될 수 있다는 위험을 내포하고 있음을 의미한다. 하지만 번역능력은 다른 분야에도 충분히 응용될 수 있다. 다시 말해, 번역능력은 주제 분야 세부능력이지만 다른 업무에서도 사용될 수 있는 '전환 가능성(transferability)'이 매우 높기 때문에 앞서 언급한 위험이 상당 부분 감소한다.

포괄능력(González와 Wagenaar, 2002)
도구적 능력 말과 글을 통한 의사소통(모국어) 제2언어 지식 분석 및 종합 능력 조직 및 계획 능력 기본적인 일반지식 기초 교육을 통한 해당 직업에 관한 기본 지식 정보관리 기술 (다양한 출처로부터 정보를 검색하고 분석할 수 있는 능력) 문제해결 능력 의사결정 능력
대인관계 능력 비판 능력 및 자가비판 능력 협동작업 능력 대인관계 기술 다양한 직종의 사람들로 구성된 팀에서 일할 수 있는 능력 다른 분야의 전문가들과 의사소통할 수 있는 능력 다양성 및 다문화성을 수용할 수 있는 능력 국제적 환경에서 일할 수 있는 능력 올바른 윤리관
체계적 능력 지식을 실행으로 옮기는 능력 조사능력 학습능력 새로운 상황에 적응할 수 있는 능력 새로운 사고를 할 수 있는 능력(창의성)

```
지도력
다른 국가의 문화와 관습을 이해하는 능력
자율적으로 일할 수 있는 능력
프로젝트 설계 및 관리 능력
진취성 및 기업가 정신
품질에 대한 관심
성공하겠다는 의지
```

도표 3. 유럽연합(EU) 튜닝 프로젝트(Tuning Project)에서 정의한 포괄능력

7 전체적 목적

앞에서 우리는 직업적, 학문적, 일반 고등교육 관련 고려사항을 간략히 살펴보았다. 이를 토대로 이제는 독자 스스로 기대학습성과/교수목표를 작성할 수 있어야 한다. 물론, 교수자 개개인이 속해 있는 직업적, 제도적, 조직적 맥락이 최우선적으로 고려되어야 한다. 기대학습성과/교수목표의 설정은 모든 단계, 즉 전체 교육과정은 물론 개별 교과목과 각각의 수업단위(세션)에 대해서도 필요하다. 세부 내용에 있어서는 정도의 차이가 있을 수 있다. 교육과정의 전체적 목적을 우선 기술한 후 각각의 세부학습성과를 제시하는 것이 일반적이다. 정규 대학의 학부에서 운영하는 번역교육과정의 전체적 목적이 전문 번역사 양성이라고 주장하는 사람들도 있다. 하지만 이는 내용이 빈약하고 지나치게 일반적인 진술이며, 학습자가 아니라 교수자 또는 교육기관의 관점에만 충실하다는 문제를 내포하고 있다. 교육과정의 전체적 목적은 아래와 같을 것이다.

이 과정을 수료한 학생들은 국내외 전문 분야에서 초급 번역사로 활동하기 위해 필요한 일련의 능력(지식, 기술, 자세)을 습득하게 될 것이다.

> 당신이 처한 상황에서 위의 진술은 유효한가? 아니라면 그 이유를 설명한 후 대안을 제시하시오.

명확한 기대학습성과를 제시하는 것은 교수자(또는 교육기관)와 학습자 간 의사소통의 첫 단추다. 따라서 세심한 주의를 기울이고 심사숙고해야 한다. 기본 규칙은 다음과 같다. 우선, 학생들이 이해하기 용이해야 한다. 또한, 미래 시제로 학생들의 관점에서 작성하는 것이 일반적이다. 구체적으로는, 기대학습성과는 현실적일 필요가 있다. 다시 말해, 학생들이 성취할 수 있어야 한다. 아울러, 평가가 가능해야 한다(8장 참조). 이러한 기대학습성과가 교육과정 내용과 교수법 및 학습법은 물론 학습 평가의 토대가 된다는 점을 명심해야 한다. 이와 더불어 기대학습성과를 제시할 때는 각각에 대해 성취 수준을 명확히 설정해야 한다.

이를 위해 대부분의 학자들은 Bloom 교육목표 분류체계 또는 이를 응용한 분류체계를 사용할 것을 제안한다. 학습 단계에 대한 Bloom 분류체계(1956)는 원래 인지적 영역에 치우쳐져 있었는데, 이로 인해 많은 비판을 받았으며, 후에는 Bloom 자신은 물론 다른 연구자들에 의해 정의적, 운동기능적, 지각적, 경험석, 대인관계 영역으로 확장되었다. 필자는 학습성과 단계별 진술(인지적 영역)에 대한 '제안 어휘'를 <도표 4>와 같이 재구성했다. 다른 학자들의 제안도 이와 흡사하다. 열거되어 있는 어휘들이 전부라고 말할 수는 없지만 '학습성과'에 적합한 동사 유형을 보여주기에는 부족함이 없을 것이다.

단계	제안 어휘
평가	판단하다, 측정하다, 평가하다, 비교하다, 사정하다
종합	설계하다, 조직하다, 창안하다, 제안하다
분석	변별하다, 분석하다, 계산하다, 실험하다, 검사하다
적용	적용하다, 사용하다, 입증하다, 실증하다, 실행하다
이해	기술하다, 설명하다, 논의하다, 인정하다
지식	정의하다, 열거하다, 명명하다, 상기하다, 기록하다

도표 4. Bloom 교육목표 분류체계와 학습성과 단계별 제안 어휘
(Bloom, 1956의 분류체계에 기초/D' Andrea, 2003: 35)

SOLO 분류체계는 상대적으로 최근에 나온 모형으로, 보다 많은 학자들이 그 타당성을 인정하고 있다. Biggs와 Collis(1982)는 학습자들에게서 일정하게 나타나는 사고의 반복적 양상, 즉 사고 기능에서 순차적으로 유사한 구조적 복합성이 출현한다는 사실을 발견하고 이를 SOLO 분류체계라는 모형으로 정리했다. 이 모형에서는 다섯 단계의 반응이 양적 차원(보다 많은 학습량)과 질적 차원(우수한 품질의 학습)에서 복합성에 있어 오름차순으로 구성되며, 각 단계의 반응은 전 구조화 반응·단일 구조화 반응·다중 구조화 반응·관계화 반응·확장된 추상화 반응이다. Biggs에 따르면 SOLO 분류체계에 따른 사고의 순차적 단계 및 교과과정 목표를 기술할 때 사용할 수 있는 단계별 동사는 아래와 같다.

차원	단계	동사
—	전 구조화 단계	요점을 놓치다
양적	단일 구조화 단계	파악하다 간단한 절차를 진행하다
	다중 구조화 단계	열거하다 기술하다 나열하다

		결합하다
		계산하다
질적	관계화 단계	비교하다/대조하다 원인을 설명하다 분석하다 관련짓다 적용하다
	확장된 추상화 단계	이론을 제시하다 일반화하다 가설을 세우다 반영하다

도표 5. SOLO 분류체계의 단계별 특성/동사 유형
(Biggs, 2003: 48을 토대로 재구성)

이제 전체적 목적을 기술한 예를 단계별로 살펴보자.

- 번역 메모리 기술에 관한 교육과정:
  이 과정을 마친 수료생들은 번역 메모리 기술의 원리에 친숙하게 될 것이고 현재 출시된 다양한 번역 메모리 프로그램 중 많이 사용되는 프로그램을 적어도 하나 이상 사용할 수 있게 될 것이며 이를 번역 실무에 활용할 수 있을 것이다.

- 법률 번역 입문 교과목:
  이 교과목을 수강한 학생들은 법률 텍스트의 핵심 특징을 파악하게 될 것이고 번역 의뢰가 이루어지는 법적·사회적 맥락을 알 수 있으며 법률 번역에 필요한 자료를 찾을 수 있게 됨은 물론 고도로 관습화된 법률 텍스트의 번역을 X언어에서 Y언어로 생산할 수 있을 것이다.

• 번역 입문 교과목 중반에 진행되는 교수단위:
이 단위를 마친 학생들은 사전 외에 번역사에게 유용한 자료를 찾을 수 있게 될 것이며 이들 자료를 효율적으로 사용하는 방법을 이해하고 번역 상황에 따라 이들의 접근성과 신뢰성을 평가할 수 있게 될 것이다.

> 다음에 대한 전체적 목적을 작성하시오.
> □ 새로 승진해 다른 번역사들의 번역을 감수하는 업무를 맡게 된 선임 번역사들을 대상으로 하는 사내 교육과정
> □ 시청각 번역 전공 대학원 교육과정에서 제공하는 자막 번역 교과목 (한 학기)
> □ 학부 번역교육과정에서 제공하는 과학기술 번역 교과목의 초반에 진행되는 의학용어 수업단위

8 세부학습성과

아래에서는 세부학습성과를 다룰 것인데, 우선 전일제 학부 교육과정이 대상이라고 가정하자. 아래 항목들은 앞의 학문적 고려사항 부분에서 살펴본 내용이며 대학에 개설된 번역교육과정이 목표로 삼아야 하는 주요 번역능력이다.

1. 2개 이상의 언어·문화에 대한 의사소통·텍스트적 능력
2. 문화적·문화간 능력
3. 주제 분야 능력
4. 도구적·전문가적 능력
5. 태도 또는 심리적·생리적 능력

6. 대인관계 능력
7. 전략적 능력

단계별로 5~6개의 세부학습성과를 제시해야 하며 7~8개를 초과해서는 안 된다는 것이 일반적인 지침이다. 이에 기초해 전일제 학부과정에서 대인관계 능력 영역에 대한 기대학습성과를 기술한다면 아래와 같을 것이다.

교육과정을 마친 학생들은 다음과 같은 능력을 갖추게 될 것이다.

1. 학생들은 번역과정에 수반되는 다양한 대인관계를 파악하고 설명하고 분석할 수 있을 것이다.
2. 학생들은 번역과정에 직접 참여하는 사람들(번역사, 감수자, 자료조사인, 용어 전문가, 프로젝트 매니저, 레이아웃 전문가)과 함께 일하고 각각의 상황에서 발생할 수 있는 잠재적 어려움을 파악하고 이를 극복할 전략을 구축할 수 있을 것이다.
3. 학생들은 번역과정의 기타 주체들(의뢰인, 게시인, 대행사, 저자, 사용자, 주제 분야 전문가)과 함께 일하고 각각의 상황에서 발생할 수 있는 잠재적 어려움을 파악하고 이를 극복할 전략을 구축할 수 있을 것이다.
4. 학생들은 번역을 하면서 내린 결정에 대해 다른 사람들에게 정당성을 설명하고 번역과정에 참여하는 다른 사람들의 성향을 파악하고 분쟁을 일으키지 않는 방식으로 본인의 의견을 전달할 수 있을 것이다.
5. 학생들은 협동작업의 장단점을 인식하고 분쟁을 피하거나 해결할 준비가 되어 있을 것이다.

> 위의 세부학습성과가 당신의 상황에 적용될 수 있는가? 어떤 부분이 적용 가능하며 어떤 부분이 그렇지 않은가? 그 이유는 무엇인가? 앞에 열거된 7개 주요 번역능력 중 대인관계 이외의 항목을 선택한 후

> 전일제 학부과정에 대한 세부학습성과를 5~6개 작성하시오. 학습성과를 기술할 때는 주어진 상황을 우선적으로 고려하시오.

우리가 계획하고 작성하는 학습성과가 교과과정의 나머지 부분—교육과정 내용(광의), 교수법 및 학습법, 학습 평가 등—의 토대가 된다는 사실을 명심하자.

본 장에서는 교과과정 설계의 사실상 첫 단계인 학습성과/교수목표 설정과 관련한 문제를 살펴보았다. 앞서 밝힌 순서에 따라 3장부터는 교과과정 설계의 다른 요소들, 즉 학습자 및 교수자, 교육과정 내용, 가용 자원, 교수법·학습법 및 교수·학습활동, 순서배열, 학습 평가 및 교육과정 평가 등을 다룰 것이다.

● 추천문헌: 직업기준

Language National Training Organization (LNTO) (2001) *The National Standards in Translator Training.* London: LNTO.

● 추천문헌: 번역능력

Campbell, Stuart (1998) *Translation into the Second Language.* London and New York: Longman.

Delisle, Jean (1998) 'Définition, rédaction et utilité des objectifs d'apprentissage en enseignement de la traduction'. In Isabel García Izquierdo and Joan Verdegal (eds.) *Los estudios de traducción: un reto didáctico.* Castellón: Universitat Jaume I. 13-44.

Hatim, Basil and Ian Mason (1997) *The Translator as Communicator.*

London: Routledge.

Hurtado Albir, Amparo (1996) 'La enseñanza de la traducción directa "general". Objetivos de aprendizaje y metodología'. In Amparo Hurtado Albir (ed.) *La enseñanza de la traducción*. Castellón: Universitat Jaume I. 31-56.

Kelly, Dorothy (2002) 'La competencia traductora: bases para el diseño curricular'. *Puentes*, 1. 9-20.

Neubert, Albrecht (2000) 'Competence in Language, in Languages, and in Translation'. In Christina Schäffner and Beverly Adab (eds.) *Developing Translation Competence*, Amsterdam: John Benjamins. 3-18.

PACTE (2000) 'Acquiring Translation Competence: hypotheses and methodological problems of a research project'. In Allison Beeby, Doris Ensinger and Marisa Presas (eds.) *Investigating Translation*, Amsterdam: John Benjamins. 99-106.

Pym, Anthony (1992) 'Translation Error Analysis and the Interface with Language Teaching'. In Cay Dollerup and Anne Loddegaard (eds.) *Teaching Translation and Interpreting. Training, Talent, and Experience*, Amsterdam: John Benjamins. 279-290.

___ (2003) 'Redefining Translation Competence in an Electronic Age'. In Defence of a Minimalist Approach. *Meta* XL VIII, 4. 481-497.

Roberts, Roda (1984) 'Compétence du nouveau diplôme en traduction'. In *Traduction et Qualité de Langue. Actes du Colloque Société des traducteurs du Québec/Conseil de la langue française*, Québec: Éditeur officiel du Québec. 172-184.

Wilss, Wolfram (1976) 'Perspectives and Limitations of a Didactic Framework for the Teaching of Translation'. In Richard W. Brislin (ed.) *Translation Applications and Research*, New York: Gardner. 117-137.

● 추천문헌: 학습성과

Biggs, John (2003) *Teaching for Quality Learning at University. What the Student Does*. Maidenhead: Open University Press. [2nd edition. 특히, 제3장 '교과과정 목표 설정' 참조]

___ and Kevin F. Collis (1982) *Evaluating the Quality of Learning*: The SOLO Taxonomy. New York: Academic Press.

Bloom, Benjamin (1956) *Taxonomy of Educational Objectives Handbook I*: Cognitive Domain. New York: McGraw-Hill.

D'Andrea, Vaneeta-Marie (2003) 'Organizing Teaching and Learning: outcomes-based planning'. In Heather Fry, Steve Ketteridge and Stephanie Marshall (eds.) *A Handbook for Teaching and Learning in Higher Education. Enhancing Academic Practice*. London: RoutledgeFalmer. 26-41.

González, J. and R. Wagenaar (2003) *Tuning Educational Structures in Europe. Final Report. Phase One*, Bilbao: Universidad de Deusto. [http://www.relint.deusto.es/TuningProject/index.htm에서도 검색 가능]

Gosling, David and Jenny Moon (2001) *How to Use Learning Outcomes and Assessment Criteria*. London: Southern England Consortium for Credit Accumulation and Transfer (SEEC).

3장

교육참여자: 학습자와 교수자

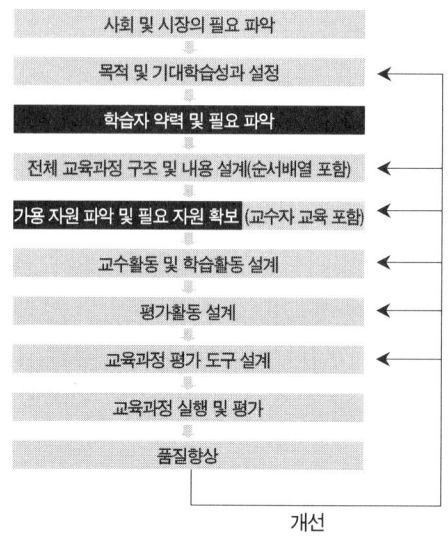

개요 및 목적

앞서 밝힌 교과과정 설계에 대한 체계적 접근법에 따라 2장에서는 학습성과를 살펴보았으며, 이어 본 장에서는 그 다음으로 중요한 단계로 이동해 교육참여자와 관련한 문제를 다룰 것이다. 첫 번째 부분에서는 가장 중요한 참여자인 학습자들에 논의의 초점을 둔다. 사전지식, 개인적 특성, 학습방식, 기대 및 동기, 동질성의 정도 등 교과과정을 설계할 때 고려해야 하는 주요 요인들을 검토할 것이다. 또한 이들 요인이 교수자들의 의사결정에 어떤 방식으로 영향을 미치는가도 논할 것이다. 두 번째 부분에서는 학습·교수과정의 또 다른 중요한 축을 형성하고 있는 교수자들을 살펴본다. 사전시식 및 경험, 교수방식, 기대 및 동기와 더불어 복합적인 교육과정을 운영하는 데 있어서의 협동작업 및 조율의 중요성을 다룰 것이다. 독자들은 3장을 읽은 후 이들 개념, 그리고 이와 관련한 번역학 문헌에 친숙해질 것이며 독자들이 처한 상황에서 교과과정을 설계할 때 영향을 미치는 참여자들의 특성을 파악할 수 있을 것이다.

1 학습자

　어떤 교육과정이든 학습자/학생이 그 중심에 있다는 데는 이견이 없을 것이다. 우리는 '결승선'에 비유할 수 있는 학습성과를 2장에서 먼저 다룬 후 3장에서는 '출발선'인 교육참여자로 돌아왔다. 학생들은 교육과정(또는 개별 교과목)에 등록하는 시점에 무엇을 알고 있는가? 이미 교육과정의 중반이라면 학생들은 여태까지 어떤 교과목들을 수강했는가? 동시에 수강하고 있는 교과목들은 무엇인가? 학생들의 연령은 어떻게 되는가? 시간제 학생들인가, 아니면 전일제 학생들인가? 특별히 필요로 하는 것이 있는가? 어떤 교수·학습 환경에 익숙한가? 학생 개개인이 선호하는 학습 방식은 무엇인가? 교육과정에 등록한 이유가 무엇인가? 교육과정을 통해 무엇을 배우고 익히고자 하는가? 학생 집단의 구성이 동질적인가, 아니면 이질적인가?

　일부 정보에 대해서는 해당 교육기관이 제공하는 통계 형태의 자료를 통해 확인하거나 맥락에서 유추할 수 있다. 그럼에도 불구하고 교과과정, 교과목, 학생 개개인에 따라 특수성이 큰 것이 현실이며 각각의 경우에 대해 정보를 별도로 수집할 필요가 있다. 이러한 과정을 필요분석 또는 초기진단이라 부르는데, 이는 단계에 관계없이 모든 교과과정의 계획 과정에서 반드시 필요하다. 상당 부분의 교과과정 계획이 사전에 이루어질 수밖에 없기 때문에 학생 개개인의 필요를 초기에 반영하는 것은 사실상 불가능하다. 따라서 미리 계획된 교과과정을 특정 학생들을 대상으로 실행할 때는 유연한 적용이 필수적이다.

> 당신이 속해 있는 기관이나 지역적·국가적 맥락의 경우, 열람할 수 있는 학생 정보는 어느 정도인가? 어떤 종류의 정보가 제공되는가? 교수자 스스로 파악해야 하는 정보는 무엇인가? 어떤 방식으로 정보를 수집할 생각인가?

1-1 사전지식

학생들을 설명할 때 대부분의 교수자들이 초점을 두는 분야는 바로 사전지식(prior knowledge)이다. 이 외에도 많은 요소가 있지만 사전지식은 무엇보다 중요하다. 고등교육에서는 학생들의 사전지식을 과대평가한 나머지 비현실적이고 지나치게 이상적인 출발점을 설정하는 경향이 있다. 일부 대학 교수들은 해가 갈수록 신입생들의 사전지식이 줄어든다고 탄식한다(번역직도 마찬가지다. 채용 담당자들은 과거 자신들이 졸업할 당시 보유했던 능력은 망각한 채 최근 졸업생들이 아는 것이 거의 없다고 한숨을 쉰다.). 하지만 이러한 탄식이 어떤 객관적인 사실에 근거하고 있다고 보기는 힘들다. 오늘날의 세상은 훨씬 더 많은 지식과 정보를 제공하며 접근도 용이하고 정보량 자체도 과거에 비해 훨씬 더 많다. 결국, 오늘날의 대학생들이 이전 세대와 동일하지 않은 지식을 보유하고 있으며 교수자들과 교육기관들이 이들에게 제대로 적응하지 못하고 있다고 보는 것이 보다 정확하다. 아울러, 현재의 대학 교육은 과거에 비해 훨씬 더 많은 사람들에게 열려 있다. 과거의 엘리트 중심 교육, 그리고 암기 위주의 교육은 큰 변화를 겪고 있다. 결국, 대학생들이 암기에 의존하는 서술적 지식은 과거에 비해 다소 부족하지만 절차적 지식은 훨씬 더 풍부하다고 일반화해도 무리가 없을 것이다. 예를 들어, 머릿속에 외우고 있는 지식은 상대적으로 적을 수 있지만 대부분의 교수자들에 비해 컴퓨터의 작동 원리 등에 대해서는 훨씬 더 많이 알고 있다. 아울러, 오늘날의 대학생들은 텔레비전이나 영화 또는 인터넷 등을 통해 아주 먼 곳에서 일어나는 일도 보고 성장했다. 또한, 상당수 대학생들은 자신들이 거주하고 있는 국가나 지역을 벗어나 여행을 하면서 더 큰 세상을 직접 경험했다.

필자의 견해가 현실과 다소 다를 수도 있다. 하지만 학생들이 알지 못하는 것, 또는 교수자들이 과거 대학생일 때 알고 있던 것을 분석하는 데 매몰될 필요는 없어 보인다. 교수자의 소임은 오늘날의, 그리고 내일의 학생들에게 적합한 교육과정을 설계하는 일이다. 중요한 것은 학습에 필요한 사전지식이 결여된 학생들은 학업성취도가 낮으며 곧 좌절감에 빠지고 학습동기를 상실하게 된다는 점이다. 이런 학생들은 갈수록 학습과 담을 쌓을 가능성이 높다. 마찬가지로, 교과과정이 전제하는 사전지식보다 월등히 많은 지식을 보유한 학생들 역시 지루함을 느끼고 학습동기를 상실할 것이다. 교과과정 설계의 계획 단계에서 중용을 잡고 실행 단계에서 융통성을 발휘하는 것은 성공적인 교육과정 운영의 양대 축이다. 아래에서는 계획 단계를 구체적으로 살펴보자.

학부과정의 전체적인 계획에 있어 학생들의 사전지식은 상당 부분 대학 교육으로 이어지는 주요 중등교육 정책 및 대입 절차와 관련된 고등교육 규정에 따라 결정된다. 예를 들어, 스페인 중·고등학생들은 외국어를 하나만 배우는데, 이로 인해 스페인 대학의 경우 고급 과정에서도 두 개의 외국어에 대한 사전지식을 요구하거나 전제할 수 없다. 참고로, 많은 유럽 국가는 두 개의 외국어를 교육하고 있다. 또 다른 예로 프랑스의 경우, 중등교육을 마친 학생 전원에게 대학의 문이 활짝 열려 있다. 이러한 정책은 법제화되어 있다. 또한, 대학 진학에 필요한 추가적인 요구 조건이나 시험도 없다. 반면, 대부분의 국가들은 공식적인 대입 시험을 실시하고 있으며 대학 진학에 필요한 학습성과 수준이 명시되어 있다. 이러한 종류의 일반적인 맥락을 통해 교수자들은 신입생들의 전체적인 사전지식(언어 및 기타 분야)을 가늠할 수 있다. 때로는 교수자들이 해당 교육기관의 입학 기준이나 요구 조건을 정하고 이를 충족시키는 학생들에게만 입학 기회를 제공하는 것이 가능한 경우도 있다.

> **중등교육 학습성과**
> 당신 나라의 중·고등학교에서는 학생들이 몇 개 언어를 공부하는가? 어느 수준까지 공부하는가? 고등학교 고학년 학생들이 소수의 전문 분야에 집중하는가, 아니면 다양한 분야를 폭넓게 공부하는가?(전자는 앵글로색슨 전통이고 후자는 프랑스의 바칼로레아 전통이다.)
>
> **대학 입학**
> 당신 나라에서는 중등교육을 성공적으로 마친 모든 사람에게 대학의 문이 열려 있는가? 그렇지 않다면 일반적인 신입생 선발 기준은 무엇인가? 이러한 요인들이 번역 전공 학부생들의 사전지식에 어떤 영향을 미치는가?
>
> 번역을 주로 대학원에서 배운다면 입학 기준이 무엇이며, 학생들의 사전지식에는 어떤 영향을 미치는가?
>
> 번역교육과정 입학시험의 장·단점에 대해 논하시오.

위의 일반적인 논의에서 우리는 언어 지식 또는 언어 구사 능력에 특히 초점을 맞췄다. 하지만 다른 영역에 대한 사전지식을 파악하는 것 역시 중요하다. 예를 들어, 일반적으로 컴퓨터가 많이 사용되지 않거나 초·중·고등학교에서 컴퓨터 사용이 보편적이지 않은 지역이나 국가라면 아마도 기초적인 키보드 조작 및 컴퓨터 활용능력을 습득하도록 돕는 별도의 교과목이 번역교육과정에 포함될 것이다. 반면에 집이나 학교에서 컴퓨터가 널리 사용된다면 이러한 기초 컴퓨터 교과목은 불필요하며, 고급 기술을 교육하고 세부적으로 응용하는 데 보다 많은 시간을 할애할 것이다. 문화 연구나 지역 연구, 일반적인 글쓰기 기술 등도 마찬가지다.

학부과정의 특정 교과목과 관련해서는 해당 교과목이 전체적인 교육과정 구조에서 어느 단계에서 진행되는가를 파악함으로써 학생들의 사전지식을 가늠할 수 있다. 몇 번째 학기에 진행되는 교과목인가? 학생들은 사전에 어떤 교과목들을 수강했는가?

학생들이 수강한 교과목을 담당했던 동료 교수자도 매우 유용한 정보원이며 실제 수업 집단, 학업성취도, 학습능력 등에 대한 정보를 얻을 수 있다. 이러한 정보를 동료 교수자들과 공유할 수 있는 공식 위원회나 기구가 대학 내에 설치되어 있는 경우도 종종 있다. 아울러, 학생들이 보통 여러 교과목을 동시에 수강하며 다른 교과목에서 쌓은 지식도 점진적으로 가져올 것이라는 점에도 주목해야 한다.

고등교육의 범주 밖에 있는 단기 전문 교육과정이나 사내 교육과정의 경우, 교육생들은 매우 광범위한 사전지식을 보유하고 있을 가능성이 크다. 이러한 교육과정들은 소수의 수강생들을 대상으로 번역 실무의 특정 분야(예: 번역 메모리 도구, 번역료 청구 및 세무, 용어 관리)를 교육하며, 설계에 있어 유연함을 발휘할 수 있다. 이 경우 학생들의 사전지식을 파악하거나 수강을 위해 요구되는 사전지식의 기준을 설정하기 용이할 수도 있다. 반면, 제도적 맥락으로부터 얻을 수 있는 정보는 상대적으로 제한적이며 학생들이 보유한 사전지식에 대한 대부분의 정보는 즉석에서 수집할 수밖에 없다.

> 당신이 담당하는 교과목 또는 교육과정이 실시되기 전에 학생들의 사전지식에 대한 정보를 얻고자 할 때 용이하게 얻을 수 있는 정보는 무엇인가? 정보를 어디서 구할 수 있는가?

교과과정 설계의 계획 단계에서 교수자들이 구할 수 있는 정보의 양과 관계없이 실제 수업 집단에 대한 정보는 개별 교과목에 따라 추가적으로 수집해야 한다는 점을 명심하자. 다양한 방법이 동원될 수 있는데 잠시 후에 살펴보자.

1-2 개인적 특성

고등교육을 받는 학생들을 살펴보면 시간이 갈수록 공통분모가 줄어들고 있음을 알 수 있다. 이러한 이질성은 일반적이고 전 세계적인 현상이다. 다양한 이유가 있겠지만 특히 세계화 및 고등교육의 문호 확대를 꼽을 수 있다. 후자와 관련해서는 여성이나 만학도 또는 특수 요구를 지닌 장애 학생 등 과거에는 고등교육의 혜택을 받을 수 없었거나 불충분하게 대표되던 집단들이 현재 고등교육을 받고 있는 현실과 관련이 있다. 이러한 이질성 또는 다양성으로 인해 교수자들은 개별 학생 집단의 구성과 특성을 파악하고 수업활동에 미치는 영향을 분석해야 한다. 특히, 만학도들의 학습방식 또는 학습접근법은 일반 학생들과는 판이하게 다르며 유학생들도 마찬가지다. 학습방식에 대해서는 다음 부분에서 구체적으로 살펴보겠다.

전형적인 고등교육과정인 전일제 학부 및 대학원 교육과정에서 조금만 눈을 돌려보자. 오늘날의 사회는 급변하고 있으며 이 추세는 앞으로도 이어질 것이다. 이는 대학 교육이 '평생 종사할 일을 준비하는 과정'이라는 기존의 통념이 깨지고 있으며 평생학습의 개념으로 대체되고 있음을 의미한다. 갈수록 많은 사람들이 다양한 형태의 평생교육과정에 등록해 학습을 이어가고 있으며 번역 분야도 예외가 아니다. 이에 따라 학생 집단과 교육 상황은 갈수록 이질적으로 변하고 있다.

> 학생/학습자 집단의 개인적 특성 중 교육과정 설계를 효과적으로 하기 위해 필요한 정보는 어떤 부분인가? 어떤 방식으로 정보를 수집할 수 있는가?
>
> 나이 등의 개인적 특성이 어떤 방식으로 교육과정 설계에 영향을 미친다고 생각하는가?
>
> 현재 당신이 소속된 기관이나 조직의 경우, 장애 학생들을 위한 지원 자원에 대한 정보는 어디서 찾을 수 있는가? 장애 학생들이 있다면 이들의 존재가 교육과정 설계에 영향을 미치는가? 어떤 방식으로 영향을 미치는가?

1-3 학습방식 및 접근법

앞서 살펴보았듯, 고등교육을 받는 학생들의 공통분모를 찾기란 갈수록 어려워지고 있다. 이로 인해 교수자들 사이에서는 학생들이 각기 다른 학습방식(learning style)을 갖고 있다는 인식이 더욱 높아졌다. 물론, 동질성이 높은 학생 집단에서도 학습방식의 상이성은 현재는 물론 과거에도 항상 존재했다. 최근 들어 학습에 대한 연구가 다수 진행됐음에도 불구하고 학습이 어떤 과정을 통해 이루어지는가에 대해서는 정확히 알려진 바가 거의 없다. 특히, 교육에의 시사점에 있어서는 구체적인 결론을 도출하기 어렵다. 아래에서는 상당 부분 합의점이 도출된 연구 결과 또는 번역 교육에 있어 흥미로운 연구 결과 일부를 간략히 살펴보겠다. 관련 연구를 보다 깊이 이해하고 싶은 독자들은 본 장의 마지막 부분에 나오는 추천문헌을 읽어보기 바란다.

첫 번째, 그리고 가장 중요한 전제는 모든 사람이 동일한 방식으로—특히 담당 교수자와 같은 방식으로—학습하지는 않는다는 점이다. 학생들의 개인적 특성과 성격은 물론 교육 배경과 문화 모두 학습방식에 영향을 미치는 요인이다. 이와 더불어 개개인의 학습방식과 교수자들의 교수방식 간의 상호작용 역시 영향을 미친다. 학습방식이 절대 바뀔 수 없다고 생각하는 학자들은 거의 없다. 하지만 뿌리가 깊기 때문에 바꾸는 것이 결코 쉽지는 않다.

두 번째 전제는 변화 또는 추가가 기존 지식 및 이해에 가해질 때 학습이 이루어진다는 점이다. 이 과정을 통해 개인의 변화가 진행된다. 이는 구성주의 이론에 기초하고 있다. 한편, 구성주의 이론에서 발전한 사회구성주의 이론은 지식 구성에 대한 개인의 역할과 사회의 역할 중 후자를 보다 강조하며, 학습은 사람들이 공유하는 문제나 과제에 대해 사회적인 대화와 활동에 참여함으로써 지식을 구성하게 되는 과정이라는 관점을 견지한다.

세 번째 전제는 우리가 다양한 상황과 방법을 통하여 얻은 경험에 기초해 학습을 하게 된다는 점이다. 가장 영향력 있는 경험적 학습 이론은 Kolb 학습사이클일 것이다. <도표 6>에서 볼 수 있듯이 학습자는 먼저 구체적 경험(행동)을 통해 정보/지식을 획득하고 반성적 관찰(성찰)을 통해 이를 체계화한다. 이어서 추상적 개념화(이론화)를 통해 원칙으로 일반화하며, 마지막으로 능동적 실험(계획)을 통해 이를 다시 검증·수정하여 새로운 경험으로 이끄는 순환과정을 거친다. 효과적인 학습을 위해서는 4가지 순환 단계를 모두 거쳐야 한다. 물론, 개인의 선호도에 따라 특정 단계에 보다 오래 머물기도 한다.

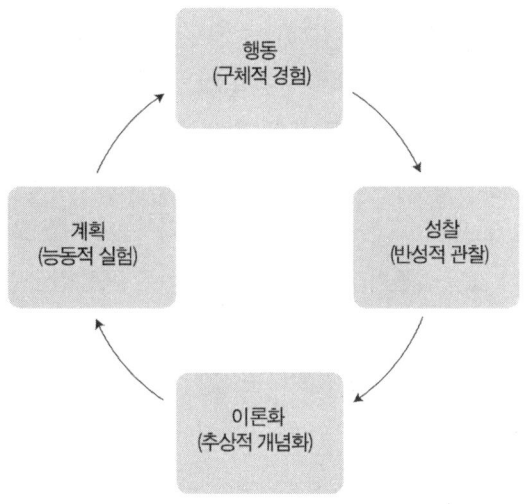

도표 6. Kolb 학습사이클

조금은 다른 차원이지만 1970년대와 1980년대의 연구(Marton, 1975; Marton과 Säljö, 1984)에서는 소위 '학습접근법'에 따라 학습의 질이 결정된다는 주장이 최초로 제기되었다. 이들 연구에서는 원래 두 가지 접근법이 존재한다는 결론이 도출되었다. 첫째는 표층접근법(surface approach)이다. 시험에 합격해야 하는 필요성 등의 외적 요인에 의해 동기가 부여되는 것이 일반적이며, 주어진 과업을 분석하거나 그 의미와의 관계를 형성하려는 과정이 부족하거나 전무한 상태에서 주로 맹목적인 암기를 통해 눈앞에 닥친 과업을 수행하는 것이 특징이다. 표층접근법을 채택할 경우 인지 과정의 피상적 수준에 머무는, 질이 낮은 학습으로 이어지기 쉽다(시험 점수가 반드시 낮다는 의미는 아니다.). 둘째는 심층접근법(deep approach)이다. 표층접근법과는 달리 주어진 과업와의 유의미한 관계 형성과 비판적인 평가를 포함하고 있으며, 이를 통해 인지 과정의 높은 단계에 도달할 수 있다(내용을 반드시 더 잘 외운다는 의미는 아니다.). 심층접근법은 주로 해당 주제에 대한 각별한 관심 등의 내적 요인에 의해 동기가 부여된다. 표층접근법과 심층접근법은 연속체의 양극단이라고 이해하는 것이 좋을 듯하다. 앞의 두 가지 접근법 이외에도 전략적 접근법(strategic approach)이 있다. Biggs (1987)에 의해 새롭게 밝혀진 이 접근법은 심층접근법을 채택한 학습자가 학습과정의 특정 지점에서 우수한 평가와 높은 점수를 받기 위해 표층접근법으로 전환하는 과정을 포함하고 있다. 기존의 주입식 교육접근법(맹목적 암기 포함)은 표층접근법으로 이어지며, 체험 학습 및 기타 구성주의 접근법은 심층접근법으로 이어져 결국 보다 높은 단계의 이해로 연결된다는 것이 일반적인 견해다.

요약하자면, 다음 사항이 교수·학습 환경에서 가능할 때 비로소 학생들의 이해 수준이 높아지며 심층접근법을 채택할 수 있다는 것이 현재까지 밝혀진 연구 결과다(추천문헌 참조). 우선, 내적 동기 형성이 가능해야 하며 학생들에게 독립성 및 선택권을 부여해야 한다. 공동 작업의 기회 및 도전적이지만 지원적이고 저위협적인 환경도 필요하다. 또한, 학생들의 학습 행동에 대해 교수자가 건설적인 피드백을 자주 제공하는 것도 중요하다. 이와 더불어 지식을 실제에 적용하는 연습을 하고 강화하는 과정도 필요하다. 이 모든 것들은 조직적이고 체계적인 틀 내에서 유기적으로 이루어져야 하며, 궁극적으로는 보다 높은 단계의 목표(이해)를 달성하는 데 초점을 맞춰야 한다(Cannon과 Newble, 2000: 9).

1-4 기대 및 동기

앞서 살펴봤듯, 현재까지 밝혀진 연구 결과에 따르면 학습동기는 학습과정의 성공을 위한 핵심 요인이다. 따라서 번역 교수자들과 번역교육과정 설계 담당자들은 학생의 기대와 학습동기를 구체적으로 파악해야 한다. 교육학 연구의 다른 분야에 비해 학습동기 측정과 관련한 연구는 양적으로 부족한 실정이지만 몇몇 연구는 관심을 가질 만하다. 대학생들을 대상으로 영국에서 진행된 연구(Newstead 외, 1996)에 따르면 대학 진학에는 기본적으로 3가지 이유가 있다(다른 국가에도 일부 적용될 수 있다.). 첫 번째는 학자들에 의해 '목적을 위한 수단'으로 불리는 것이다. 즉, 삶의 질을 향상시키고 좋은 직업을 찾을 가능성을 높이겠다는 외적 동기(extrinsic motivation)다. 두 번째는 '자기 계발'과 깊은 관련이 있는 내적 동기(intrinsic motivation)다. 이는 스스로의 잠재력을 실현시키고 삶의 지혜를 쌓고 자신의 인생을 스스로 지배하고 본인의 만족 또는 학문적 갈증 해소를 위해 지식을 습득하려는 것이다. 세 번째는 학자들에 의해 '무동기(amotivation)'라 명명되었는데, 동기가 결핍된 상태다. 임시방편으로 대학 진학을 선택한 사람들, 즉 직업의 세계를 회피하거나 휴식기를 가지거나 인생을 즐기기 위해 대학에 온 사람들에서 빈번히 드러난다. Newstead와 Hoskins(2003)는 학습동기에 있어 두 개의 '눈금'이 있다고 주장한다. 하나는 학습동기의 정도 또는 강도와 관련이 있으며, 무동기부터 고성취동기(high achievement motivation)까지 이어지는 연속체다. 또 다른 하나는 학습동기의 유형을 분류한 것으로, 전적인 내적 동기(학습자 스스로를 위한 학습)부터 전적인 외적 동기(좋은 직업을 찾거나 높은 사회적 지위를 얻고자 하는 갈망)까지의 범주를 가진다. 둘 다 '움직이는' 눈금이며, 현재의 연구 결과들이 결정적이지는 않지만 동기의 강도가 동기 자체의 성격에 비해 보다 중요하다는 인식이 일반적이다.

학습동기에 중요한 영향을 미치는 요인들은 다음과 같다.

- 피드백의 양과 유형
- 평가 체계
- 학과, 대학, 또는 전반적인 대학 체계에 대한 인식

(Newstead와 Hoskins, 2003)

하나하나 짚어보자. 엄청난 시간과 노력을 들여 과업을 완수했음에도 불구하고 피드백이 거의 없고 설명도 불충분하다면 학생들은 머지않아 학습동기를 상실할 것이다. 따라서 학생 개개인에 대한 긍정적이고 건설적인 피드백은 필수다. 이는 평가 체계와도 밀접한 관련이 있다. 대부분의 평가 체계는 표층접근법과 맹목적인 암기를 부추긴다. 학생들 입장에서는 표층접근법을 채택하고 무턱대고 외울 수밖에 없다. 여기에서 탈피하기 위해서는 학생들에게 다양한 과업을 부여하고 평가해야 하며, 특히 학생들이 개념을 심도 있게 이해했는가를 파악할 수 있는 평가 체계를 마련하는 것이 중요하다. 아울러, 습득한 지식을 문제 해결에 적용하도록 유도해야 한다. 그래야만 심층접근법으로 이어지고 학생들의 학습동기가 지속될 가능성이 높아진다(평가 기법은 8장 참조). 학과, 대학, 대학 체계에 대한 학생들의 부정적 인식은 특히 해결하기 힘든 문제이며 커다란 제도적 체계이기 때문에 변화를 거부하는 경향이 있다(Biggs, 1993). 본인의 역할이 중요하지 않다는 생각이 들면 학생들은 초기에 갖고 있던 동기를 상실하게 된다(교수자들도 마찬가지다.). 이러한 부정적 인식을 바꾸고 학생들에게 학습동기를 부여하기 위해서는 교육기관들 스스로 학생친화적 환경을 조성해야 한다.

    이제 번역 전공 학생들의 학습동기로 논의를 좁히자. 대부분의 교육과정과 마찬가지로 학생들은 다양한 이유로 번역교육과정에 등록한다. 가장 확실한 학습동기는 전문 번역사가 되고자 하는 욕구일 것이다. 학부를 마친 번역 전공 대학원생들(종종 현대 언어 전공)의 경우 전문 번역사가 되겠다는 목표 자체가 핵심적인 학습동기다. 좋은 일자리를 보다 쉽게 찾기 위해서는 전문화된 교육이 필요하다는 현실을 대학원생들은 대체로 인식하고 있다. 하지만 학부생들에게는 이러한 구체적인 학습동기를 기대하기가 상대적으로 어렵다. 물론, 일부 학생들은 번역사나 통역사가 되려는 분명한 목적의식이 있다. 이들 중 상당수는 국제기구에서 일하기를 꿈꾸며 그 이유는 주로 이와 같은 조직의 엘리트 환경에 매료되기 때문이다. 하지만 이런 학생들은 소수다. 스페인 대학들을 대상으로 진행 중인 연구(Calvo, 발표 예정)에 따르면 많은 학생들은 현대 언어의 일반 분야를 공부하려는 욕구에 의해 동기가 부여된다. 하지만 학생들이 현대 언어 전공으로 몰리는 또 다른 이유는 협소한 이론 중심의 기존 학문에 대한 거부감과 향후 취업 기회가 부족한 현실에 대한 두려움도 있다. 다시 말해, 학부과정 1학년생 중 다수는 반드시 전문 번역사가 되겠다는 목표를 갖고 있지 않으며 전문 번역사가 무엇을 하는가에 대해서도 잘 모르는 경우가 많다. 이들은 주로 '언어 교수자가 아닌' 다른 흥미로운 직업을 찾는 데 도움이 되는, 언어와 관련된 '그 무엇'을 배우고자 한다. 이 외에도 여행을 하기 위해서나 인기 있는 전공이라는 이유로 번역을 선택하는 학생들도 있다. 번역은 분명 새롭고 혁신적이며 인기 있는 분야다. 심지어는 '일류 전공'으로 인식되는 경우도 있는데, 이는 주로 성적이 우수한 학생들이 선택하는 과정이며 입학 기준이 까다롭기 때문이다.

단기 전문 교육과정 또는 사내 교육과정의 경우 학습동기는 주로 외적이며 매우 구체적이다. 예를 들어, 전문 번역사들은 번역 품질과 속도를 향상시키고 업무의 안전성을 담보하고 보다 많은 이윤을 창출하기 위해서는 새로운 정보기술(IT) 도구를 사용하고 민사책임보험에 대한 지식을 쌓고 새로운 텍스트 유형(예: 멀티미디어)을 번역해야 할 필요성을 몸소 느낀다. 이러한 경우 매우 강한 학습동기가 형성될 가능성이 크다. 대학 졸업 예정자 또는 처음으로 구직활동을 하는 사람들과는 달리 전문 번역사들이 이러한 유형의 교육과정에 등록할 때는 외부(가족, 사회) 압력이 상대적으로 약하며 학습동기 자체가 자기 자신에서 싹튼 경우가 많다.

> 당신이 지도하고 있는 학생들의 주요 학습동기가 무엇이라 판단하는가? 학생들의 학습동기가 본질적으로 내적인가, 아니면 외적인가? 학습동기의 강도는 어느 정도라 판단하는가? 학생들의 학습동기가 학습에 어떤 영향을 미친다고 생각하는가?

다른 문제들과 마찬가지로 위의 질문에 대해서는 수많은 답이 존재할 수 있다. 언제나 그렇듯 독자 개개인의 상황에 가장 부합하는 답을 찾는 것이 가장 중요하다.

1-5 동질성의 정도

앞서 우리는 대학생들의 구성이 갈수록 다양해지고 있으며, 이는 특히 세계화와 고등교육의 문호 확대―과거에는 고등교육의 혜택을 받을 수 없었거나 불충분하게 대표되던 집단들이 현재는 고등교육을 받고 있는 현실―가 주요 요인이라는 점을 살펴보았다. 이는 전 세계적인 추세이며 학부와 대학원 모두 해당된다. 단기 전문 교육과정도 예외가 아닌데, 여러 이유가 있겠지만 특히 번역직이 전체적으로 다양성을 보이고 있기 때문이다.

> 당신이 지도하고 있는 학생들은 어느 정도의 동질성(homogeneity)을 보이는가? 동질적이지 않다면 어느 정도의 이질성(heterogeneity)을 보이는가? 교육과정 설계에 미치는 영향은 무엇인가?

갈수록 이질성을 띠고 있는 대학의 학생 집단에서 특히 주목할 만한 요인은 국제교류프로그램이다. 세계 곳곳에 있는 대학들, 정부 기관들, 국제기구들은 학생들과 교수자들을 대상으로 하는 다양한 교류프로그램을 운영하고 있다. 이들 프로그램은 주로 교환학생 또는 교환교수 프로그램의 형식을 취하고 있다. '교환' 형식이 아닌 경우도 일부 존재한다.

유럽의 경우, 에라스무스 프로그램(Erasmus Program)1) 덕분에 7, 8개국 학생들이 함께 수업을 받는 경우도 심심치 않게 볼 수 있다. 이러한 학생 집단 구성의 주요 변화는 이제 우리 생활의 일부가 되었으며 이들의 다양한 배경과 경험이 수업을 풍요롭게 한다는 이유로 교수자들도 반기는 분위기다. 하지만 이와 같은 '새로운 상황'이 교육과정 설계에는 그다지 고려되지 않고 있다는 점에 놀라움을 금할 길이 없다. 교환학생들은 일반적으로 특권을 가진 참관인 자격으로 수업을 '청강'하는 형태로 주최 대학의 교수·학습과정에 참여한다. 어떤 교수자들은 교환학생들이 수업의 본질을 바꿔놓는다고 불평한다. 다시 말해, 번역 수업활동의 방향을 틀어놓는다는 것이다. 일부 교수자들은 교환학생들이 교육과정 전체를 이수하지 않고 일부 교과목만 수강하기 때문에 이들을 고려할 수 없다는 반응을 보인다[이와 관련한 자세한 논의는 Mayoral과 Kelly(1997) 참조]. 물론, 교환학생들이 주최 대학에 머무는 기간은 주로 한 학기, 길어도 두 학기에 불과하다. 하지만 새로운 교환학생들이 계속 오기 때문에 교육과정에는 항상 교환학생들이 참여하고 있으며, 이와 같은 교류프로그램이 앞으로도 지속·확대될 것이라는 점 역시 고려해야 한다. 교수·학습의 질을 높이기 위해서는 당연히 모든 학생들을 고려해야 한다(Tsokaktsidou, 2005 참조).

---

1) [역주] 에라스무스 프로그램은 유럽 내 대학생 교류프로그램으로 원래 별도로 추진되다가 소프라테스 프로그램으로 통합되었다. 소크라테스 프로그램은 코메니우스(초·중등학교), 에라스무스(대학교), 링구아(언어) 등의 교육 프로그램으로 구성되어 있다.

> 당신이 소속된 교육기관은 국제교류프로그램을 실시하고 있는가? 그 정도와 범위를 논하시오. 당신이 참여하고 있는 교육과정에도 해외에서 온 교환학생이 참여하고 있거나 앞으로 참여할 가능성이 있는가? 자국학생과의 비율은 어느 정도인가? 교환학생들은 주로 어느 지역이나 국가 출신인가? 이들이 교육과정 설계에 미치는 영향은 무엇인가?
>
> 교환학생들이 직면할 수 있는 문제가 무엇이라 생각하는가? 자국학생들과 차이점이 있는가? 교환학생들의 존재가 수업활동의 방향에 영향을 미치는가? 어떤 방식으로 대처할 생각인가?

2 필요분석

앞서 학생 약력을 살펴보면서 필요분석(needs analysis)이 교수자들의 교수활동을 돕는 효과적인 도구라는 점을 수차례 언급한 바 있다. 필요분석에 요구되는 자료 중 일부는 교육기관들이 다양한 형태로 제공하고 있다.

- 학생들의 출신 중·고등학교 관련 통계 자료
- 학생들의 출신 지역 관련 통계 자료
- 해당 수업 집단 또는 학생 개개인의 과거 학점 관련 통계 자료
- 해당 수업 집단을 이미 가르친 교수자들의 의견
- 중등교육 학습성과 기준
- 해당 수업 집단이 과거 수강한 교과목의 학습성과

이들 자료가 매우 유용하다는 사실을 부정할 수는 없지만 학생들의 사전지식, 해당 교과목에 대한 기대 사항, 해당 교과목(또는 교육과정)을 수강하는 이유, 특별히 필요로 하는 것 등에 대한 전체적인 그림을 파악하기

에는 여전히 부족하다. 대부분의 교수자들은 본인이 만든 필요분석 도구를 학기 초(주로 첫 수업)에 사용한다. 다양한 방식과 형태가 있지만 대표적인 도구들은 아래와 같다.

- 간략한 문답 시험
- 번역 연습문제 또는 이와 유사한 형태
- 설문지(분량과 복잡성은 차이가 있다.)
- 동기 및 기대에 대한 간략한 기술
- 버즈집단2) 토의 후 전체 수업에 보고서를 제출하는 방식(이와 같은 활동에 대한 설명은 6장 참조)

어떤 도구나 형식을 사용할 것인가는 교과목, 교육과정, 그리고 학문적 전통에 따라 달라질 수 있다(일부 학생들은 토론을 선호하는 반면 일부는 본인의 필요를 글로 설명하고자 한다.). 하지만 계획 수립 단계에서 중요한 것은 해당 교과목을 수강하는 학생들의 특성 중 교수자가 알아야 하는 사항 및 정보 수집 계획이 포함되어야 한다는 점이다.

> 학생들에게 도움이 되는 방향으로 교과목 또는 교육과정을 설계하고 운영하기 위해 당신이 파악할 필요가 있는 학생 특성(예: 사전지식, 성격, 학습방식, 기대 및 동기)을 열거하시오.
>
> 각각에 대한 정보 수집 방법을 생각해 보시오. 학생들이 '정보 출처'인 만큼 학생들로부터 어떤 방식으로 정보를 구할 것인지, 그리고 어떤 도구를 설계하고 사용할 것인지를 결정하시오.

---

2) [역주] 2~3명으로 편성되어 특정 사항에 대해 간략히 논의하고 이를 전체 집단에 보고한다.

3 교수자

교수·학습과정의 또 다른 축은 바로 교수자다. 참고로, 일부 학자들은 '교수자'보다 '교육자' 또는 '학습도우미'라는 용어를 선호하는데, 이는 교수자가 학생들에게 일방적으로 지식을 주입하던 과거의 교육접근법에 대한 거부감에서 비롯된 것으로 보인다. 하지만 이 책에서는 '교수자'라는 용어를 계속 사용하겠는데, 이는 필자가 과거의 교육접근법을 선호하기 때문은 아니며, '교수자'가 다양한 상황에서 사용될 수 있는 표준 용어이며 대부분의 경우 쉽게 이해될 수 있기 때문이다.

아래의 '교수자'는 주로 '전업 교수자'를 가리킨다. 교수자가 본업인 사람들과 번역, 현지화, 통역, 경영, 저술 활동 등을 업으로 삼으면서 기회가 있을 때 가끔 단기 교육과정에서 강의하는 사람들 간에는 큰 차이가 있다. 물론, 우리가 살펴볼 내용 중 일부는 후자에 해당되는 부류에도 적용될 수 있다.

번역교육에 참여하는 교수자 대부분은 대학의 전임교수다. 이는 번역교육에 시사하는 바가 많다. 특히, 교수들이 수업 외에도 다양한 활동을 한다는 점에 주목해야 한다. 대학들은 대체로 교수들에게 상당한 연구 부담을 지운다. 연구 성과에 따라 승진 등의 보상이 주어지며 교육보다는 연구 업적에 훨씬 큰 비중을 둔다. 상황이 이렇다 보니 교육은 후순위로 밀릴 수밖에 없다. 또한, 직급에 따라 맡고 있는 보직이 다르지만 대부분의 교수들은 과중한 행정 책임을 지고 있다. 교수들이 맡고 있는 보직은 학과장, 전공주임교수, 국제교류처장, 실무연수처장 등 실로 다양하다. 물론, 이러한 업무는 학생들에게 다양한 학습 기회를 제공하기 위해 반드시 필요하다. 행정직원들에 비해 교수들이 이러한 업무를 수행할 때 이들 활동이 학습에 미치는 영향을 보다 구체적으로 이해할 수 있다. 따라서 교수들이 다양한 행정 활동에 참여하는 것을 장려하고 있는 분위기다. 그러나 교수들의 행정 업무를 충분히 인정하는 대학은 그리 많지 않다. 상황이 이렇다 보니 교수들이 교육에 집중하기란 결코 쉽지 않다.

> 당신이 처한 상황을 살펴볼 때 교수자들이 수업 및 수업 관련 활동(튜터 활동, 학생 지원 업무, 수업 준비, 교육과정 및 수업자료 설계, 채점, 학생 관리 등)에 투자할 수 있는 시간이 전체에서 차지하는 비중이 어느 정도인가? 교수자들이 다른 활동에 투자하는 시간은 어느 정도인가? 당신이 소속된 교육기관의 경우 각각의 활동에 어느 정도의 상대적 비중을 두는가? 교육 점수가 높으면 승진에 유리하게 작용하는가? 우수 교수자에 대한 포상 제도가 존재하는가?

위에서 간략하게 논의한 내용을 바탕으로 번역 분야로 눈을 돌리자. 과정이나 활동에 대한 일반적인 내용을 다루고 있는 번역학 연구는 많지만 학습자든 교수자든 교육참여자를 다루고 있는 연구는 찾아보기 힘들다. 교수자와 관련한 내용을 다루고 있는 몇 안 되는 학자들도 (극소수의 학자들을 제외하면) 논의를 교수자의 사전지식 및 경험에 국한시키고 있다. 우선 이 문제를 살펴보자.

3-1 사전지식 및 경험

앞서 우리는 대학 교수들이 광범위한 활동에 참여하고 있다는 점을 살펴보았다. 대부분의 대학에서 이들 활동은 신규 임용과도 직접적인 관련이 있다. 신임 교수들은 대부분 석사 또는 박사학위를 보유하고 있으며 학문적 능력을 인정받은 사람들이다. 즉, 이들은 연구 능력이 있다. 일부 대학은 강의 경험이 있는 지원자들을 긍정적으로 고려한다. 단기 교육과정에서는 강의 경험이나 강의 능력이 당장 없어도 강의 자리가 주어지기도 한다. 번역교육 분야의 경우 번역사로서의 실무 경험이 가장 중요하다. 이러한 실무 경험은 성공적인 교육을 위해 반드시 필요하며, 이에 대해서는 번역학자들 사이에서도 이견이 없다. 아래에서 인용한 세 명의 학자들 역시 서로 다른 각도에서 이 문제를 다루고 있지만 본질적으로 번역 교수자에게 필요한 것은 '전문 번역 경험'이라는 동일한 결론에 이르고 있다.

> 전문 번역에 대한 전문성이 없는 언어 교수자가 전문 번역사로서의 자아개념을 갖고 있거나 번역 전공 학생들의 번역사 자아개념을 계발하도록 도울 수 있다고 기대할 수는 없다.
>
> (Kiraly, 1995: 3)

> ["교수자는 어떤 방식으로 교육되어야 하는가?"에 대한 답변]
> 간단한 질문에 대한 간단한 답변: 번역교육과정에 참여하는 번역 교수자들은 각각의 상황에 최소 1개월씩 투자해야 한다. 즉, 다음의 3가지 상황 모두를 경험해야 한다.
>
> - 번역회사 소속 번역사(또는 감수자 또는 용어 전문가)
> - 인하우스 번역사(또는 감수자 또는 용어 전문가)
> - 프리랜서 번역사(또는 감수자 또는 용어 전문가)
>
> 위의 경험이 있으면 교수자로서의 기초적인 자격을 갖추었다고 볼 수 있으며 본인의 교수법을 정할 수 있을 것이다.
>
> (Gouadec, 2003: 13)

> 전문 번역사에게 직접 배울 수 있다는 것은 번역 전공 학생들에게 분명 풍요로운 경험이다. 그렇다고 해서 문제가 전혀 없는 것은 아니다. 전문 번역사들은 구체적인 교육 경험이 부족하다.
>
> (Durieux, 1988: 8)

> 위의 3가지 인용문을 각각 분석한 후 의견을 제시하시오.
>
> 당신은 전문 번역사인가? 그렇다면 교수자 교육을 별도로 받았는가? 당신이 소속된 기관에서 교육을 받을 수 있는가? 전문 번역사가 아니라면 번역의 세계에 친숙해질 수 있는 방법은 무엇인가?
>
> 전문 번역 경험이 번역 교수자의 필수 요건이라는 관점에 동의하는가? 그 이유는 무엇인가?

　　대부분의 교육기관들은 교수자들에게 교육과 더불어 상당한 연구 실적을 요구하며 다양한 행정 업무를 맡긴다. 또한, 번역 교수자들은 교수자가 되기 전(또는 교육과 병행해) 전문 번역 경험이 있어야 한다. 즉, 번역 교수자가 되고 그 직을 유지하기 위해서는 매우 다양한 능력과 기술을 보유해야 한다. 본 절, 그리고 이 책 전체에서는 교수능력에 초점을 두고 있지만 다른 요구 사항도 분명 존재하며 간과할 수 없는 문제다. 이렇듯 다른 고려사항도 물론 많지만 우리가 지금부터 견지할 관점은 교수자는 우선 교수자로서의 전문성을 보유해야 한다는 점이다. 하지만 역설적으로 대학들은 전통적으로 교수자 교육에 관심을 거의 기울이지 않았다. 대학을 제외한 모든 단계의 교육에서는 교수자들이 의무적으로 교육을 받도록 되어 있다. 하지만 대학에서는 지식이 있으면 가르칠 수 있다는 단순한 가정을 하는 경우가 많다. 다행히도 일부 대학들은 신임 교수들과 기존 교수들을 대상으로 교수법 특강 등의 교육 프로그램을 실시하고 있다. 그럼에도 불구하고 대부분의 국가에서는 신임 교수들은 시쳇말로 죽든 살든 알아서 해야 하는 처지에 놓인다. 이러한 상황에서 고민하는 교수자들의 근심을 더는 데 이 책이 작은 도움이 되리라 희망한다.

3-2 교수방식

학습자에게 학습방식(learning style)이 있듯 교수자에게도 교수방식(teaching style)이 있다. 교수방식은 교수자 스스로의 학습이나 습득 또는 경험을 통해 발전되거나 과거의 스승들을 보면서 해야 할 일과 하지 말아야 할 일에 대한 모형을 형성함으로써 결정된다. 아울러, 연구에 따르면 교수방식과 학습방식의 상호작용 역시 학습성과에 지대한 영향을 미친다. 교수방식에 따라 표층접근법을 부추기기도 하고 심층접근법으로 이끌기도 한다.

> 교수자로서의 당신의 역할에 대해 잠시 생각해 보시오. 교수 및 학습과정에 있어서의 당신의 의무는 무엇이라 생각하는가? 학생들의 의무는 무엇인가?
>
> <도표 7>을 살펴보면서 바람직하거나 옳다고 생각하는 진술에 표시를 하시오.

<도표 7>을 보면서 독자들은 양쪽 진술 중 평소 선호하거나 옳다고 생각해 온 쪽에 표시를 했을 텐데, 어느 한쪽에만 표시를 한 독자는 거의 없을 것이다. 그럼에도 불구하고 좌측에 더 많은 표시를 했다면 교수자중심적 교수·학습접근법에, 우측에 더 많은 표시를 했다면 학습자중심적 교수·학습접근법에 공감하는 경향이 있다고 해석된다. 연구에 따르면 학습자중심적 접근법을 채택할 경우 상대적으로 우수한 학습성과, 다시 말해 보다 높은 단계의 학습과 이해로 연결될 가능성이 높다. 4장부터는 번역교육, 수업 자료 및 활동 설계, 그리고 평가 체계에 학습자중심적 접근법을 보다 포함시킬 수 있는 방법을 제안했다. 물론, 주어진 상황에 따라 적용되

기 힘든 제안도 있을 것이다. 재차 언급하지만 이 책의 목적은 만능처방을 제시하는 것이 아니다. 이 책은 번역교육 향상을 위한 사고의 양식을 제공하고 다양한 제안을 함으로써 독자들이 처한 교육 상황에 맞춰 적절히 응용하고 적용할 수 있도록 했다.

내용 및 방법과 관련한 대부분의 의사결정은 교수자의 몫이다.	내용 및 방법과 관련한 선택은 부분적으로 또는 대부분 학생들에 의해 이루어져야 한다.
개별 교과목에 주안점을 두어야 한다(평가에 대한 책임 포함).	전체적인 교육과정과 교육과정의 목적에 주안점을 두어야 한다(평가에 대한 책임 포함).
교수자는 지식을 전달하는 전문가다.	교수자는 학생들을 안내하는 전문 안내인이며 학생들이 학습을 수월하게 할 수 있도록 돕는 사람이다.
교수자는 정보를 전달한다.	교수자는 질문을 한다.
학습활동은 대부분 개인별로 진행될 필요가 있다.	협동학습(collaborative learning)이 보다 효과적이다.
학생들은 교실 내에서, 또는 교육과정이 정해놓은 일련의 활동을 통해 학습한다.	학생들은 언제 어디서나 학습할 수 있다.
높은 점수와 교수자로부터의 칭찬이 주요 학습동기다.	지적호기심과 스스로에 대한 의무감이 주요 학습동기다.
수업 편성은 사전에 계획되어야 하며 수정되지 않아야 한다.	수업 편성은 수업이나 교육과정이 진행되면서 수정될 수 있고, 필요하다면 반드시 수정되어야 한다.
평가는 교수자의 고유권한이다.	자가평가 및 동료평가는 유용한 학습 도구다.
가장 중요한 성과는 학생들이 강의계획서에 나와 있는 내용을 학습하는 것이다.	가장 중요한 성과는 학생들이 학습 기법을 습득하는 것이다.
총괄평가가 바람직하다.	형성평가가 바람직하다.

학급 전체가 같은 속도로 발전해야 한다.	학생 개개인은 자신의 속도에 따라 발전해야 한다.
모든 학생이 동일한 내용을 학습해야 한다.	학생 개개인이 서로 다른 내용을 학습할 수 있다.
교수자들은 독립적으로 일해야 한다.	협동작업은 교수에 있어 필수적이다.
교수자와 학과는 상호독립적인 관계 속에서 자율성을 지켜야 한다.	교수자와 학과는 긴밀히 협력하면서 함께 일해야 한다.

도표 7. 교수·학습을 둘러싼 다양한 관점
(Cannon과 Newble, 2000; Villa, 2004를 토대로 재구성)

3-3 기대 및 동기

학생들의 학습에 있어 동기가 중요하듯, 교육과정이 성공적으로 운영되기 위해서는 교수자들의 동기 역시 중요하다. 동기를 상실한 교수자는 학생들에게 동기를 부여할 수 없으며 이는 악순환으로 이어진다. 학생들이 개인적·직업적으로 성공할 수 있도록 돕고자 하는 내적인 인간적 동기 외에도 다양한 외적 요인들이 있다. 주로 교육기관의 정책에 의해 영향을 받는 외적 요인들은 교수자 개개인의 힘으로는 바꾸기 힘든 것들이며 근무 시간, 전반적인 근무 조건, 급여, 승진 기회, 우수 교수자 포상, 교수자들 간의 화목한 분위기 등을 포함한다. 교수자들이 교육에 계속 전념할 수 있도록 하는 것은 주로 내적 동기다. 우리는 교수자들의 동기 부여에 외적 요인들이 큰 영향을 미친다는 점을 교육기관들이 인식하고 조치를 취하도록 촉구해야 한다.

> 현재 처한 상황에서 당신에게 동기 부여가 되는 요인들을 열거하시오. 반대로, 동기를 상실하게 만드는 요인들을 열거하시오. 후자를 바로잡을 방법이 있는가? 어떤 방법이 있는가?

3-4 조율 및 협동작업

학습자중심적 접근법의 특징은 개별 교과목보다 전체적인 교육과정을 강조한다는 점이다. 이러한 관점에서 본다면 학습자중심적 접근법은 기존의 접근법과는 판이하게 다르다. 일부 대학 체계에서는 개별 교과목에 대해 교수자 혼자 모든 책임(평가 포함)을 지며, 전체 교육과정을 마치기 위해서는 학생들이 모든 교과목을 통과해야 한다(예: 스페인). 어떤 대학 체계에서는 학생들이 반드시 해야 하거나 통과해야 하는 것이 없는 반면 졸업시험을 통해 전체적인 능력을 평가한다(예: 독일). 이 둘이 혼합된 형태도 있는데, 이 경우 개별 교과목을 통과해야 하는 의무가 주로 있지만 교과목들 간에 '보상'이 가능하며 전체 평점이 일정 수준 이상이면 학위 취득이 가능하다(예: 영국, 프랑스). 각각의 체계는 교육과정을 바라보는 시각의 차이를 반영하고 있다. 번역과 같이 복잡한 활동의 교육은 유기적이고 통합적인 교육과정 설계를 필요로 하며 교과목들이 분리·단절되는 방식은 피해야 한다. 이는 조율과 협동작업의 중요성을 시사한다. 많은 학생들이 자신들이 수강하는 교과목들이 서로 연관성이 없다고 불평하는데, 조율과 협동작업이 강화되면 이러한 불만은 자연스럽게 해소될 수 있다(Calvo, 2001). 사실, 학생들은 많은 시간과 노력을 들여 그다지 도움이 되지 않는 방식으로 학습을 하는 경우가 많은데, 통합적이고 유기적인 접근법은 이러한 비효율성을 제거하는 데 큰 역할을 한다.

협동작업은 교수자들 간의 관계를 돈독히 하며 중복 노력을 예방한다. 아울러, 교수자 활동의 동기 부여 요인이 되기도 한다. 불편하고 경쟁적인 학교 분위기를 개선하는 데도 큰 도움이 된다.

> 당신이 처한 상황을 살펴봤을 때 전체 교육과정과 개별 교과목 중 어디에 초점이 맞추어져 있는가? 실제 어떤 방식으로 구체화되는가?(평가, 조율 메커니즘 등) 유기적이고 통합적인 교육과정이 장려되고 있는가?

본 장에서는 번역교육의 양대 축인 학습자와 교수자와 관련된 문제를 살펴보고 이들 참여자들의 특성이 교육과정 설계와 실행에 미치는 영향을 논하면서 이들 요인을 충분히 고려해 상황에 맞게 교육과정 설계에 적용할 필요가 있으며 교육과정 실행에 있어서는 융통성을 발휘하는 것이 중요하다는 점을 강조했다. 교수·학습활동은 본질적으로 사람 사이에서 이루어진다. 따라서 교육참여자들의 역할이 중요하다는 점은 아무리 강조해도 지나치지 않다. 3장을 토대로 4장에서는 다음 단계인 교육과정 구조 및 교육내용 설계를 큰 틀에서 살펴보겠다.

● 추천문헌: 학습자

Biggs, John (2003) *Teaching for Quality Learning at University. What the Student Does*. Maidenhead: Open University Press. [2nd edition; 특히, 4장 'Setting the stage for effective teaching' 참조]

Calvo, Elisa (2001) *La evaluación diagnóstica para la traducción jurídica. Diseño de instrumento de medida*. Unpublished postgraduate dissertation. Universidad de Granada, Spain.

___ (forthcoming) *Desarrollo de la concepción académica y profesional durante los estudios de Tranducción e Interpretación por parte del estudiantado*. Doctoral dissertation in progress. University of Granada, Spain.

Cannon, Robert and David Newble (2000) *A Handbook for Teacher in*

Universities and Colleges. London: Kogan Page. [특히 1장 'Helping students learn' 및 2장 'Student-centered learning' 참조]

Carroll, Judith and Janette Ryan (forthcoming) *Teaching International Students*. London: Routledge.

Fry, Heather, Sever Ketteridge and Stephanie Marshall (2003) 'Understanding Student Learning'. In Heather Fry, Steve Ketteridge and Stephanie Marshall (eds.) (2003) *A Handbook for Teaching and Learning in Higher Education. Enhancing Academic Practice*. London: RoutledgeFalmer. 9-25.

Marchese, Theodore 'The New Conversations about Learning. Insights from Neurosciences and Anthropology, Cognitive Science and Workplace Situations'.
http://www.newhorizons.org/lifelong/higher_ed/marchese.htm

Newstead, Stephen E., A. Franklyn-Stokes and P. Armstead (1996) 'Individual Differences in Student Cheating'. *Journal of Educational Psychology* 88: 229-241.

Newstead, Stephen E., and Sherria Hoskins (2003) 'Encouraging Student Motivation', In Heather Fry, Steve Ketteridge and Stephanie Marshall (eds.) (2003) *A Handbook for Teaching and Learning in Higher Education. Enhancing Academic Practice*. London: RoutledgeFalmer. 62-74.

Robinson, Douglas (1997) *Becoming a Translator. An accelerated course*. London: Routledge [2nd edition 2003: *Becoming a Translator. An Introduction to the Theory and Practice of Translation*. 본 장에서 다룬 내용 관련해서는 3장 'The Translator as Learner' 참조]

Tsokaktsidou, Dimitra (2005) *Los estudiantes de intercambio en el aula: una guía de buenas práticas*. Granada: Universidad de Granada.

● 추천문헌: 교수자

Pym, Anthony; Carmina Fallada; José Ramón Biau and Jill Orenstein (eds.) (2003) *Innovation and E-Learning in Translator Training.* Tarragona: Universitat Rovira i Virgili [1장(1-60)은 2000년에 개최된 번역교육 온라인 심포지엄의 전문 및 요약이며, 번역 교수자의 자격에 대한 토론 내용을 포함하고 있다. 이 자료는 http://www.fut.es/~apym/symp/intro.html 또는 *Across Languages and Cultures* 1호에서도 구할 수 있다.]

4장 교육내용

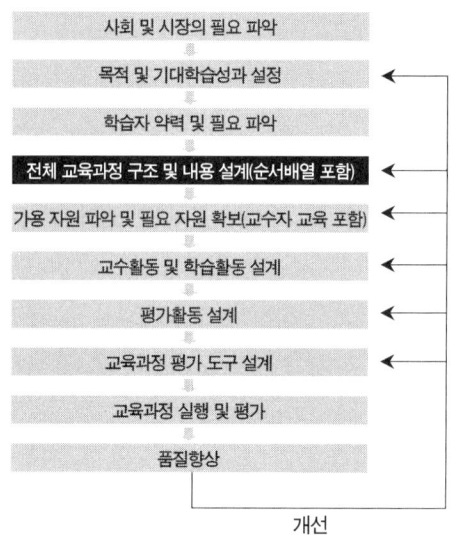

개요 및 목적

앞서 우리는 2장과 3장을 통해 학습성과 및 교육참여자를 다루었다. 이어 본 장에서는 교육내용에 주안점을 두고 논의를 진행할 것이다. 재차 강조하지만 이 책에서 제안된 내용은 모든 상황에 적용될 수 있는 만능처방이 아니다. 필자의 의도는 교과과정 설계 단계에서 해결해야 하는 다양한 문제를 살펴보는 것이며, 이들 문제는 실제 교육이 이루어지는 상황의 영향을 받는다. 본 장을 읽고 나면 독자들은 교육내용을 정할 때 고려해야 하는 문제들과 의사결정에 영향을 미치는 요인들을 파악하고 상황에 맞는 해결책을 제시할 수 있을 것이다. 아래에서 다루고 있는 핵심 내용은 학문중심 과정과 직업교육중심 과정의 비교, 학부와 대학원의 비교, 전문화의 정도, 핵심 교육내용 등이다. 효과적인 논의를 위해 4개의 실제 교과과정을 살펴보고 그중 첫 번째 사례에 대해서는 자세한 분석을 제시할 것이다. 마지막 부분에서는 2장에서 살펴본 번역능력 향상에 도움이 되는 교육내용을 개략적으로 살펴보겠다.

1 맥락

2장에서는 기대학습성과/교수목표 설정의 잠재적 제약 요인들을 살펴보았다. 이들 요인과 더불어 3장에서 다룬 교육참여자(교수자 및 학습자)의 특성은 교육내용 설계에도 영향을 미친다. 본격적인 논의에 앞서 교육내용 선택에 영향을 미치는 몇몇 주요 요인을 간략히 검토하자. 이어 다양한 교육과정 사례를 살펴보면서 번역교육에 포함되는 주요 능력에 대한 일반적인 논의를 진행하겠다. 참고로, 교육내용에는 서술적 지식에 기초한 요소뿐 아니라 계발이나 강화 또는 성취가 필요한 광범위한 능력(지식, 기술, 태도 등)이 포함된다는 점에 주목하자.

1-1 학문중심 대(對) 직업교육중심

학문중심(academic) 교육과정 내에서는 기대학습성과/교수목표가 상대적으로 일반적인 경향이 있으며 직업교육중심(vocational) 교육과정에 비해 훨씬 더 광범위한 포괄능력을 학생들이 계발하도록 유도해야 한다. 반면, 직업교육중심 교육과정의 경우 학생들로 하여금 직무 수행에 필요한 세부능력을 습득하도록 하는 것이 주요 목적이다. 이는 이론 수업의 비중을 결정짓는 주요 요인이기도 하다.

1-2 학부 대(對) 대학원

학부생들은 대학원생들에 비해 주로 젊은 반면 사전지식(예: 사용언어) 및 전반적인 경험은 상대적으로 부족하다. 아울러, 학부생들은 세부직업

능력(specific professional competence)과 더불어 광범위한 포괄능력(generic competence)을 계발할 필요가 있다.

학부의 경우 교육내용 중 일부를 제도적으로 강제하는 국가도 있다. 반면, 대학원의 교육내용은 대체로 대학에 의해 자율적으로 결정된다.

1-3 전문화의 정도

바로 위에서 살펴본 두 가지는 전문화(specialization)의 정도와도 깊은 관련이 있다. 특정 번역 분야에 특화된 번역사를 양성할 경우 해당 분야에 따라 교육내용이 사실상 결정된다. 예를 들어, 기술 번역을 전문화할 경우 문학 번역이나 미디어 번역의 핵심 교과목인 <번역의 문화·이데올로기적 영향>은 거의 또는 전혀 다루지 않은 상태에서 기술 텍스트의 유형, 현대 사회에서 사용되는 기술, 기술용어 및 기술용어 형성과정 등에 대한 교과목이 주를 이룰 것이다. 전문화를 할 경우 특정 분야에 집중하기 위해 다른 분야는 필연적으로 소외된다. 이러한 이유로 특정 분야를 전문화한 번역교육은 대학원이나 전문 교육과정에서 주로 진행된다. 반면, 학부에서는 일반적인 과정이 개설되는 경우가 많다. 전문화가 언제, 어떤 방식으로 이루어질 수 있는가는 국가별·지역별 상황에 따라 결정된다. 학부에 번역교육과정이 개설된 국가에서는 특정 분야(영상 번역, 기술 번역, 법률 번역, 번역 이론)를 전문화한 석사과정을 운영하기 용이하다. 반면, 학부에서 어학만을 교육하고 번역을 전공할 수 없는 경우에는 대학원이라 해도 특정 분야를 전문화한 번역교육과정을 개설하기 힘들다. 해당 국가와 지역의 현실을 고려하는 것이 가장 중요하다. 방금 살펴본 교육 현실과 이로 인해 결정되는 학생들의 지식을 우선 고려해야 하며 이와 더불어 시장의 수요, 즉 시장이 신참 번역사들에게 요구하는 능력과 전문화의 정도 및 분야 등을 면밀히 분석해야 한다.

1-4 수업 연한

위의 모든 요인들은 수업 연한에 영향을 미치며 수업 연한 역시 이들 요인에 영향을 미친다. 유럽고등교육지역 내에서 전일제 학부과정을 마치려면 유럽학점이전제도(ECTS) 기준 180~240학점을 취득해야 하며 일반적으로 3년에서 4년이 소요된다. 석사과정은 60~120학점을 요구하며 전일제 학생의 경우 1~2년을 투자해야 한다.

> 다른 요인도 중요하지만 위에서 살펴본 요인들은 교과과정 설계에 있어 핵심적인 고려사항이다. 2장 학습성과 설계 시 작성한 목록으로 되돌아가 독자 개개인이 처한 상황에 비추어 아래 질문에 답하시오.
>
> - 현재 참여하고 있는 교육과정이 학문중심인가, 아니면 직업교육중심인가? 교육내용에 어떤 방식으로 영향을 미치는가?
> - 학부인가, 대학원인가, 아니면 평생교육과정인가?
> - 학생들이 교육과정에 입학할 때 보유하고 있는 초기 지식수준은 어느 정도인가?
> - 전문화의 정도와 관련하여 시장이 요구하는 바는 무엇인가?
> - 국가 차원에서 지정한 필수 교육내용이 있는가?
> - 수업 연한은 몇 년, 혹은 몇 개월인가?

2 사례 연구

앞의 논의를 통해 우리는 모든 번역교육과정에 적용될 수 있는 모범 교육내용은 애초에 존재할 수 없다는 사실을 재확인했다. 하지만 교육내용 중 일부는 대다수의 초기 교육과정(학부 및 대학원)에 공통적이다. 이들 공통 교육내용은 우리가 2장에서 살펴본 번역능력과 관련이 있으며 번역학자들과 시장이 전문 번역사에게 요구하는 대표적 능력은 2장에서 살펴보았듯 다음과 같다.

- 2개 이상의 언어 · 문화에 대한 의사소통 · 텍스트적 능력
- 문화적 · 문화간 능력
- 주제 분야 능력
- 도구적 · 전문가적 능력
- 태도 또는 심리적 · 생리적 능력
- 대인관계 능력
- 전략적 능력

이들 항목의 근간을 형성하고 있는 각각의 능력들은 본질적으로 매우 상이하다. 서술적 지식으로 구성되어 있는 능력도 있는 반면 절차적 지식이 주를 이루는 능력도 있으며 태도와 가까운 능력도 있다. 전통적인 지식기반 능력의 경우 관련 교과목을 설계하는 일이 상대적으로 수월하다. 하지만 기술기반 능력의 경우는 얘기가 다르다. 태도기반 능력은 훨씬 더 난해하다. 물론, 과거에는 대부분의 교육과정이 전적으로 서술적 지식을 위주로 만들어졌기 때문에 기술이나 태도 관련 능력의 학습, 그리고 이와 관련한 교과목 설계로 인해 고민할 필요가 전혀 없었다. 하지만 현재

는 상황이 다르다. 아울러, 교과목들이 서로 단절되면 연계 학습에 부정적인 영향을 미친다는 최근 연구 결과에도 주목해야 한다. 학생들이 개별 교과목들 간의 연결고리를 찾지 못하면 전체적인 번역능력을 계발하기 힘들어진다는 점을 앞 장에서 간략히 다룬 바 있다. 이러한 측면 역시 교과과정 설계 단계에서 고려해야 한다. 이에 대해서는 4장의 마지막 부분에서 다시 살펴보자.

적용 가능한 교육과정 모형을 검토하고 서로 다른 상황에 적용될 수 있는지 여부를 파악하기 위해 아래에서는 4개의 교육과정 구조에 대한 사례 연구를 제시했다. 첫 번째 사례에 대해서는 필자가 자세한 분석을 진행했으며 다른 사례들은 핵심 내용을 간략하게 살펴본 후 독자들이 심층적인 분석을 할 수 있도록 유도했다.

2-1 스페인 통번역 학부과정 핵심 교육내용

맥락

스페인의 대학 체계는 프랑스와 마찬가지로 상당히 중앙집권적이다. 모든 대학의 교육과정들은 국가에서 지정한 전공별 핵심 교육내용을 반드시 포함해야 한다(전체 교육내용의 40% 내외). 이를 토대로 설계된 개별 교육과정은 정부의 승인을 받은 후 시행될 수 있다. 서술적 지식 위주의 교육내용이 주를 이루고 있으며 달성하고자 하는 목표나 계발하고자 하는 능력을 명시해야 한다는 규정은 없다. 유럽고등교육지역의 틀 안에서 일부 개선 작업이 진행 중이다. 앞으로의 교육과정은 목표로부터 도출된 핵심 능력의 측면에서 정의될 것이며 학습자중심적 접근법으로의 이동이 예상된다. 그럼에도 불구하고 중앙집권적 성격은 오히려 심화될 것으로 보이는데, 개별 교과과정에서 핵심 교육내용이 차지하는 비중을

60%까지 높이는 방안을 교육부가 검토하고 있기 때문이다. 이는 대학 차원의 교육과정 설계에 매우 큰 영향을 미칠 것으로 예상된다. 이렇게 될 경우 스페인 대학들의 교육과정들은 보다 동질성을 보이게 될 것으로 예상된다. 현재 20여 개의 번역교육과정(전일제, 4~5년 과정)이 운영되고 있으며 학생 수가 7천 명에 이른다는 사실을 고려할 때 아래의 사례 연구는 의미 있는 작업이 될 것이다.

교육과정 체계는 학점에 기반하고 있다. 다른 국가들과 달리 스페인에서는 대면 수업시간(face-to-face class)에 기초해 학점을 계산하는데, 1학점은 10시간으로 구성되어 있으며 대면 수업 이외의 활동을 진행하는 것은 현실적으로 쉽지 않다. 물론, 10시간 중 최대 3시간을 학술지도 활동으로 돌릴 수 있지만 이를 허가하는 대학은 극소수다. 학생들은 평균적으로 300학점을 4년(예외적이지만 5년제 과정도 있음)에 걸쳐 취득해야 한다. 연간 75학점이니 대면 수업이 주당 25시간이나 된다는 계산이 나온다. 하지만 유럽고등교육지역의 틀 내에서 진행되고 있는 개편 작업에 따라 학점의 정의가 바뀔 것으로 보이는데, 현재와 같은 교수자중심 접근법은 결국 학습자중심적 접근법으로 전환될 것이며 학점 역시 학생들이 학습에 투자하는 시간으로 새롭게 정의될 것이다. 이렇게 되면 대면 수업, 교실 밖에서 하는 학습활동, 튜터링 시간, 시험 등에 투자하는 시간의 총합이 주당 25시간이면 된다. 결과적으로, 대면 수업시간은 대폭 줄어들어 15시간 전후가 될 것으로 보인다. 참고로, 학생들이 주당 20시간 정도는 공식적인 수업 상황에서 학습활동을 해야 한다는 주장도 일각에서 제기되고 있다.

이러한 제도적 제약에도 불구하고 혁신적인 교과과정들이 여러 교수자들에 의해 성공적으로 설계되었다. 특히, 최근의 혁신적인 성과들은 주목할 만하다(Hurtado, 1999 또는 González Davies, 2003, 2004 참조). 제도적 뒷받침을 통해 학습자중심적 접근법이 본격적으로 채택한다면 이들 혁신적인 성과는 교육 현장에서 보다 효과적으로 실행될 수 있을 것이다.

관련된 논의를 추가하자면 현재 스페인에서 수여하는 언어 분야의 학사학위는 4년 과정의 언어학사(어학 및 문학), 3년 과정의 초등학교 교사 수료증(어학 교사 희망자 대상), 2년 과정의 2차 주기 언어학사, 그리고 4년 과정의 전일제 통번역학사가 전부다. 응용언어 교육은 관련 학위가 존재하지 않기 때문에 은연중에 번역학에 '기대고' 있다. 하지만 번역사나 통역사의 길을 걷기보다는 언어를 전문적으로 응용하는 데 관심이 있는 학생들은 이에 만족하지 못하고 있는 실정이다. 참고로, 스페인과는 달리 상당수의 국가에서는 응용언어학사 또는 이와 유사한 학위를 수여한다. 핵심 교과과정 설계에 있어 위의 요인이 고려되지 않았음이 아래의 논의에서 드러날 것이다. 아울러, 번역 학위를 수여하는 대학들은 과도한 전문화를 인정하지 않으려 한다.

이제 핵심 교과과정을 자세히 살펴보자. 아래 열거된 교과목 영역들은 스페인의 모든 번역·통역 학위과정에 의무적으로 포함되는 필수 학점이다. 각각의 영역에 대한 학점을 높이는 것은 대학의 자율에 맡겨져 있다. 대학들이 아래 학점만을 제공하고 다른 교육과정을 위해 개설한 교과목들로 교과과정을 채우는 것 역시 허용되고 있다. 이에 대해서는 찬반양론이 대립하고 있지만 자원을 절약할 수 있다는 장점이 있다. 적어도 1개 대학에서 이러한 방식을 실제 도입했으며 다른 대학들 역시 부분적으로 이를 받아들여 아래 핵심 교과과정에 소수의 번역 관련 교육내용을 추가한 후 나머지는 다른 전공의 교육내용으로 메우는 방식을 채택하고 있다.

핵심 교과과정

1차 주기	
번역을 위한 자료 조사	4학점(40시간)
A언어(모국어)	8학점(80시간)
B언어(제1외국어, 상급 수준)	12학점(120시간)
C언어(제2외국어, 주로 초급 수준)	12학점(120시간)
번역 관련 언어학	6학점(60시간)
번역의 이론과 실제	6학점(60시간)
2차 주기	
번역 관련 컴퓨터 기술	4학점(40시간)
순차통역 기법	8학점(80시간)
동시통역 기법	8학점(80시간)
전문용어	8학점(80시간)
전문 번역	20학점(200시간)
일반 번역 C-A	10학점(100시간)

총 필수학점: 48+58=106(300학점 중 35%)

도표 8. 스페인 번역·통역교육과정(학사) 핵심 교과과정

위의 핵심 교과과정은 많은 것을 상정하고 있으며 스페인 번역교육 전반에 큰 영향을 미치고 있다. 영역별로 간략히 살펴보자(Mayoral, 2001b 역시 위의 교과과정에 대한 평가를 했다.).

언어 위의 핵심 교과과정은 모국어 외에 2개의 사용언어에 대한 구사능력을 학생들이 갖춰야 한다고 상정하고 있다. Mayoral(게재 예정)에 따르면 이는 번역 전공 학생 대부분이 국제기구 취업을 위해 교육받던 시대의 잔재다. 국제기구의 경우 적어도 2개의 외국어를 구사할 수 있어야 한다. 언어는 국제회의통역사협회(AIIC)의 기준에 따라 A언어, B언어, C언어

로 나누고 있는데(A언어: 모국어, B언어: 능동언어, C언어: 수동언어) 이는 학생 개개인이 아닌 기관에 적용된다. 교육기관이 다양한 언어조합을 제공할 필요성이 대두되고 있음에도 불구하고 현실은 이를 수용하지 못하고 있는 실정이다. 카탈로니아나 바스크와 같은 이중언어 사용 지역에서는 2개의 A언어를 교육하고 있지만 그 외의 지역에서는 2개의 외국어를 A언어로 제공하는 곳이 전무하다. 아랍어를 모국어로 사용하는 스페인 학생들은 이와 같은 언어조합 선택권을 강력히 요구하고 있지만 현재로서는 학생들이 스페인어나 카탈로니아어, 바스크어 또는 갈리시아어가 자신들의 A언어라고 '상상'할 수밖에 없다.

스페인 중·고등학교에서는 주로 하나의 외국어를 교육하며 일반적으로 영어와 불어 중 하나를 선택해야 한다. 두 번째 외국어인 C언어는 대학에 들어와서 배우게 된다. 결국, C언어 습득과 번역 능력 습득이 동시에 진행될 수밖에 없다. B언어도 크게 다르지 않다. 번역교육과정에 처음 입학한 학생들의 B언어 구사능력이 중급 정도에 불과한 경우가 많기 때문이다. B언어가 영어나 프랑스어가 아닌 경우에는 더더욱 그렇다.

이론 수업 스페인의 모든 대학은 교육 초기 단계에서 언어학과 번역학을 의무적으로 가르친다. 교육과정이 어느 정도 진행되어 학생들이 번역 실습 경험을 쌓고 난 후에는 이론을 다시 배우지 않는다. 이는 연역적 접근법, 즉 학습은 이론에서 출발해 실제에 적용된다는 전제가 밑바탕에 있음을 암시한다. 하지만 대부분의 교육학자들은 이러한 접근법에 의구심을 나타낼 것이다(3장 참조). 귀납적 접근법이 더 효과적이라는 주장이 보다 설득력을 얻고 있다. 참고로, 최근에 와서는 언어학과 번역이 절충점을 찾았는데 이는 매우 바람직한 현상이다. 덕분에 언어학이 번역교육에 필요한가에 대한 논란에도 종지부를 찍을 수 있었다.

번역과 통역의 공존 위의 핵심 교과과정에서 가장 논란이 되고 있는 부분은 번역과 통역이 함께 교육되고 있다는 점이다. 모든 학생에게 통역을 학습하도록 강요하는 것도 문제지만 '번역·통역 학위과정'이라는 이름 자체 역시 논쟁거리다. 이 문제에 대해서는 사실상 전체 통번역계가 과할뿐 아니라 불필요하다는 인식을 공유하고 있다. 특히, 교과과정에 포함되어 있는 두 개의 통역 수업(순차통역, 동시통역)이 고도로 전문화되어 있으며 전문 번역사들에게 필요한 기본적인 구두 의사소통 능력을 한참 벗어나기 때문이다.

일반 번역과 전문 번역 위의 핵심 교과과정을 살펴보면 일반 번역과 전문 번역이 구분되어 있는데 '일반'이 과연 무엇을 의미하며 번역 기술이 어떤 방식으로 전문적이어야 하는가에 대한 정의가 없다. 기본적인 전제는 일반 번역이 전문 번역보다 쉽다는 것인데, 이에 대해서는 전문 번역사들 상당수가 의문을 제기할 것이다. '일반 텍스트' 또는 '일반 번역'이라고 한다면 문학이나 미디어 텍스트의 번역을 의미하는가? 심지어 의학이나 공학 등 고도로 전문적인 텍스트가 종종 '일반적'이라고 간주되는 문화적 텍스트나 표현적 텍스트보다 번역하기 수월한 경우도 있다고 생각하는 사람들도 많다. 번역교육의 초기 단계에서 사용하기에 최적이라고 여겨지는 텍스트 유형은 분명 존재한다. 관습화·표준화되어 있으며 길이가 짧고 학습자에게 유의미한 텍스트를 예로 들 수 있다(7장 참조). 하지만 '일반'이라는 표현은 적합하지 않다(Hurtado, 1996 참조).

도구적 능력 컴퓨터 기술과 같은 도구적 능력을 포함시킨 것은 당시로서는 혁신이었다. 오늘날에는 흔하지만 그때만 해도 도구적 능력을 교과과정에 수용한 국가는 많지 않았다. 대부분의 전문가들은 도구적 능력 계발의 필요성에 공감하고 있다. 다만, 관련 교과목을 어떤 방식으로 구성하고 배열할 것인가에 대해서는 다양한 의견이 존재한다. 위의 핵심 교과과정에는 <번역 관련 컴퓨터 기술>이 2차 주기에 있는데, 사실 컴퓨터 기술은 현대의 모든 자료 조사 과정에 있어 필수적이다. 그런데 자료 조사 수업은 1차 주기에 있다. 또한, 자료 조사가 전문용어와 분리되어 있음을 알 수 있다. 하지만 번역사들이 수행하는 자료 조사는 그 목적이 주로 전문용어 검색에 있다. 대부분의 대학에서는 이 세 분야 간의 연결고리가 없거나 이들 분야와 실제 번역 활동 간의 관계가 불투명하다. 특히 학문중심 조직 구조에서는 교육과정의 개별 교과목들이 서로 다른 학과에 의해 진행되기 때문에 더더욱 그렇다. 학과들 간의 조율은 말할 것도 없이 학과 내에서도 조율 작업이 부족한 경우가 많다.

번역 방향 지면의 제약으로 책에는 포함하지 못했지만 1991년 9월 30일자 스페인 관보에서 검색할 수 있는 교과과정의 세부 내용을 살펴보면 A언어와 B언어 간의 번역은 반드시 양쪽 방향으로 모두 진행되어야 한다. 하지만 그 이유가 불명확하다는 점이 문제다. 물론 B언어로의 번역을 시장에서 요구하고 있다는 인식이 작용했을 수도 있지만 외국어로 번역하는 것이 언어 능력 향상에 효과적이라는 믿음 때문일 가능성이 더 크다. 학생들은 일정 수준 이상의 A-B 번역 능력을 습득해야 하며 일부 대학에서는 C언어까지 확대하는 경우도 있다. 이는 A-B/C 번역이 결국 외국어 학습을 위해 포함되었다는 추가적인 방증이다. 앞서 살펴보았듯 학생들은 대학 진학 후에야 C언어를 기초 단계부터 익히기 시작한다. 아울러, AIIC의 정의에 따라 C언어는 순수하게 수동적인 언어라는 점을 고려한다면 답이 명료해진다. 그럼에도 불구하고 양 방향으로 번역교육이 실시됨에 따라 교육이 보다 풍요롭고 완전하게 된다는 점은 장점이다.

2-2 POSI 프로젝트의 교육과정 구조(안)

유럽 대학들은 지난 수년 동안 번역교육과정들의 '조화(harmonization)'를 위해 다양한 프로그램을 실행해 왔다. 통합적 교과과정 및 학제를 목표로 하는 유럽고등교육지역의 초석이 된 볼로냐 프로세스 이전의 프로그램 중에서는 2개의 프로그램이 특히 눈길을 끈다. 이들은 통번역교육과정을 운영 중인 10여 개 대학들이 구성한 유럽언어위원회(ELC)가 주도한 프로그램과 국제번역사연맹(FIT)의 유럽센터가 주도한 프로그램이다. 그중 후자가 POSI 프로젝트인데 상당수의 유럽 대학들과 전문가 단체들 및 국제번역사연맹 회원 협회들이 참여했다. 이후에도 주로 국가 차원의 여러 프로그램이 진행되었으며 볼로냐 프로세스의 틀 내에서 국제적인 협의가 이루어졌다. 이에 두 번째 사례 연구로는 POSI 프로젝트를 살펴볼 것이다. 이 프로젝트에는 광범위한 자원이 동원되었으며 초기 파급 효과가 컸다. 아래 내용은 내부 작업문서에 제안된 전체 교육과정 구조를 필자가 정리한 것이다.

> **1년차 - 방법론**
> 번역, 번역 이론, 문화간 메타언어적 지식, 텍스트 분석, 모국어 감수 기술, 텍스트 요약, 배경정보/자료 검색, 기초적인 컴퓨터 활용 능력 및 언어 기술을 동시에 학습한다.
>
> **2년차**
> 다양한 분야의 텍스트를 기반으로 번역 실습을 진행하고 목표문화에 대한 이해를 심화한다.
>
> 경제, 법률, 기술, 의학, 약학, 생물학 등 다양한 주제 분야에 대한 번역을 연습한다. 이를 위해 주제 분야 관련 학과 및 업계, 유럽연합(EU) 등의 관계자들과 협력 체계를 구축한다.

최상의 품질을 유지하면서도 신속한 번역을 하도록 강조한다. 이를 위해 번역 작업 중 한 분야에서 다른 분야로 관심을 전환하도록 하고 팀 단위의 번역 작업이 필요하다. 아울러, 번역 역사에 대한 교육도 포함된다.

3년차 - 인턴쉽
3년차 학생들은 2회에 걸쳐 회사나 국제기구에서 유급 또는 무급 인턴과정을 밟아야 한다. 대학과 채용 기관 간에는 인턴직원 지침에 관한 합의를 도출한다. 인턴 과정 중에도 이메일이나 인터넷 등으로 인턴직을 수행하고 있는 학생들과 대학 간에 지속적인 연락이 필요하다.

4년차
번역 실습을 재개한다. 2년차에서 다룬 주제 분야 외에 심리언어학과 신경과학 등으로 폭을 넓힐 필요가 있다. 아울러, 번역과 독창적 연구를 모두 포함하는 논문을 학생들이 준비할 수 있도록 돕는다.

도표 9. POSI 프로젝트의 교육과정 구조(안)

위의 교육과정 구조(안)를 아래의 관점에서 분석하시오.

- 상기 교육과정의 전체적인 목적이 무엇이라 생각하는가?
- 번역과 관련해 밑바탕에 깔려 있는 기본적인 상정이 무엇이라 판단하는가? 대학의 역할에 대해서는 어떠한가? 다른 교육기관이나 회사와의 관계에 대해서는 어떠한가?
- 번역과 통역에 대한 이분법을 어떻게 다루고 있는가?
- 신입생들의 언어 구사능력에 대해 어떤 추정을 하고 있는가?
- 번역 방향과 관련해서 어떤 정보가 제공되고 있는가?
- 첫 번째 사례 연구에서 우리는 '일반 번역'과 '전문 번역'의 구분을 살펴본 바 있다. 위의 구조(안)는 이 문제와 관련해 어떤 접근법을 채택하고 있는가?
- 도구적 능력을 어떤 방식으로 다루고 있는가?
- 수업진행의 문제는 어떻게 다루어지고 있는가? 적합한 접근법이라고 판단하는가?

- 학부과정에서 논문이 반드시 필요하다고 생각하는가? 대학원 과정에서는 필요한가? 논문 작성 시 번역과 독창적 연구 모두 포함되어야 하는가? 그 근거를 제시하시오(어떤 학습성과를 달성하기 위해서인가?).
- 위의 구조(안)가 당신이 소속되어 있는 교육기관 또는 국가나 지역의 상황에 적용될 수 있다고 판단하는가? 실행이 힘든 요인들은 무엇인가?
- 위의 구조(안)에서 관심을 끄는 기타 요소는 무엇인가?

2-3 호주 맥쿼리대학교 번역·통역 석사과정

호주 시드니에 소재한 맥쿼리대학교가 운영하고 있는 이 과정에 대한 전체적인 개요는 다음과 같다. "우수한 언어 능력을 보유하고 있고 번역사 또는 통역사로서의 능력을 키우고자 하며 석사학위를 취득하려는 사람들의 필요를 충족시키기 위해 설계된 과정이다. 수요와 가용 자원을 고려해 다양한 언어 전공이 제공되고 있다. 현재 중국어, 일본어, 한국어, 스페인어, 태국어 전공이 운영되고 있으며 프랑스어의 경우 지원자 수와 관심의 정도에 따라 과정 개설이 가능하다. 실무중심의 번역교육과 더불어 번역 이론과 연구가 포함되어 있다." 과정을 수료하기 위해서는 전일제의 경우 18개월, 시간제의 경우 2~3년이 소요된다.

필수 교과목은 <번역의 이론과 실제>, <텍스트 분석 입문>, <통역 기법>, <통번역 연구방법론>, <대중 발표>, <번역사들을 위한 고급 작문 기술>, <다문화 화용론>이다.

선택 교과목은 <번역 관련 컴퓨터 기술>, <번역 연습>, <통역 연습>, <미디어에서의 언어 전환>, <사전학>, <지역사회 통번역>, <논문 지도>, <고급 번역>, <문법>, <의미와 담화>, <언어와 문화의 접촉>, <문체론과 문학 번역>, <비즈니스에서의 문화 다양성 극복 방안>, <경영 마케팅>, <국제체제론>, <국제관계학>, <국제정치경제학>이다.

(http://www.ling.mq.edu.au/postgraduate/coursework/tip/mati.htm)

도표 10. 호주 맥쿼리대학교 번역·통역 석사과정 구조

맥쿼리대학교 공식 홈페이지에 접속해 더 자세한 내용을 조사한 후 앞의 사례 연구 2에서 필자가 열거한 질문들을 맥쿼리대학교 번역·통역 석사과정의 구조에 대입해 답하시오.

2-4 영국 리즈대학교 영상 번역 석사과정

12개월(시간제의 경우 24개월) 과정이며 "자막 번역에 능숙한 언어 전문가를 필요로 하는 영상 미디어 시장의 증가하는 수요를 충족시키고자 한다. 이 과정을 통해 학생들은 더빙과 자막 등 영상 번역의 언어적, 문화적, 기술적 제약을 인식하고 이를 극복할 수 있는 기법을 익히게 된다." "일반적인 기술에서 출발해 세부적인 기술을 단계별로 익히게 되며 학생들은 우선 방법론과 접근법(1학기), 그리고 전문 번역(1학기, 2학기)에 관한 핵심 교과목들을 수강하게 되며 이들 교과목들은 두 개의 다른 석사과정과 공유된다. 학생들은 텍스트 압축 및 단일언어 자막처리(1학기), 시청각 텍스트 분석 및 영상 번역 및 자막처리(2학기)를 배우게 된다. 이와 더불어 번역학센터와 현대언어문화학교에서 제공하는 다양한 교과목 중 원하는 수업을 들을 수 있다. 하계 프로젝트에서는 영상 번역의 이론과 실제를 다루게 된다." 필자가 확인했을 당시 제공되던 선택 교과목들은 <전문 번역(제2언어-모국어)>, <번역 탐구>, <기계 번역>, <번역사들을 위한 기술 커뮤니케이션>, <문체론>, <의미론>, <담화분석>이다.
(http://www.smlc.leeds.ac.uk/cts/cts_content/ma_programmes/masts.asp)

도표 11. 영국 리즈대학교 영상 번역 석사과정 구조

리즈대학교 공식 홈페이지에 접속해 더 자세한 내용을 조사한 후 앞의 사례 연구 2에서 필자가 열거한 질문들을 리즈대학교 영상 번역 석사과정 구조에 대입해 답하시오.

필자가 열거한 질문들을 활용해 다른 번역교육과정들, 특히 독자가 참여하고 있는 과정을 분석하시오.

3 교육내용 및 구성에 대한 일반적 고려사항

필자는 앞의 사례 연구를 통해 독자들에게 사고의 양식을 제공하고자 했다. 아래에서는 교육내용과 관련한 일반적인 고려사항을 짚어보도록 하겠다. 상황에 따라 고유의 제약 요인과 특수성이 분명 있겠지만 모든 교육 상황에 공통적인 요인들 역시 존재한다. 아래에서 다루고 있는 내용은 전체적인 교육과정 설계 및 계획과 관련한 번역능력 및 기타 문제에 대한 일반적인 고려사항이다. 번역능력 습득을 돕기 위해 설계된 교수·학습활동에 대한 보다 자세한 내용은 6장에서, 교육의 진행 과정과 순서는 7장에서 살펴볼 것이다.

> 아래에서 다룰 내용은 교육과정 구성 및 계획에 대한 일반적인 설명이며 독자들의 상황에 적용이 용이한 것도, 그렇지 않은 것도 있다. 각각의 내용에 대해 독자들의 상황과 결부시켜 생각해 보시오. 아래 내용이 당신의 교육과정에 어떤 방식으로 적용될 수 있는가?

3-1 언어 능력

효과적인 교육과정 설계를 위해서는 잠재/실제 학생들의 언어 능력(language competence, A언어 포함)을 정확히 파악해야 한다. 학생들의 불충분한 언어 능력으로 인해 교육과정의 초기 단계에서 번역 수업을 바로 진행하기 힘든 상황도 분명 존재한다. 이와 같은 경우를 확실히 인정할 필요가 있으며 어학 수업을 번역 수업으로 위장해서는 안 된다.

번역교육과정에서 어학 수업이 진행될 경우에는 교수자들 간의 긴밀한 조율이 필수적이며, 수업은 번역사에게 필요한 실용적인 언어 기술을 교육하는 데 주안점을 두어야 한다. 예를 들어, 음성학에 대한 이론적 지식보다는 텍스트적 지식을 학습하도록 유도할 필요가 있다. 물론, 이론과 실제를 완전히 분리시키는 것은 인위적일 수 있다.

아울러, 교육과정이 학생 개개인의 실제 언어조합(language combination)을 수용할 수 있다면 매우 바람직할 것이다. 앞서 살펴보았듯이 외국어를 모국어로 사용하는 학생들은 교육기관의 공식 언어가 마치 본인들의 모국어인 것처럼 가정하거나 상상할 수밖에 없는 실정이다. 다양한 언어조합을 수용하는 것이 현실적으로 힘들기는 하지만 효과적인 학습과 공정한 평가를 위해서는 다른 방법이 없는 것으로 보인다. 그렇다고 해서 교육기관들이 모든 가능한 언어조합을 제공해야 한다는 뜻은 아니다. 다만, 교수자와 직원 및 대학 차원에서 학생 개개인의 상황을 충분히 인식해야 한다는 점을 강조하고 싶다. 예를 들어, 영어가 A언어이고 독일어와 러시아어가 B언어인 학생이 독일 대학에 등록한 후 독일어-러시아어 번역 수업을 듣는 경우를 생각해 보자. 이 학생은 독일어와 러시아어 중 하나를 자신의 A언어라고 상상해야만 한다. 하지만 이 언어조합은 결국 A-B나 B-A가 아니라 B-B일 수밖에 없다. 현재와 같은 상황에서는 상대적으로 덜 사용되는 언어가 모국어인 학생들은 교육과정을 통해 습득한 번역 기술을 본인들의 실제 언어조합에 적용시켜야 한다. 이들이 대학의 공식 언어를 학습할 수 있도록 고급 어학 수업을 대학이 운영한다면 매우 바람직할 것이다. 교환학생의 증가와 대학의 국제화가 돌이킬 수 없는 추세라는 점을 고려한다면 이러한 교육은 반드시 필요하다.

3-2 문화적 능력

사용언어의 문화를 학생들이 깊이 이해할 수 있도록 돕기 위해 번역교육과정들은 전통적으로 '문명'이나 '지역학'과 관련된 교과목들을 개설해왔다. 이와 같은 백과사전적 지식 대부분이 유용하다는 점을 결코 부정할 수는 없지만 오늘날에는 기초적인 자료 조사 기술만 있으면 이러한 지식에 쉽게 접근할 수 있다. 아울러, '문화'는 다양한 사람들과 사회들에 대한 제도적, 역사적, 지리적 지식에 국한되지 않는 매우 광범위한 개념이며, 번역사는 사용언어가 내포하는 인식, 신화, 종교, 가치, 고정관념까지 아우르는 문화적 능력(cultural competence, 절차적 지식 포함)을 반드시 습득해야 한다(Katan, 1999/2003에 수록된 논문들 참조). 전통적인 문화 학습과 더불어 대학들 간의 국제교류프로그램을 활용해 교환학생 신분으로 해외에서 공부하거나 자국에 초청된 교환학생들과의 교류 등을 통해 다른 문화에 몰입할 필요가 있다. 다행히도 대학들 간의 교류프로그램이 갈수록 용이해지고 일반화되고 있기 때문에 기회를 충분히 활용해야 한다. 교과과정이 이들 활동을 적극적으로 수용한다면 보다 효과적인 학습이 가능해질 것이다.

마지막으로, 번역사의 문화적 능력은 자기 자신의 문화에 대한 지식에서 출발한다는 점을 잊지 말아야 한다. 한 발 떨어져서 자국의 문화를 관찰할 수 있어야 하는데 이는 다른 문화권과의 직접적인 접촉 없이는 사실상 불가능하다.

3-3 도구적 능력

번역교육과정이 초점을 두어야 하는 도구적 능력(instrumental competence)

은 결국 번역능력의 습득이라는 궁극적인 목표 달성을 위해 필요한 도구 활용법이다.

번역사는 다양한 번역 기술 및 사용법에 친숙해야 하며 이들 기술이 번역과정에 영향을 미치는 방식을 평가할 수 있어야 한다. 아래의 흥미롭고 조리 정연한 항목들은 번역 전공 학생들이 다루어야 하는 도구적 능력의 영역을 6개로 분류한 것이다(Alcina, 게재 예정).

- 번역사의 컴퓨터
- 의사소통 및 자료 조사
- 문서작성 및 전자출판
- 언어 도구 및 자원
- 번역 도구
- 현지화 도구

3-4 전문가화

예비 번역사인 학생을 전문 번역사로 만드는 과정인 전문가화(professionalization)는 다양한 형태로 진행될 수 있다. 물론, 해당 교육과정의 목적과 학생들의 수준 등에 따라 방식이나 형태는 달라질 수 있다. 가상 번역 브리프, 마감일, 제출 요건 등을 시뮬레이션 하는 방식은 오늘날의 번역교육과정에서 일반화된 지 오래다. 교수·학습활동을 직업 환경에 직접 연결시키는 방식 역시 보편적이다("오늘 우리가 이 연습을 하는 것은 전문 번역사는 종종 ~을 해야 하기 때문이다."). 역할극을 통해 학생들이 각기 다른 역할(번역사, 의뢰인, 감수자, 용어 전문가, 레이아웃 전문가)을 맡아 다양한 과업을 수행하는 활동 역시 널리 사용되는 기법이다. 일부 교육과정은 번역 자체와는 직접적인 관련이 없지만 번역료 청구서 작성 등 전문 번역사로 살아가기 위해 필요한 능력을 포함시키는 경우도 있다. 이들 활동을 진행할 때는 전후 맥락을 이해시키는 것이 중요하다. 맹목적인 암기는 오히려 역효과를 가져올 수 있다. 예를 들어, 세법은 국가에 따라 다르며 심지어는 한 국가 내에서도 차이가 있고 개정되는 경우도 있기 때문에 현재의 세법을 무턱대고 외우는 것이 능사는 아니다. 번역회사의 업무를 학생들이 직접 관찰할 수 있는 기회를 제공하는 것도 바람직하다. 번역 에이전시나 기관을 찾아가거나 현직 번역사를 학교로 초청할 수도 있다. 번역사를 초청한다면 해당 교육기관 졸업생을 우선 고려해야 한다. 그 자체로 동기 부여가 되기 때문이다. 마지막으로, 실무 연수의 중요성을 강조하고 싶다. 이에 대해서는 5장에서 보다 구체적으로 살펴보자.

1장에서 살펴보았듯 일부 학자들(Kiraly, Gouadec, Vienne)은 시뮬레이션보다는 실제 번역 의뢰를 수업에 활용할 것을 주장한다. 이 경우 학생들은 실제 의뢰받은 번역 작업을 교수자의 지도하에 수행하며 의뢰인에게 번역료를 청구하는 업무까지 처리하게 된다. 결국, 번역 업무의 제반 절차를 모두 경험할 수 있다. 이러한 활동은 교육과정을 마무리하는 단계에서 진행될 수 있으며 교수자의 철저한 관리를 필요로 한다. 이는 학생들에게 분명 풍요로운 경험이다. 하지만 문제가 전혀 없는 것은 아니다. 혹자는 이러한 활동이 불공정한 경쟁이라고 생각할 것이다. 또한, 의뢰인은 번역 작업이 어떤 방식을 통해 진행되는가를 알 권리가 있다. 납기일, 품질, 기밀성 등과 관련해 수반되는 모든 영향을 의뢰인에게 알리고 동의를 구해야 한다. 또 하나의 문제는 엄격한 학사일정에 번역일정을 맞추기 힘들다는 점이다. 회계 처리 문제도 복잡하다. 수업 초반에 번역 의뢰가 들어오지 않으면 어쩔 것인가? 이러한 만일의 사태 역시 교육과정 설계에 반영해야 한다.

3-5 대인관계 능력

오늘날에는 팀 단위의 번역 작업이 갈수록 많아지고 있다. 번역사라고 하면 책으로 둘러싸인 채 집에서 홀로 외롭게 일하는 사람을 떠올리기 쉽다. 하지만 이는 정형화된 이미지에 불과하며 오늘날의 번역 환경을 살펴보면 현실과는 거리가 있다. 안타깝게도 대학에서는 여전히 개인 단위의 번역 활동을 장려하는 경우가 많으며 학생들 간의 경쟁을 유도하기도 한다. 팀 단위의 번역 및 집단적 책임(예: 평가)을 도입한다면 학생들이 사회에 진출해 번역사로 활동하는 데 더욱 도움이 될 것이다. 또한, 이를 통해 필수적인 포괄능력을 계발하도록 유도할 수 있다. 팀 단위로 번역 업무를 수행할 수 있는 대인관계 능력(interpersonal competence)을 키우기 위해서는 학생들을 단순히 작업집단(work group)[1]으로 묶는 것만으로는 부족하다. 학생들은 연습과 사고를 통해 대인관계 능력 향상에 필요한 세부적인 기술을 습득할 필요가 있다. 교육과정 설계자들과 교수자들은 이 점을 명심해야 한다. 이와 관련한 구체적인 논의는 교수·학습활동을 다루는 6장에서 이어가자.

3-6 주제 분야 능력

주제 분야 능력(subject area competence)에 관해서는 다양한 논의가 진행되어 왔으며 번역사에게 반드시 필요한 능력으로 받아들여진다. 예를 들어, 유럽연합에서 법률 번역사로 일하기 위해서는 법학 전공자여야 한다. 의학 전공자들을 대상으로 의학 번역사를 채용한다는 광고도 언론에

---

[1] [역주] 번역을 의뢰받아 프로젝트를 수행하고 이를 전체 수업에 보고하는 집단. 6장 2절 참조

서 종종 볼 수 있다. 결국, 주제 분야 지식이 기본적인 번역능력보다 더 중요하다는 근본적인 상정이 바탕에 있는 것이다. 이에 대해서는 대부분의 번역 전문가들이 반론을 제기할 것이다. 물론, 이들 역시 주제 분야에 대한 지식이 많을수록 해당 분야의 번역이 수월하다는 점은 인정하고 있다. 문제는 학부의 수업 연한 등 현실적인 제약을 고려할 때 주제 분야에 대한 교육과 번역 수업을 동시에 진행하는 것이 사실상 불가능하다는 점이다. 반면, 학부와는 달리 대학원 과정에서는 특정 분야를 전문화하고 관련 지식을 심도 있게 교육하는 것이 훨씬 용이하다. 오히려 과도한 전문화의 위험을 경계해야 한다. 특정 분야의 번역을 전문화할 경우 직업 기회가 제한될 수 있기 때문이다. 상황에 맞게 이 문제를 깊이 연구한 후 현실에 부합하는 정책을 세우고 모든 이해당사자들(대학 본부, 교수자들, 학생들)에게 명확히 알릴 필요가 있다.

번역 전공 학부과정 대부분은 경제학, 법학, 의학, 컴퓨터 기술, 공학 등에 대한 입문 교과목들을 제공하고 있다. 주로 선택 교과목이며 자체 교육과정 내에서 제공하는 경우도 있지만 다른 학과에서 운영하는 경우도 있다. 이들 교과목들을 통해 학생들은 전문 텍스트의 주요 개념을 이해하기 위해 필요한 기본적인 지식을 충분히 쌓고 번역을 위한 자료 조사를 심도 있게 유의미한 방식으로 수행할 수 있다. 번역 관련 기술을 학생들이 더욱 효과적으로 습득하기 위해서는 이들 교과목들이 예비 번역사에게 적합하게 설계되어야 하며 담당 교수자들이 번역과정을 구체적으로 이해할 필요가 있다.

3-7 태도적 능력

교육과정 설계에 있어 태도와 관련한 요소를 포함시키는 경우는 과거

엔 드물었다. 하지만 고등교육이 보다 학생중심적으로 바뀌고 포괄능력이 중요한 사회적 능력으로 인식됨에 따라 이제 태도적 능력(attitudinal competence) 역시 교육과정의 중요한 일부로 받아들여지고 있다. 사실, 학생들의 자아개념이나 자신감 또는 번역사로서의 인식은 번역학 연구에서 종종 다루어진 주제다. 앞서 1장에서 살펴보았듯 Kiraly(2000)는 자아개념이 번역교육의 핵심 요소라고 주장했다. 번역능력을 구성하는 다른 영역들과 마찬가지로 전문 번역사로서의 사회화(socialization) 역시 자동적으로 이루어지는 것이 아니다. 태도적 능력을 계발하기 위해서는 실제 번역 업무 환경을 재현하고 번역 상황에 있어서의 학생들의 적극적인 의무를 강조해야 한다. 이는 학생들의 수동적 참여를 전제로 하는 기존의 방식과 사뭇 다르다.

3-8 단절 대(對) 연결

전통적으로 대학의 교육과정들은 작은 단위의 교과목들로 구성되어 있다. 예를 들어, 위에서 살펴본 바와 같이 번역교육과정들은—상황에 따라 차이는 있겠지만—일반적으로 번역 관련 정보기술, 전문용어, 자료 조사, 다양한 유형의 전문 번역에 관한 교과목으로 구성되어 있다. 학생들은 필수 교과목들을 의무적으로 수강해야 하며 여러 선택 교과목 중에서 일부를 수강한다. 이와 같은 구조 덕분에 교육과정은 상당히 유연하게 운영될 수 있으며, 작고 관리 가능하며 용이하게 평가할 수 있는 단위들을 통해 전체적인 능력을 세분화하여 교육할 수 있다. 하지만 이러한 '구획화(compartmentalization)'의 단점도 무시할 수 없다. 학생들 입장에서는 다양한 교과목들의 관계를 파악하기 힘들기 때문에 서로 단절되어 있다고 느낄 수 있다. 1학년 교과목인 <자료 조사 기술>을 통해 습득된 능력은 2학년의 <전문 번역 입문>을 학습하는 데에 중요한 기초가 되지만 실제로는 학생들이 <자료 조사 기술>을 수강한 후에 2학년이 되어 <전문 번역 입문>을 수강하더라도 이들 교과목 간의 관계를 파악하기가 쉽지 않다. Calvo(2001)의 연구에 따르면 학생들은 교육과정을 구성하고 있는 다양한 요소들 간의 관계를 정확히 이해하지 못하며 이로 인해 번역과 학습과정의 전체적인 그림을 파악하는 일이 힘들어진다. 학내 정치, 학문적 자유에 대한 잘못된 인식, 교수자들 간의 협력과 조율에 필요한 제도적 장치의 결핍 등이 학습을 저해하는 주된 요인으로 지목되고 있다.

앞서 살펴본 번역능력들을 지나치게 엄격하게 적용하면 구획화를 조장할 수 있다. 또 다른 문제는 이들 능력을 계발하기 위해 설계된 교과목들이 종종 다른 학과들에 의해 운영된다는 점이다. 이는 융통성 없는 관료주의 때문이다. 이럴 경우 지식은 결국 각각의 구획으로 분리되고 연계가 원천적으로 차단된다. 하지만 완전한 번역능력 계발을 위해서는 조율과 연계는 선택이 아닌 필수다. 조율과 연계가 제대로 이루어지지 않고 있는 현실에 대해서는 심각한 고민이 필요하다.

위에서 열거한 능력들 중 일부는 본질적으로 매우 포괄적이거나 교과과정 전반과 관련되기 때문에 하나의 개별 교과목으로 다룰 수 없는 경우도 있다. 예를 들어 <전략 및 조직>이라는 교과목은 상상하기 힘들다. 교과과정 전반과 관련된 학습성과의 총합이며 대부분의 교과목들에 의해 공유되기 때문이다. 이와 같은 절차지향적 능력을 개발하기 위해서는 내용지향적 능력에 비해 더욱 조율 및 연계 학습이 가능한 교과과정 설계가 필요하다. 개별 교과목들에 대한 세부학습성과를 설정하는 데 있어서는 긴밀한 내부 조율이 필요하다. 학습의 순서배열에 있어서도 분명한 합의가 필요하며, 고급 교과목의 구성에 있어서는 유연한 해결책이 요구된다. 고급 교과목들의 경우 사전에 학습한 개별 능력들이 통합되어 전체적인 번역능력이 계발되도록 해야 한다(2장에서 살펴본 Pym의 번역능력에 관한 정의 참조).

본 장에서는 전체 교육과정 설계에 대한 큰 틀을 제시했다. 첫 번째 부분에서는 다양한 사례 연구를 통해 교육내용을 살펴보았으며 독자 개개인의 상황과 결부시켜 생각할 수 있도록 했다. 두 번째 부분에서는 주요 관련 문제를 일반적인 차원에서 분석했다. 독자들 스스로의 상황과 관련지어 생각해 본다면 앞으로의 논의가 더욱 수월해질 것이다.

● 추천문헌

Alcina, Amparo (forthcoming) 'Translation Technologies: A Description of the Field and the Classification of Tools and Resources'. *Perspectives*.

Spanish Official Gazette, *Boletín Oficial del Estado*, 30-09-1991.

Gabr, Moustafa (2001) 'Toward a Model Approach to Translation Curriculum Development'. *Translation Journal*, Vol 5, N°. 2. http://www.accurapid.com/journal/16edu.htm

Li, Defeng (2000) 'Needs Assessment in Translation Teaching: Making Translator Training More Responsive to Social Needs'. *Babel*, 46:4. 289-299.

Mayoral, Roberto (2001) 'Por una renovación en la formación de traductores e intérpretes: revisión de algunos de los conceptos sobre los que se basa el actual sistema, su estructura y contenidos'. *Sendebar* N°. 12. 311-336.

5장

기존 자원과 새로운 자원

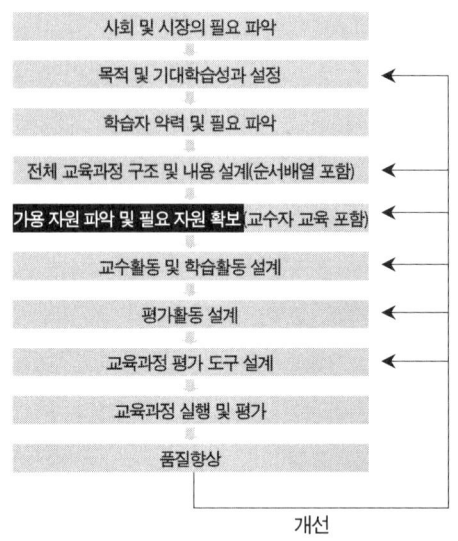

개요 및 목적

5장에서 논하는 핵심 내용은 번역교육에서의 자원과 자원의 역할이다. 자원의 개념은 광의로 정의되며, 본 장의 제목에서 보듯이 번역 교수자가 활용할 수 있는 자원 중 기존에 사용된 자원과 상대적으로 새로운 자원을 포괄한다. 독자들은 5장을 읽은 후 번역교육에 사용되는 다양한 자원을 인식하고, 독자의 상황에서 가장 용이하게 사용할 수 있는 자원을 식별하며, 이들 자원이 특정 목표를 달성하는 데에 유용한 정도를 파악할 수 있게 될 것이다. 본 장에서 논하는 자원은 물리적 환경(교실, 컴퓨터실, 스터디룸, 도서관, 교강사실), 전통적 교실 자원(교과서, 텍스트, 칠판, 화이트보드, OHP 등), 새로운 기술(주로 컴퓨터 기반의 학습 자원), 교류프로그램과 관련 자원(교원 및 학생 교류와 협력 프로젝트), 실무 연수 및 관련 자원(외부 전문가 및 관련 분야 전문가 초청, 관련 기관 방문, 협력 프로젝트)이다.

1 물리적 환경

교실 내부 배치를 보면 해당 교육기관의 교수방식과 교수·학습에 대해 견지하는 입장을 알 수 있다. 전통적인 교실 내부 배치는 다음과 같을 것이다. 학생들은 교수자를 향해 일렬로 수동적인 자세로 앉아 있고 교수자는 교실 앞 중앙에 있는 높은 교단 위에 서서 (혹은 앉아서) 경청하는 학생들에게 이야기한다. 이러한 물리적 환경은 매우 교수자중심이며 전달자적 접근법(transmissionist approach)에 기초하고 있다. 이와 같은 환경에서는 학생들이 서로 쳐다보고 토의하는 분위기가 조성되지 않고 교실에서 자유롭게 이동할 수도 없어서 교수자들이 전통적인 방법을 탈피하려 해도 용이하지 않다. 교실의 책걸상 배치 자체가 조별로 사전을 함께 참조하는 등의 실질적인 활동에는 적합하지 않다. 책걸상은 주로 강의시간에 필기하는 용도로만 사용된다. 이보다 더 참여적인 수업이 되려면 각 활동에 따라 교실 내부의 배치가 달라져야 한다. 전체 구성원이 참여하는 활동에는 원이나 U자의 책걸상 배치가 좋다. 이같이 배치하면 얼굴을 마주 볼 수 있으므로 수업 참여가 더 활발해진다. 또 다른 활동을 수행할 때는 집단별로 혹은 짝지어 앉거나, 큰 책상에 사전, 노트북컴퓨터나 기타 자원을 올려놓고 함께 토론할 수 있도록 한다. 이때 작은 책상들을 붙여서 큰 책상으로 사용할 수도 있을 것이다. 교수자들은 교실 내에서 이동하면서 집단별 혹은 개별적으로 학생들과 대화하는 것이 좋다. 일부 기관에서는 값비싼 최첨단 장비 설치에는 예산을 지출하면서 이동 가능한 책걸상과 같은 단순한 기자재 구입에는 지출을 꺼리기도 한다.

흥미롭게도 똑같은 문제가 현대적 시설을 갖춘 컴퓨터실에서도 발생한다. 현대적 시설에도 불구하고 기존의 교실 내부 배치 방식을 최소한 부분적으로는 답습하고 있어서, 학생들은 여기에서도 일렬로 앉아 교수자를 바라보고 (이마저도 컴퓨터에 가려지는 경우가 많다.) 학생들 간에는 서로 얼굴을 보기 힘들다. 가능한 한 많은 컴퓨터를 들여놓다 보니 일렬로 배치된 컴퓨터들 사이의 공간이 매우 협소하여 이동하기 힘들고 학생들이 집단별로 함께 모니터를 보며 팀 활동을 수행하기 어렵다. 또한 해당 수업의 학생들이 모두 참여하는 전체 수업에서는 발표 모습이 기자재에 가려져 내용을 원활히 따라가기 어려운 경우가 많다.

참여적인 교수·학습활동을 수행하기 위해서는 애초에 공간을 설계할 때 혹은 개별 교실의 내부 배치를 변경함으로써 적절한 물리적 공간을 확보해야 한다.

> 당신이 강의하는 교실을 생각해 보시오. 책걸상 배치가 어떻게 되어 있는가? 학생들은 어디에 어떻게 앉는가? 교수자의 위치는 어디인가? 교실 내부는 당신이 원하는 활동을 수행하기 적합하게 배치되어 있는가? 교수자와 학생들이 각 집단이나 개별 학생에게 자유롭게 갈 수 있도록 책걸상이 배치되어 있는가? 당신이 원하는 활동을 더 원활히 수행하기 위해 책걸상 배치를 변경할 수 있는가?

학생들이 독자적으로 작업하고 공부하도록 하기 위해서는 학생들이 사용하는 시설에 대해서도 이러한 공간 확보가 필요하다. 교수에서 학습으로 초점이 이동함에 따라서 학생들이 자율적으로 작업할 수 있는 자원과 공간이 과거보다 더욱 필요하게 되었다. 상당량의 작업을 교실 밖에서 수행해야 하는 번역교육에서는 이러한 필요성이 특히 강조된다. '침묵이 금'인 기존의 도서관은 조별로 함께 작업하며 토론하는 학생들에게는 적합한 공간이 아니다. 교육기관들은 넉넉한 작업 공간, 이동 가능한 책걸상, 인터넷 사용이 가능한 컴퓨터 시설을 갖추어서 학생들이 교실 밖에서 번역 및 관련 작업을 원활히 수행할 수 있도록 해야 한다.

이러한 시설과 더불어 학생들이 자료 조사를 하기 위해서는 소장 도서가 풍부한 전통적인 도서관과 자유로운 인터넷 사용의 두 가지 형태의 자원이 모두 필요하다.

> 당신이 속한 기관에서는 학생들에게 어떠한 유형의 스터디룸이 제공되는가? 스터디룸은 학생들이 교실 이외의 장소에서 하기로 계획된 활동을 수행하는데 적합한가? 만약 적합하지 않다면 어떤 조치를 취할 것인가? 가용 자원에 맞추기 위해서 활동을 조절할 수 있는가?
>
> 학생들이 특정 자원을 사용하도록 계획하는 경우, 당신이 소속된 기관에서는 이러한 자원이 제공되는가? 특히 당신이 강의계획서에서 추천하는 모든 사전과 기타 자원을 학교의 도서관이나 인트라넷·인터넷을 통해 사용할 수 있는가? 인트라넷이나 인터넷을 모든 학생들이 자유롭게 사용할 수 있는가?

물리적 공간과 관련해서 마지막으로 튜터 지원 활동을 언급하려 한다. 학습자중심의 학습을 위해서는 교수자의 적극적인 지원이 필요하며, 따라서 교수자와 학생 간 개별 혹은 소집단별 시간을 가질 수 있는 물리적인 공간을 확보해야 한다. 이러한 교수자 지원은 흔히 교강사실에서 이루어지는데 적합하지 않은 경우가 종종 있다. 4~5명의 학생과 만나기에는 공간이 협소하거나, 공간을 다른 교수자와 공유하여 조용한 장소를 확보하기가 어렵거나, 혹은 기자재 배치가 적절하지 않을 수도 있다. 따라서 각 기관은 교수·학습활동에 있어 핵심적 부분인 교수자 지원을 위한 공간 확보에도 각별히 유의해야 한다.

> 교수자 지원 활동을 어디에서 수행할 것인가? 당신이 생각하는 공간이 있다면 그곳은 적절한가? 독립적이고 조용한 공간인가?

2   전통적 교실 자원

　가장 전통적인 교실 내부 자원은 칠판이나 화이트보드, 괘도 등일 것이다. 칠판 사용에 적용되는 기본적인 원리가 OHP, 파워포인트나 그 외 유사한 컴퓨터 기반 발표 도구에도 동일하게 적용되는 바, 이들 발표 도구는 모두 구두로만 이루어질 수도 있는 강의에서 정보 전달을 시각적으로 지원하는 역할을 한다. 정보전달 매체가 다각화될수록 정보 처리가 용이해진다는 연구 결과가 있듯이(Biggs, 2003: 80; Robinson, 2003: 248-249), 발표나 강의를 시각적 지원 도구와 함께 진행함으로써 이해 및 학습을 촉진시킬 수 있다(교수·학습에 대한 자세한 활동은 6장 참조). 번역의 경우 이러한 자원이 특히 중요한데, 수업 구성원 전체를 대상으로 발표할 때 원천텍스트, 번역 초안, 대안텍스트를 문서 형태로 제시하여 함께 분석할 수 있기 때문이다. 수업시간에 번역 초안을 짧은 분량씩 소리 내어 읽고 이에 대해 토론하는 기존의 방법은 이제 많이 사용되지 않을 것이다. 이 같은 방법으로는 문서 텍스트의 여러 가지 중요한 측면을 분석하기 어렵다. 예컨대, 짧은 분량씩 읽어나가는 방식으로는 텍스트 결속성(cohesion)을 분석하기 어렵다. 문장부호, 철자법, 글자모양, 레이아웃 등의 형식적인 측면 역시 구두로 분석할 수 없다. 문서로 된 텍스트는 소리 내어 읽기 위한 텍스트와는 성격이 다르다. 또한, 텍스트를 일부분씩 나누어서 소리 내어 읽는 경우 학생들이 단기기억을 사용하는 데에 상당한 노력을 쏟게 되어 번역 문제 및 해결책을 분석하고 논의하는 데에 사용해야 할 인지적 자원은 그만큼 줄어든다. 따라서 문서 텍스트에 대한 시각적 발표 지원 매체는 모든 번역 수업에서 중요하다.

　각종 시각적 지원 매체를 사용하는 기본적인 규칙은 다음과 같이 칠판, OHP, 파워포인트 등에 동일하게 적용된다.

- 한 번에 지나치게 많은 정보를 제공하지 않는다.
- 쉽게 읽을 수 있도록 선명하고 큰 글자로 작성한다.
- 칠판이나 컴퓨터가 아니라 듣는 사람을 바라보고 말한다.
- 칠판이나 OHP 슬라이드에 글씨를 쓴다거나 컴퓨터 화면을 보는 등 다른 일로 오랜 시간 청중을 등지거나 다른 곳을 쳐다보지 않는다.

학생들이 발표할 때나, 토론을 위해 번역문이나 기타 텍스트를 제시할 때도 위의 기본적인 권고 사항을 지키도록 한다. 이를 통해서 학생들에게 꼭 필요하지만 일반적으로 숙달하기 매우 어려운 대중 발표 능력도 향상시킬 수 있다. 또한, 파워포인트와 같은 컴퓨터 기반 발표 프로그램을 사용함으로써 주어진 과업 수행을 크게 향상시킬 수 있다. 즉, 악필 문제와 칠판에 글을 쓸 때 발생하는 공간 부족 문제가 해결되고, 글씨를 쓰는 데 시간을 낭비하지 않게 되며, 요지를 한꺼번에 다 제시하지 않고 차례로 보일 수 있다는 장점이 있다. 그러나 수업시간에 전달하고자 하는 내용을 모두 슬라이드에 적어서 보여주는 것이 꼭 좋은 발표가 되는 것은 아니다. 시각적 지원 매체로 무엇을 사용하든 대중 발표, 발표 및 강의의 기본 원칙은 동일하다(추천문헌 참조).

> 당신이 주로 사용하는 교실에서는 어떤 종류의 시각적 지원 매체를 사용할 수 있는가? 이 중 어떤 것을 어떤 활동에 사용하려고 생각하는가? 학생들도 이를 사용하게 되는가?
>
> 위 지원 매체를 사용하여 발표하는 학생들을 위해 발표 기술을 향상시키기 위한 간략한 지침을 작성하시오.

두 번째의 전통적인 기본 교수 자원은 교과서이다. 번역교육과정에서 사용할 수 있는 교과서가 다수 존재하기는 하나, 사실 대부분의 번역 교수자는 아마도 자신만의 자료를 개발하는 것을 선호할 것이다. 여기에는 몇 가지 이유가 있다. 첫째, 텍스트의 현시성이 빨리 떨어지므로 교과서를 활용할 수 있는 기간이 짧은 경우가 많다. 둘째, 이 책에서 지속적으로 강조했듯이 번역교육과정은 현지의 상황에 적절하게 설계되어야 하기 때문에 매우 다양한 상황을 위한 자료를 제공하는 교과서는 대체로 성공하기 힘들다. 셋째, 많은 번역 교수자가 전문 번역사이므로 자신들이 실제로 번역한 자료를 수업에 사용하여 직업적 경험을 최대한 활용하기를 원한다. 넷째, 시중에서 구할 수 있는 많은 번역 교과서가 전문적인 번역과정을 위한 책이라기보다 언어 학습을 위해 설계된 책으로 보인다. 이러한 전통적 의미의 교과서는 책의 처음부터 끝까지 차례대로 읽으면서 교과목의 진행을 따라가도록 되어 있어서 번역교육에서 사용 빈도가 매우 낮은 자원이다. 물론 시중에서 적절한 교과서를 구할 수 없다는 것은 아니며, 또한 기존의 교과서에 독자의 상황이나 교과목에 맞춰서 활동을 조절할 수 있는 유용한 제안이 없다는 것은 아니다. 다만, 이 책에서는 교수자가 자신의 상황에 따라 융통성 있게 활용할 수 있는 자원을 제시하고 있다. 또한, 교과서는 번역을 위한 실제 텍스트를 포함하지 않는 경우가 많다.

> 당신이 담당하게 될 교육과정이나 교과목에 사용 가능한 교과서가 있는가? 어떤 책을 사용할 수 있을지 참고문헌을 조사해 보시오. 최근의 책들인가? 이 책들의 색인을 확인하고, 어떤 면에서 당신의 교과목에 사용할 수 있거나 혹은 사용할 수 없는지 생각해 보시오.

위에서 언급한 내용은 곧 교수자들이 적절한 자료를 찾고 활동을 설계·준비하는데 많은 시간을 보낸다는 것을 의미한다. 따라서 교과서보다는 텍스트 자체가 번역교육을 위한 핵심 자원이 된다. 번역교육에 대한 기존의 비판 중에서는 텍스트 선정 및 활동 설계에 관한 적절한 기준의 부재와 번역교육에 사용되는 텍스트의 종류가 큰 비중을 차지하고 있다. 이 문제는 6장의 교수·학습활동과 7장 교육 순서에서 심도 있게 다루어질 것이다. 현재로서는 다음과 같이 정리해 두고자 한다. 교수자가 수업활동과 번역 텍스트 등의 자료와 수업활동을 선정·설계하는 데에는 명료한 기준이 정립되어야 하며, 이러한 기준은 해당 수업단위·교과목의 기대학습성과에서 도출된다. 기대학습성과는 체계적인 교과과정 설계의 초석이다.

3 새로운 기술

21세기 초 기술의 발전에 따라 교수·학습 분야도 큰 진전이 있었다. 그러나 기술 그 자체가 교육방법의 혁신을 의미하는 것은 결코 아니다. 각 기관의 교육 목적을 보면 때로 이를 혼동하는 경향이 있음을 알 수 있다. 예컨대 필자가 재직하고 있는 기관에서는 혁신적인 교육방법을 기술의 사용과 직접적으로 연결하고 있다. 그러나 새로운 기술을 사용한다고 해서 더 혁신적이거나 효과적인 교수·학습이 가능한 것은 아니다. Biggs(2003: 214)는 정보기술을 교육에 활용하는 것이 자칫 일방적인 전달자적 교육 방식으로 되돌아가거나 이러한 방식을 유지하게 될 위험을 내포한다고 지적한다. 인트라넷에 강의 내용을 적는 일이 혁신적으로 보일 수 있으나 실제로는 어떤 방식으로도 학습을 더 촉진하지는 않는다. 단지 정보에 대한 접근을 촉진할 뿐이다. 교수자들의 목표는 더 많은 양의 정보 전달이 아니라 학습자의 학습 촉진임을 상기시킨다는 의미에서 Biggs는 '교육기술(education technology)'이라는 용어를 더 선호한다.

번역교육에서 새로운 기술과 관련한 문제는 두 가지로 생각해 볼 수 있다. 교수·학습에 새로운 기술을 사용할 수 있어야 하며, 뿐만 아니라 학생들이 이를 배워서 번역에 활용할 수 있어야 한다. 후자는 별개의 문제로, 4장의 내용 중 도구적 능력에서 다루었으므로 본 장에서는 교육 자원으로서의 교육기술의 역할에 초점을 둘 것이다.

새로운 기술을 어떻게 교육기술로 활용할 수 있을까? Biggs(2003)는 학습 관리, 학습자의 학습활동 참여 독려, 학습 평가, 원격교육의 4가지 영역을 언급한다. 아래에 이들이 번역교육과 어떻게 연관되는지 차례로 고찰해 보자.

첫째로, 새로운 기술은 교수·학습활동을 전반적으로 관리하는 데에 교수자와 학습자에게 크게 유용하다. 웹 기술과 이메일은 기록 보존, 목록 관리, 정보 제공 등의 작업을 명백히 향상시킨다. 그러나 아마도 이보다 더 중요한 것은 이러한 기술이 교수자와 학생 간, 교수자들 간, 혹은 학생들 간 의사소통을 촉진한다는 점이다. 교수자들은 흔히 이메일 사용이 증가하면서 업무량이 증가하였다고 불평한다. 학생들이 이전보다 교수자에게 질문하거나 어떤 일을 요청하는 것에 대해 부담을 덜 느끼고 빠른 답장을 기대한다는 것이다. 이러한 상황의 긍정적인 측면은 교수자와 학생 간 더 원활한 의사소통이 분명히 학습에 도움이 된다는 사실이다. 반면 부정적인 측면은 교육기관들이 교수자의 시간이 어느 정도로 소요되는가는 고려하지 않은 채 새로운 기술을 낮은 비용으로 많은 학생들을 교육할 수 있는 수단으로만 인식한다는 점이다. 이 때문에 교수자들은 이러한 새로운 업무량에 대처하는 방법을 개발할 필요가 있다. 아래에 몇 가지를 소개한다.

- 학생들이 자주 하는 질문에 미리 답을 준비해 둔다(혹은 교과목의 웹사이트나 게시판에 '자주 하는 질문(FAQ)'으로 올린다.).
- 이메일 집단이나 포럼을 통해 동료 학생들 간의 논의를 독려한다.
- 매일 일정 시간을 각 교과목과 관련한 이메일 처리에 할애한다.

- 학생들에게 이메일 예절을 설명한다(제목란에 교과목과 주제를 분명히 언급하기, 짧고 간결하게 쓰기, 답이 이미 제시되어 있는 경우가 많으므로 질문하기 전에 모든 관련 자료와 웹사이트를 읽기, 회신을 받을 때까지 일정 시간 기다리기 등)

학생들과 이메일로 의사소통한 경험이 있는가? 학생들과 의사소통하는 데 이메일이 유용한 경우와 문제가 있었던 경우는 언제인가? 학생들과 더 효과적으로 이메일을 교환하기 위해서는 어떤 방법을 생각할 수 있는가?

당신이 담당하는 교과목의 학생들이 당신과 이메일로 의사소통하는 방법에 대해 간략한 지침을 작성하시오.

새로운 기술을 활용하는 둘째 방법은 학생들의 참여를 독려하는 데에 이를 사용하는 것이다. 교육기술을 잘 활용하면 분명히 학생들의 참여를 촉진할 것이다. 새로운 기술은 예컨대, 수업에 참여하는 학생 전체와 교수자 간, 그리고 수업 집단 내 학생들 간의 연락을 용이하게 하여 상호작용을 활성화하는데, 이는 이메일 집단을 통해 쉽게 할 수 있다. 이로써 전문 번역사의 집단 토의를 실습할 수 있고(Robinson, 2003: 132; Colina, 2003: 55-60 참조) 토론을 활성화하며 교수자와 학습자가 수업시간 이전에 자료를 미리 제공할 수 있다. 관련 당사자들이 모두 동시에 참여하지는 않는 이러한 비동시적(asynchronous) 활동은 채팅이나 화상회의와 같이 관련 당사자들이 동시에 모두 참여하는 동시적(synchronous) 활동과 병행할 수 있다. 예를 들어 외부 전문가가 수업에 참여하여 학생들과 상호 소통할 수 있을 것이며, 이 때 화상회의는 저장해 두고 후에 비동시적 활동에서 사용할 수 있다.

기술이 학습에 사용되면서 기존의 전통적인 교실을 컴퓨터실이 대체하는 경우가 많아졌다. 학생들은 대체로 새로운 기술을 활용할 수 있는 시설을 선호한다. 또한, 과거에 어학실습실에서 사용한 방법과 같이 교수자가 학생 개인 및 그룹의 컴퓨터를 모니터링하거나 개입할 수 있도록 설계된 흥미로운 상업 패키지도 선보이고 있다. 컴퓨터실에서 수업을 하면 특정 작업에 대해 특정 응용프로그램을 사용할 수 있고(물론 해당 소프트웨어를 구할 수 있는 경우에 한한다.) 번역 작업에 최적화된 컴퓨터를 실습할 수 있으며(이 역시 해당 소프트웨어를 구할 수 있는 경우에 한한다.) 특히 학생들이 집에서 컴퓨터로 작업할 때와 달리 교수자의 도움을 즉시 구할 수 있다. 그러나 컴퓨터실은 엄밀한 의미에서 교수방법이 아니라 자원이며, 교수자는 기대학습성과 작성, 학습자 약력 분석, 적절한 학습활동 설계, 실제 학습성과 평가를 여전히 모두 상호 연계하여 거쳐야 한다. 수업에 참여하는 학생 전체가 컴퓨터실로 갈 수 없다면 그 대안으로 노트북컴퓨터와 무선 통신을 일반 교실에서 사용하여 학생들이 개인 및 집단 작업을 하거나 특정 과업을 제시하는 용도로 쓸 수 있다.

> 교수·학습활동을 위한 새로운 기술 중 당신이 속한 기관에서 사용할 수 있는 것은 무엇인가? 이를 수업에서 어떻게 활용할 것인가? 기술을 사용해서 학생들을 활동에 참여시키는 방법은 어떤 것이 있겠는가? 이러한 기술을 교실 안에서 활용할 것인가, 교실 밖에서 활용할 것인가? 또한 이것은 학생들 모두가 동시에 수행하는 동시적 활동인가, 비동시적 활동인가? 학생들은 개별별로 기술을 활용하게 될 것인가, 집단별로 활용하게 되는가?

새로운 기술을 활용하는 셋째 방법은 기술을 평가에 적용하는 것이다. 전자 평가 혹은 컴퓨터 보조 평가가 가장 용이하게 적용되는 평가형식은 주로 선다형 문항이다. 따라서 이 부분은 교육기술의 다른 측면에 비해 번역교육에 적용되는 정도가 낮다. 물론 번역교육에서 특정 학습성과를 선다형 문항으로 측정·평가하는 방법을 생각할 수 있겠으나 사용 빈도가 매우 낮은 방법일 것이다. 교육기술이 번역의 평가 측면에서 진일보를 이룩한 것이 있다면, 학생들이 전문 번역사와 같이 번역을 이메일이나 파일전송규약(FTP)으로 제출할 수 있다는 점, 번역물에 대해 교수자나 다른 학생들이 메모나 변경내용추적과 같은 문서작성 소프트웨어 기능을 사용하여 전자파일로 피드백을 주기가 더 용이하다는 점이다.

> 당신이 담당하는 교과목에서 컴퓨터 보조 평가를 활용할 수 있는가? 활용할 수 있다면 구체적으로 어떤 기대학습성과를 평가할 것인가? 이러한 평가를 어떻게 설계하고 실행할지 간략히 기술하시오.

마지막으로 교육기술을 명백히 활용할 수 있는 방법은 원격교수·학습에 적용하는 것이다. 원격교수·학습은 물리적으로 멀리 떨어져 있어 수업에 참석하기 힘든 학생들을 고등교육으로 통합시키고 국경을 초월하여 고등교육을 촉진한다는 의미에서 큰 진전임에 틀림없다. 그러나 등록한 학생 모두에게 고품질의 충분한 피드백과 지원을 제공할 능력이 있는지 꼼꼼히 따져 봐야 한다. 원격학습은 단순히 수많은 학생에게 낮은 비용으로 교육을 제공하는 수단이 아니다. 교수자와 학습자 간의 물리적 거리가 아무리 멀다고 해도 높은 품질의 교육을 제공하기 위해서는 폭넓은 피드백과 많은 시간이 필요하기 때문에 상당수의 교수자가 필요하다. 번역교육에서 원격교육을 교과과정 전체적으로 실행할 필요는 없지만 원격교육은 교류프로그램이나 실무 연수 등으로 일시적으로 떨어져 있는 학생들에게 흥미로운 기회를 제공한다. 같은 맥락으로, 원거리 2인 작업(tandem work)이나 집단 작업을 국제적으로 진행할 수도 있다. 원거리 2인 작업은 각각 다른 기관의 두 학생이 다른 모국어를 사용하는 두 나라에서 거주하며 번역이나 기타 과업을 함께 수행하는 것이다. 집단 작업도 유사한 형태를 취하는데, 다만 2인 작업보다 더 다양한 언어와 국적의 학생들이 참여한다. 이러한 국제협력을 통한 번역 작업의 흥미로운 예로 렌대학의 트라뒤테크 프로젝트(Tradutech Project)가 있다(http://www.tradutech.net).

> 당신이 담당하는 교과목을 원격으로 수강하는 학생이 있게 될 것인가? 만약 있다면 이들의 학습을 촉진하기 위해 어떻게 새로운 기술을 활용할 수 있겠는가?
>
> 원거리 2인 작업 및 집단 작업에 적절한 활동을 생각해 보시오. 어떤 목적과 이유로 어떠한 활동을 할 것인가? 이러한 활동을 수행하기 위한 국제적인 협력기관이 있는가? 만약 없다면 협력기관을 어떻게 찾을 것인가?

4 교류프로그램

이 책의 서두에서 오늘날의 대학의 교수·학습에 영향을 미치는 중요한 요인으로 고등교육의 국제화를 언급하였다. 고등교육의 국제화는 한편으로는 학생 및 교원 교류프로그램 활성화의 원인이기도 하고, 또 한편으로는 교류프로그램 활성화에 따른 결과이기도 하다. 이제 교류프로그램은 대학 생활의 자연스러운 기준이자 필수 요소가 되었다. 본 장에서는 교류프로그램을 번역교육과정의 학습 자원으로 다룰 것이다.

일정 기간의 해외 체류는 분명히 중요한 학습 경험이 되며 특히 번역 분야에서는 실질적으로 중요하다. 역사적으로 학생 교류의 시초는 그랜드 투어(Grand Tour)로, 주로 유럽 대륙의 문화 유산을 직접 경험하여 지식을 쌓는 한편 다양한 경험을 기반으로 개인적 성숙을 도모하기 위해 젊은 귀족들에 의해 처음 시작되었다. 이처럼 엘리트 관행으로 시작된 것이 수년 후 영국이나 아일랜드 등 일부 국가의 학부 언어 과정에서는 자신의 전공언어가 사용되는 국가에 1년간 의무적으로 거주해야 하는 필수적인 과정으로 자리 잡게 되었다. 미국에서는 학부와 석사의 언어 관련 학과뿐 아니라 기타 학과에서도 유럽이나 아시아에서 체계적인 프로그램을 1년 이수하는 것이 성행하게 되었다. 그러나 많은 국가에서 학생들이 재정적인 이유로 이러한 프로그램에 참여하지 못하는 경우도 있었으며, 한편으로는 학점이 모두 인정되지 않을 때는 시간 '낭비'를 우려해 참여하지 않는 경우도 있었다. 각 기관에서는 교류를 증진하기 위해 특히 80년대부터 바로 이 같은 문제를 다루기 시작하였다.

가장 규모가 크고 성공적인 학생 교류프로그램은 소크라테스 에라스무스 프로그램(Socrates-Erasmus Program, 3장 1절 참조)으로 1987년 당시 유럽공동체에서 시작하였다. 모든 학과에 적용된 이 프로그램은 유럽의 젊은이들이 유럽 내 서로 다른 국가와 언어에 대한 지식을 함양하도록 함으로써 장기적으로 직업 교류를 촉진하고 유럽인으로서의 의식을 심어주기 위해 고안되었다. 17년 전 이 프로그램이 시작된 이후 2백만명 이상의 학생들이 참여했으며, 유럽고등교육지역의 초석이 되었다. 유럽고등교육지역은 유럽 지역 내 고등교육의 학제와 교과과정을 상호 인정함으로써 조화를 도모하고 세계 고등교육에서 유럽의 역할을 강화하는 것을 목적으로 한다. 유럽의 소크라테스 프로그램 이외에도 세계 각국의 대학생들은 다양한 국가 및 민간 기관이 제공하는 여러 교류프로그램을 통해 공부할 기회를 갖는다. 또한 많은 대학들이 다른 국가의 기관들과 상호 교류프로그램을 운영한다.

이러한 기회는 중요한 학습 자원이므로 이를 인식하여 다양한 교류프로그램이 교육과정에 포함될 필요가 있다. 번역사가 되고자 하는 학생들이 일정 기간 해외 체류 경험을 쌓는 것은 분명 가치가 있다. 첫 번째 장점은 언어 능력의 향상이다. 물론 쓰기 실력도 향상되지만 특히 구어 실력이 눈에 띄게 발전한다. 두 번째 장점이자 아마도 더 중요할 수도 있는 장점은 문화적·문화간 능력 계발이다. 다른 문화가 어떻게 기능하는지 알기 위해서는 학습의 일정 단계에서 일정 기간 해당 문화에 완전히 몰입하는 것만큼 좋은 방법이 없다(문화적 능력의 계발 모형에 대한 더 구체적인 내용은 Katan, 2003의 13장을 참조). 문화적·문화간 능력의 계발에서 파생되는 또 한 가지 중요하지만 간과하기 쉬운 장점으로, 학생 자신이 속한 문화에 대한 인식이 향상되고 이에 따라 이해 역시 높아진다는 점을 들 수 있다. 다른 문화의 가치와 정면으로 맞닥뜨리기 전까지는 자신이 속한 문화의 가치를 이해하기 어렵다. 이러한 문화적 차이를 인식하고 중개하는 것은 중요한 경험적 학습이다. 해외 체류 경험의 세 번째 장점으로는 다른 학습 및 교수방식을 경험하는 기회를 갖고 자신이 속한 기관에서는 제공하지 않는 분야를 공부한다는 점이다. 이같이 복합적이며 영향력이 큰 경험은 학습자 개인의 발전을 촉진하여 또 다른 장점이 될 것이다. 즉, 학습자는 자신감, 조직력, 자의식 등의 태도적 능력을 배우게 되며, 이러한 포괄적 기술은 모두 번역 관련 활동에 직접적으로 적용된다.

해외 경험은 학생이 졸업 후 직업을 구하고 해외에서 취업할 준비를 갖추는 데에도 중요한 밑서름이 되는 것으로 나타났다(예: Teichler와 Jahr, 2001 참조).

국제교류에서 흔히 간과하기 쉽지만 중요한 학습 자원으로 이른바 '가상 교류'가 있다. 이는 유럽연합(EU)에서 사용하는 용어로 모든 수업의 국제적 성격을 강화한다는 뜻이며 특히 외국에 나가지 못하고 자국에 머무는 학생들에게도 국제화를 추진한다는 의미가 있다. 여러 국가에서 온 교환학생들이 함께 수업한다는 것은 다른 국가로 가지 않거나 가지 못하는 학생들 역시 다양한 국가와 문화적 배경을 가진 학생들과 직접적 접촉이 가능함을 뜻한다. 따라서 이들에게도 문화적·문화간 능력을 계발할 수 있는 기회를 주게 된다. 교수자가 이러한 수업 상황을 잘 관리한다면 모든 학생들에게 값진 경험을 제공할 것이다.

가상 학생 교류는 교원 교류를 통해서 실행할 수도 있다. 교원 교류를 실행함으로써 학생들은 다른 교육기관에서 실행되는 교수·학습활동을 경험할 수 있고, 교육기관들은 해당 기관에서 전문적으로 다루지 않는 분야의 집중 과정을 도입하는 효과를 얻는다.

이제까지 논한 바와 같이 새로운 기술의 등장으로 다양한 형태의 협력 프로젝트를 원거리로 수행할 수 있게 되었으며 다른 기관 및 국가의 학습자·교수자들과 접촉함으로써 물리적 교류의 부재를 최소한 부분적으로나마 보완하게 되었다.

> 당신이 속한 기관은 국제교류프로그램에 어느 정도로 참여하고 있는가? 모든 학생들이 일정 기간 해외에서 공부하는가? 만약 그렇지 않다면 어떻게 프로그램이 구성되어 있는가? 학점 제도는 어떠하며 이것이 당신이 담당하는 교과목에 어떻게 영향을 미치는가? 예컨대, 교류프로그램을 이수하는 학생들은 원격으로 당신의 수업을 수강할 것으로 예상되는가?
>
> 타대학 학생들이 몇 명 정도 당신의 수업을 수강할 것으로 생각하는가? 어느 국가와 모국어, 어느 정도의 배경지식을 가진 학생들이 될 것인가? 이것이 수업의 방향에 영향을 미칠 것인가? 영향을 미친다면 어떻게 미치게 될 것인가?
>
> 만약 당신의 교과목이 국제교류의 영향을 받을 것으로 생각된다면 어떻게 이를 교수·학습에 반영할 것인지 간략히 설명하시오. 외국인 학

> 생의 참여를 어떻게 독려할 것인가? 외국인 학생과 내국인 학생들 간의 상호작용을 어떻게 독려할 것인가? 외국인 학생을 어떻게 평가할 것인가? 이들에게 당신이 특별히 고려해야 할 사항이 있는가? 이를 어떻게 알 수 있는가? (3장 필요분석 부분 참조)

5 실무 연수

　최근에는 각 대학에서 학생들의 실무 경험에 대해 학점을 인정해 주는 관행이 크게 늘어서 학생들이 교육과정에 등록하기 이전에 가진 실무경험도 인정하는 추세이다. 예를 들어 프랑스의 실무중심 교육과정에서는 실무 경험이 필수적인 요건이 되는 곳이 많다. 또한 각 기관은 학생들이 연수 기회를 모색하고 연수 도중이나 후의 후속 활동을 수행하는 데에도 많은 지원을 제공한다. 이러한 경험을 대학의 번역교육과정에 통합할지 여부는 번역교육이 이루어지는 상황에 따라 다를 것이다. 그러나 아마도 거의 모든 대학에서 해당 교육과정을 수강하기 이전 혹은 수강 중에 경험한 실무 연수에 대해 어떤 형태로든 학점을 인정하고 있을 것이다(교육과정 이전보다는 수강 중에 실무 연수를 경험하는 경우가 훨씬 많다.).

　교류프로그램과 마찬가지로 실무 경험 역시 전통적인 교실 학습을 통해서는 얻을 수 없는 매우 풍요롭고 복합적인 학습 자원이다. 국제교류와 같이 실무 연수도 적절한 시점을 선택하는 것이 중요하다. 보통은 학생들이 최소한의 기본적 번역 기술을 습득하고 번역을 위한 기초적인 컴퓨터 사용 등 번역 실무 절차에 대하여 지식을 습득한 이후가 좋다. 이처럼 교육이 어느 정도 이루어진 이후가 되어야 번역 실무를 통해 가장 많은 것을 배울 수 있다. 이보다 더 초기의 교육 단계에서는 실무 경험이 지나치게 복잡하게 느껴져서 의미 있는 학습이 이루어지기 어렵다.
실무 경험을 통해 가장 잘 계발될 수 있는 번역능력 분야는 아래와 같다.

- 도구적, 전문가적 능력: 전문 번역에 기술(技術)을 적용 및 평가, 업무 절차 및 흐름 파악, 직업윤리 인식
- 대인관계 능력: 팀 작업 수행, 감수자를 포함한 다른 전문가와의 관계 유지
- 태도적 능력: 번역사로서의 자아개념 · 자신감 · 책임감 확립, 전문 번역사의 일상 체득
- 전략적 능력: 업무 흐름 조직, 문제 파악 및 해결

실무 연수를 학습자의 학습 단계에 따라 두 종류 혹은 두 단계의 다른 활동으로 구분하기도 한다. 첫째 단계는 대체로 관찰하는 단계로, 전문 번역사 튜터를 동행하며 그가 어떤 과업을 어떻게 수행하는지 관찰한다. 둘째 단계는 학습자가 튜터의 지도 하에서 실제로 번역 및 기타 과업을 수행하는 단계로, 학습자의 교과목을 담당하는 대학의 튜터와 긴밀한 협력 하에 이루어진다. 그러나 현실을 보면 대부분의 기관에서는 학습자가 두 종류/단계의 실무 연수는 커녕 한 번의 연수 기회를 갖기도 힘들다. 물론 두 단계의 실무 연수를 적절히 계획함으로써 하나의 실무 연수에 통합할 수 있다. 가령 별도의 두 시기를 거치도록 하되 뒤의 단계가 앞 단계보다 기간이 길도록 설정할 수 있다. 이 경우 최대한의 효과를 얻기 위해서는 두 단계 사이에 일정 기간의 휴지를 두어 학습자가 앞 단계에서 관찰한 바를 음미하고 질문을 통해 의문사항을 해소한 후에 뒤의 단계를 계획하도록 한다.

만약 독자가 대학에 재직한다면, 해당 지역이나 인근의 번역회사 혹은 대기업·기관의 번역 부서에서 학생이 실무 연수를 할 수 있도록 튜터 역

할을 수행해야 할 경우가 있을 것이다. 또한 만일 독자가 번역회사나 기업·기관의 번역 부서에 재직하고 교육을 담당한다면, 학습자 지도를 요청받을 수 있을 것이다. 어떤 경우든 이러한 종류의 학습이 성공하기 위해서는 신중한 연수 계획, 대학과 회사 간의 적절한 조율, 학습자에 대한 튜터 지원이 매우 중요하다. 독자가 직접적으로 이를 담당하지 않더라도 독자의 수업을 수강하는 학생 중에서 실무 연수를 경험한 학생들이 있을 수 있다. 이들이 다른 학생들과 자신의 경험을 함께 나눈다면 바람직 할 것이다. 또한 독자의 교과목에 등록한 학생 중 실무 연수에 참여하고 있어서 교과목에 대해 원격 튜터 지원이 필요한 학생이 있을 수도 있다. 이 경우의 학생도 다른 학생들과 자신이 경험한 흥미로운 내용을 나눌 수 있을 것이다.

> 당신의 기관에서는 실무 연수 프로그램이 있는가? 만약 있다면 어떻게 실행되고 있는가? 당신의 교과목을 수강하는 학생들에게 어떤 영향이 있는가? 실무 연수 프로그램을 마친 학생들의 경험을 수업에서 활용할 수 있는가? 있다면 어떤 방법으로 가능한가?
>
> 만약 당신의 기관에서는 실무 연수가 교육과정에 포함되어 있지 않다면 실무 연수를 제한하는 제도적 제약이 있는가? 그렇지 않다면 학생들이 이러한 경험을 갖도록 격려하기 위해서는 어떻게 할 것인가? 예컨대 전문 번역사를 고용하는 해당 지역의 회사나 기관에 연락하여 당신의 기관과 이러한 방식으로 협력할 의사가 있는지 알아보는 방법이 있을 것이다(대부분의 회사는 어떤 형태로든 채용을 위한 재정 지원이나 유사한 활동을 위해 대학과의 연락 체계가 있다.).

독자가 소속된 기관에서 공식적인 실무 연수가 제공되지 않거나 가능하지 않다 하더라도 학생들이 번역사라는 직업에 대해 인식하고 학습할 수 있는 다양한 활동이 있다. 아래에 몇 가지만 소개하기로 한다. 아래 예들은 체계적인 실무 연수 프로그램과 병행될 수도 있을 것이다.

- 기관 및 개별 수업에 전문 번역사 초청
  - 특히 해당 교육과정의 졸업생 초청은 학생들에게 좋은 동기 부여가 된다.
- 해당 지역의 번역회사나 기관·기업의 번역 부서 방문
- 전문 번역사 신문이나 웹사이트(예컨대 http://www.proz.com, http://www.aquarius.net)의 광고를 통해 직업 시장 분석
- 전문 번역사협회의 임원 초청
- 다음과 같은 번역사협회의 웹사이트 정보 분석
  - 영국통번역협회(ITI) (http://www.iti.org.uk)
  - 아일랜드통번역사협회(ITIA) (http://www.translatorsassociation.ie)
  - 독일통번역사협회(BDÜ) (http://www.bdue.de)
  - 프랑스번역사협회(SFT) (http://www.sft.fr)
  - 미국번역사협회(ATA) (http://www.atanet.org)
  - 남아프리카공화국번역사협회(SATI) (http://www.translators.org.za)
  - 뉴질랜드통번역사협회(NZSTI) (http://www.nzsti.org)
  - 부에노스아이레스번역사협회(CTPCBA) (http://www.traductores.org.ar)
  - 한국번역가협회(KST) (http://www.kstinc.or.kr)
  - 국제번역사연맹(FIT) (http://www.fti-ift.org) 이 사이트는 회원과 준회원 조직 전체의 명단을 보유하고 있다.
- 교실 내 전문 번역 실무 모의실습
  - 번역 브리프 사용 및 실제 번역 상황 모의실습
  - 팀 구성
  - 고객, 용어 전문가, 번역사, 자료 조사인, 감수자, 프로젝트 관리자, 레이아웃 전문가 등 역할을 정하여 역할 수행
  - 번역 작업에 최적화된 컴퓨터 실습, 작업계획서·예산서·청구

서 작성
• 수업에서 집단별로 실제로 번역을 의뢰받아서 전문 번역 업무 착수(현지의 직업 규범을 준수)

> 위에서 언급한 활동을 당신의 교과목에서 수행하기 위해 해당 지역에서 연락 가능한 번역회사나 기관·기업의 번역 부서 명단을 작성해 보시오. 만약 그러한 회사나 부서가 부재하거나 그 수가 매우 적다면, 이러한 활동을 수행하기 위해서는 다른 어떤 자원을 활용할 수 있는가?
>
> 당신의 교과목의 상황과 수준으로 보았을 때 위에서 열거한 활동 중 어떤 것이 적합한가? 그러한 활동을 수행하는 데 장애 요인이 있는가?
>
> 당신이 속한 기관의 수업에서 실제로 번역을 의뢰받아 수행한다면 해당 지역사회의 전문 번역사들이 어떻게 반응할 것인가? 전문 번역사들의 반응이 이 같은 활동을 제안하는 데에 영향을 미칠 것인가? 영향을 미친다면 어떠한 영향이 있는가?
>
> 당신 국가의 번역사협회의 발간물과 웹사이트를 살펴보시오. 여기서 교과목에 활용할 수 있는 자원이 있는가? 있다면 이를 어떻게 수업과 연결할 것인가?

　　본 장에서는 각 기관의 교수자가 활용할 수 있는 지원과 관련된 내용을 다루었다. 본 장에서 사용한 자원이라는 용어는 최대한 광의로 해석되며, 교류프로그램이나 실무 연수와 같이 번역교육에 유용하지만 충분히 인식되고 있지 않은 자원에 초점을 두었다. 아래의 자원과 유용한 웹사이트 목록을 참조할 것을 권한다.

● 추천문헌

Biggs, John (2003) *Teaching for Quality Learning at University. What the Student Does*. Maidenhead: Open University Press, 2nd edition. [특히 제10장 '정보기술(Information Technology)이 아닌 교육기술(Education Technology) 사용' 참조]

Kelly, David (1998) *Effective Speaking*. Huddersfield: Falcon.

Kenny, Dorothy (1999) 'CAT Tools in an Academic Environment: What are They Good For?' *Target*, 11, 1. 65-82.

Kiraly, Donald (2000) *A Socioconstructive Approach to Translator Education*. Manchester: St Jerome. [특히 제7장의 컴퓨터 기반 교실 참조]

McCarthy, Patsy and Caroline Hatcher (2002) *Presentation Skills. The Essential Guide for Students*. London: Sage.

Pym, Anthony, Carmina Fallada, José Ramón Biau and Jill Orenstein (eds.) (2003) *Innovation and E-Learning in Translator Training*. Tarragona: Universitat Rovira i Virgili. [제2부 64-98에서 번역교육과 이러닝(e-learning)을 집중적으로 다루고 있다.]

Teichler, Ulrich and Wolfgang Steube (1991) 'The Logics of Study Abroad Programmes and Their Impacts'. *Higher Education*. Vol. 21, N°. 3. 325-349.

Teichler, Ulrich and Volfer Jahr (2001) 'Mobility during the Course of Study and after Graduation'. *European Journal of Education*. Vol. 36, N°. 4. 443-458.

Wisdom, James and Graham Gibbs (1994) *Course Design for Resources Based Learning. Humanities*. Oxford: Oxford Centre for Staff Development.

◉ 국제 교육과 학생 교류에 관한 흥미로운 웹사이트:

The Academic Cooperation Association http://www.aca-secretariat.be
학생 교류에 관한 참고문헌 목록은 Temcu Socrates Action 6 Project (http://www.temcu.com)에 곧 게재될 예정이다. 이 사이트에서는 교류프로그램의 증가에 따라 다양한 국적의 학생으로 이루어진 다문화 교실이 급증하고 있음을 논하면서 이에 대한 교수자 교육의 필요성을 주장하며 해결책을 제시하고 있다.

◉ 실무 연수에 관한 흥미로운 웹사이트:

Support4learning(교수자, 학습자 및 기타 교육과 커뮤니티에 관심이 있는 모든 이를 위한 자원): http://support4learning.org.uk/careers/work_exp.htm

6장 교수·학습활동

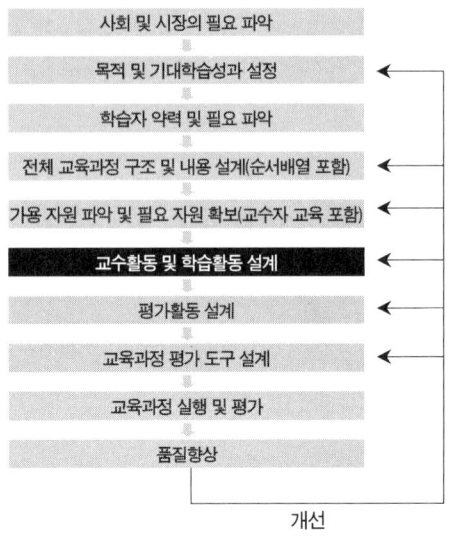

개요 및 목적

6장에서는 실제 교수·학습활동을 살펴보기로 한다. 특히, 실습과 활동의 종류, 팀/집단 작업, 교실 내외 활동, 지원과 멘토링을 다룬다. 6장의 마지막 부분에서는 각각 다른 학습 단계 및 교육 유형에 적절한 교수·학습활동의 예를 제시할 것이다. 본 장을 읽은 후 독자는 번역교육에 적용할 수 있는 다양한 교수·학습활동과 단계별로 유용한 활동을 식별하며, 이를 2장에서 작성한 독자가 담당하는 교과목의 학습성과와 직접적으로 연결하되, 교육참여자(3장)와 가용 자원(5장)을 염두에 두게 될 것이다. 또한 독자가 담당하는 교과목의 구체적인 교수·학습활동을 설계할 수 있을 것이다.

1 피해야 할 것

다음은 기존의 '전통적인' 번역 수업에 대한 다소 암울한 기술(記述)이다. 필자가 재직하는 기관의 대학원생들 중에도 학부에서 이러한 수업을 경험했다는 학생들이 매년 있다. 그러나 다행스럽게도 이제는 많은 사람들이 자신은 훨씬 풍요로운 경험을 하였으며 아래 텍스트에서 기술하는 상황은 자신의 경험과는 상당한 거리가 있다고 말한다.

> 목표언어가 모국어인 교과목 담당 교수자가 텍스트를 건네준다(특정 텍스트를 선정한 이유는 설명하지 않는다. 텍스트는 흔히 문학 에세이로 교수자가 우연히 '발견한' 텍스트이기 때문이다.). 텍스트는 함정으로 가득 차 있는데, 이것은 교수자가 학생들에게 복합적이고 어려운 번역의 기술을 가르치는 것이 아니라, 함정에 걸려들어 오류를 범하도록 유인한다는 의미이다. 학생들은 다음 수업을 위해 텍스트를 구두 또는 서면으로 준비하고, 각 학생이 한 문장씩 읽어 나가는 식으로 그룹 전체가 문장 단위로 텍스트를 살펴본다. 교수자는 번역에 대한 대안을 묻고, 이를 수정하고, 마지막으로 '옳은' 문장을 제시한다. [...] 이러한 절차는 당연히 학생들에게 큰 좌절감을 안겨 준다. (House, 1980: 7-8; Kiraly, 1995: 7에서 재인용).

위의 인용이 당신이 경험한 학습을 떠올리게 하는가? 만약 그렇다면 당시 학생으로서 이 상황을 어떻게 생각했는가?

위의 교육 상황이 부정적이라고 판단되는 측면을 이야기하고 그 이유를 설명하시오.

독자 자신의 수업을 생각해 보시오. 학생들이 위와 같은 좌절감을 겪지 않도록 어떠한 체계를 도입하였는가?

2 교수·학습활동

아래에서는 고등교육에서 가장 일반적인 교육방법·기법을 고찰하고, 이를 번역교육에 적용할 것이다. 특정한 방법·기법을 선택하려는 것이 아니라, 이들이 상황이나 학습 단계에 따라 어떤 유용한 점과 잠재적인 단점이 있는지 살펴보려 한다. 전반적으로 볼 때, 이들 교육방법·기법을 잘 결합한다면 구체적인 기대학습성과 및 상황에 따라서 학생들에게 매우 풍요로운 학습 경험을 선사할 것으로 믿는다.

2-1 대집단: 강의 및 발표

번역교육에서 대규모 수업은 상대적으로 적은 편이다. 그러나 대규모 수업이 전혀 없다거나 강의나 대규모 발표를 통한 이득이 없다는 것은 아니다. 강의 방식은 교수자중심 접근법의 전형으로 인식되어 많은 비판을 받으며 학생중심 접근법을 선호하는 저자들에 의해 즉각 거부되었다. 필자의 견해로는 이러한 비판이 무조건 타당하다고 보기는 어렵다. 강의를 잘 구성함으로써 달성할 수 있는 기대학습성과가 있으며, 또한 교수활동으로 강의 이외에 다른 대안이 없는 경우도 있다. 강의의 가장 큰 문제는 학생들이 전적으로 수동적이 될 수 있으며 15~20분 경과 후에는 집중력이 저하되기 시작한다는 점이다. 또한 교수자가 강의를 통해 내용을 설명하면 학생들이 이를 자동적으로 이해한다고 많은 사람들이 오인하기도 한다. 하지만 강의의 잠재적인 문제점을 인식하고 학생들의 적극적 참여와 상호작용을 유도하도록 강의를 구성한다면 학생들의 학습에 기여할 수 있다.

만약 강의나 발표로 특정한 주제를 소개·분석하기로 결정했거나 강의 형식으로 기관에서 교육해야 한다면 효과적인 학습을 돕기 위해 아래의 몇 가지 사항을 참조할 것을 권한다.

- 가능하다면 특정 학습성과 달성을 위해 강의 및 발표가 가장 적절하다고 판단되는 경우에만 이를 선택하라(예를 들어 100명이 수강하는 법률 번역 수업의 초기 단계에서 두 법률 체계의 핵심적 차이점을 설명하는 경우). 강의에서 어떤 내용을 전달한다고 해서 그 순간부터 학생들이 모두 이를 자동적으로 이해하는 것은 아님을 명심하라.
- 강의 내용이 학생들이 쉽게 접할 수 있는 읽기 자료와 동일하지 않도록 하라. 교수자의 역할은 중요한 내용을 선정하고, 상호 간의 관계를 규명하며, 최근의 동향을 정리하고, 그 내용을 학습성과에 적용하는 것이지 다른 형태로도 얻을 수 있는 내용을 전달만 하는 것이 아니다(예를 들어 법전통 중에서 어떤 측면이 번역사의 결정에 왜 어떻게 영향을 미치는지를 설명해야 하며, 두 개의 법전통을 단순 비교하는 것이 아니다.). 추상적인 이론을 설명할 때는 실용적인 예를 사용하라(서로 다른 법전통이 번역사의 의사결정에 어떻게 영향을 미치는지를 보여주는 실제 번역 상황).
- 발표 내용을 학생이 사전에 읽어 오는 내용과 연결시키되, 연결 정도가 과하지도 부족하지도 않게 하라. 이러한 읽기 자료는 학생들이 쉽게 구할 수 있는 것으로 하라(가령, 위 법률 번역의 예에서 두 법률 체계에 대한 최대 10쪽 분량의 자료). 강의·발표 내용이 책이나 논문에서 더 쉽게 얻을 수 있는 지식을 단지 되풀이 하는 결과가 되지 않도록 한다. 즉, 강의를 이해하기 위해서는 자료를 읽어오는 것이 필수가 되도록 하라. 이렇게 하면 학생들이 자료를 읽어서 지식을 얻도록 하는 동시에 읽어온 내용을 수업시간에 적용할 수 있으므로 일거양득이다(사전에 자료를 읽어야 함을 학생

들이 인식하도록 하라. 학생들은 자신의 이전의 경험에 비추어 그저 수업시간에 노트 필기를 하는 것으로 충분하다고 생각할 수 있다.).
- OHP 슬라이드, 칠판, 파워포인트나 기타 컴퓨터 발표 프로그램 등 시각적 지원 도구를 활용하라. 학생들의 참여를 독려하기 위해 배포자료를 준비하라(컴퓨터의 발표 관련 소프트웨어를 인쇄하면 왼쪽에는 슬라이드 내용, 오른쪽에는 메모를 위한 칸이 있어서 학생들의 참여를 유도할 수 있다.). 발표 내용의 목차를 먼저 소개하고, 발표 도중에 어느 정도까지 발표가 진행되었는지 구두로 혹은 슬라이드 제목을 통해 알리는 것이 좋다.
- 한 번에 15분 이상 말하지 말라. 활동에 변화를 주도록 하라. 5분간 질문시간이나 소집단 토론시간 갖기, 미리 준비된 질문지에 답하기, 가능하다면 일어서서 돌아다니기 등을 생각해 볼 수 있다. 일부 활동은 학생들이 미리 준비할 수도 있다. 예를 들어 학생들에게 사전에 자료를 읽은 후 의문사항을 적도록 부탁하고 이를 질문시간에 설명한다. 연구에 의하면 이처럼 활동에 변화를 부여함으로써 다시 집중도를 높일 수 있다. 하지만 이때도 단 15분 동안만 집중도가 더 연장된다.
- 학생들은 대부분 메모를 한다는 것을 기억하라. 지나치게 빨리 말하지 말고 적절히 반복하라. 때로는 학생들이 상세히 필기할 수 있는 시간을 주도록 하라. 이처럼 시간을 조절하면 해당 교육과정에서 사용되는 언어가 모국어가 아닌 학생들이 수업에 더 용이하게 참여할 수 있다. 이 학생들을 위해 가능하면 지나치게 강한 억양이나 지역적 특성, 문화성이 짙은 내용은 언급을 피하는 것이 좋다. 물론 이러한 내용을 다루는 것이 기대학습성과 중 하나라면 예외가 되겠다.
- 수업단위의 처음과 마지막에는 강의 내용을 교과목의 기대학습성과와 명시적으로 연결하라(예컨대, 법률제도를 분석하는 이유는 변호사로서 업무를 수행하기 위함이 아니라 법률 번역이 이루어

지는 상황을 이해하고 텍스트 생산 및 번역과 관련된 의사결정에 있어 함의를 도출하려는 것이다.). 핵심 내용을 요약하고 학생들에게도 핵심 내용을 요약하도록 지시하라. 이러한 방식은 학생 수가 많은 강의에서 가장 효과적이며 다양한 방식으로 수행할 수 있는데, 예컨대 수업단위를 마칠 즈음에 학생들로 하여금 5분간 강의 내용을 요약하거나 내용에 대한 소감을 쓰도록 한다. 또한 학생들이 짝이나 소집단으로 나뉘어 서로에게 강의 내용을 요약하거나 소감을 말하도록 할 수도 있다. 짧은 질문지를 배포할 수도 있을 것이다. 이러한 방법 중 일부는 학생들이 어느 정도 학습을 성취했는지 피드백을 제공하는 역할도 한다. 이로써 교수자는 해당 교과목의 기대학습성과를 더욱 확실히 달성하기 위해 적절한 조치를 취할 수 있다.

당신이 담당하는 교과목에서 강의 형태가 가장 적합하다고 판단되는 부분이 있다면 그러한 판단의 근거는 무엇인가? 다른 대안이 없는 것이 확실한가?

만약 어떤 내용에 대해서 강의가 최선의 방법이라고 판단한다면 더욱 양방향 수업이 되기 위해서는 어떻게 강의를 구성할 수 있는가? 한 가지 주제를 설정하고 이에 상응하는 강의계획을 간략히 써 보시오. 이때 학생들의 학습 품질을 보장하기 위해 어떠한 단계를 거칠 것인지 설명하시오.

2-2 학생발표

학생발표는 번역교육과정에서 인기가 높은 활동으로 개인·짝·집단 작업 후 전체 수업에서 번역 의뢰서와 결과물을 다양한 각도로 분석하는 수단으로 사용된다. 학생발표는 학생들이 더 적극성을 띤다는 면에서 강의보다 나은 점이 있으나 발표를 하지 않는 학생들에게는 똑같이 소극적인 방법이 될 수 있다. 특히 학생들은 교수자보다 발표 능력이 대개는 떨어지므로 더욱 소극적이 될 수도 있다. 한편, 학생발표는 중요한 포괄능력인 대중 발표 능력을 계발하도록 하는 이점이 있다. 대중 발표는 고용주 입장에서는 매우 중시되지만 대체적으로 대학에서 계발되기 힘든 능력이다. 통역과 번역을 함께 교육하는 과정이라면 발표 능력이 더욱 중요하다.

앞서 전통적인 강의에 대해 언급한 내용이 학생발표에도 동일하게 적용된다. 강의는 관련 기술을 개발하기 위한 교수활동의 설계가 필요하고, 학생발표는 학습활동의 설계가 필요하다는 것이 차이점이다. 다른 기법과 같이 학생발표 역시 1년에 1~2회 정도의 개인 및 집단 발표 기회를 가진다고 해서 실력이 크게 향상되지는 않는다. 이러한 기술은 교수자를 포함 혹은 포함하지 않은 소규모 집단에서 논평과 분석 작업을 실시함으로써 가장 잘 계발될 수 있다.

강의와 마찬가지로, 발표한 학생들은 발표하지 않은 학생들의 적극적인 참여를 통해 훨씬 더 심도 있게 학습을 경험한다. 학생발표에는 이미 언급한 기법과는 별도로 동료평가와 관련된 요소(8장 참조)를 적용할 수 있다. 즉, 동료 학생들이 발표 내용·번역물·발표한 활동·발표 기술 등에 대한 논평을 구두나 서면으로 발표한 학생에게 전달한다면 학생발표가 모두에게 값진 경험이 될 것이다.

> 당신이 담당하는 고급 단계의 교과목에서 모의 전문 번역 프로젝트를 수행하고 이를 작업집단별로 발표한다고 가정하시오. 여기서의 기대학습성과 중 하나는 바로 발표 기술의 향상이다. 교과목의 교수·학습활동에 이러한 기대학습성과를 포함시키는 방안을 생각해 보시오.

> 이제 해당 교과목에서 학생들이 동료 학생들의 발표를 더 적극적으로 경청하도록 하는 방법을 강구하시오.

2-3 소집단

각 교육기관이나 전통에 따라 소집단의 인원이 조금씩 다르겠지만 소집단은 아마도 번역교육 수업에서 가장 빈번히 활용되는 집단일 것이다. 아래에 논하는 내용은 35~40명의 집단 전체 구성원을 기반으로 한다. 일부 문헌에서는 20명 정도의 더 적은 인원으로 보기도 하나 우리의 경험상 대체로 35~40명이 번역교육에서 표준적인 인원으로 보이며, 가장 일반적으로 통용되는 기법도 이 정도 규모의 집단에 적용된다. 많은 활동이 2명의 짝이나 3~5명의 작업집단으로 나뉘어서 진행된다. 아래에 소개하는 내용은 소집단에서 사용되는 표준적인 방법·기법 중에서 번역교육에서 가장 빈번하게 사용되거나 유용한 것들이다.

브레인스토밍(brainstorming) 수평적 사고 또는 창의적 사고를 촉진하기 위해 다양한 아이디어를 자발적으로 제시하는 방법이다. 번역 해법을 모색하고 하나의 '정답'이 있지 않음을 강조하는 데 좋은 방법이며 번역과정에서 창의력을 촉진한다.

버즈집단(buzz groups) 2~3명으로 편성되며 특정 사항에 대해 간략히 논의하고 이를 전체 집단에 보고한다. 번역교육 초기에 소규모의 특정 과업(예: 텍스트 분석의 제 측면, 문제 식별, 해답을 얻기 위한 자료 검색, 제안된 해결책에 대한 논평)을 수행하는 데에 매우 유용하다.

교호적 집단(cross-over groups) 약 3~5명으로 편성되며 집단 해체 후 집단 구성원의 일부를 다른 구성원으로 교체하여 다시 집단을 형성하여 토의 하는 형식을 취한다. 서로 다른 집단 간 아이디어를 교류하기 위한 목적을 갖는다. 집단 관련 기술이 비교적 개발된 이후인 교육 후기에 유용하다. 그러나 집단의 운영 방식 평가와 같이 매우 구체적 과업을 수행할 때에는 교육 초기에도 유용하다.

동료 튜터링(peer-tutoring) 학생들이 서로에게 가르치고 배우는 방식으로, 해당 수업의 학생들이 보유하는 배경지식이 서로 다른 경우 매우 유용하다. 예를 들어 외국인 학생이나 이전에 다른 교과목을 수강한 학생은 집단 전체에 중요한 지식이나 정보를 제공하여 큰 도움을 줄 수 있다.

역할극(role play) 소집단에서 번역 실무를 모의실습하기 위해 역할을 부여한다. 의뢰인, 용어 전문가, 자료 조사인, 번역사, 프로젝트 관리자, 감수자 등의 역할을 학생들이 분담한다. 이때 서로 역할을 바꾸어서 자료 조사를 잘하는 학생이 자료 조사만 수행하고 번역 초안은 작성하지 않는 경우가 없도록 한다. 그렇게 하지 않으면 이 학생은 번역 초안 작성 기술을 향상시킬 수 없으며, 마찬가지로 다른 학생들도 자료 조사 기술을 향상시킬 수 없다. 또한 교수자는 주로 의뢰인, 프로젝트 관리자 및 감수자 역할만 하는 경향이 있는데, 번역교육 초기에는 학생들이 이러한 역할을 수행하기 어려우므로 정당성이 있으나, 후기가 되면 학생들이라고 하여 이 역할을 잘 하지 못할 이유가 없다.

장기분단(syndicate)/작업집단(work group) 번역을 의뢰받아 프로젝트를 수행하고 이를 전체 수업에 보고하는 집단이다. 이러한 기법이 번역교육에서 빈번하게 사용되며, 위에서 언급된 여타 활동 및 기법과 함께 활용될 수 있다. 앞서 논의한 학생발표에 관한 부분도 참조하라.

> 위에서 열거한 각각의 기법을 다시 읽고 독자의 수업 상황에 어떻게 적용할 수 있을지 생각해 보시오. 기대학습성과를 시작점으로 할 때,

> 어떠한 활동들이 해당 교과목/수업단위의 성과를 달성하는 데에 가장 적절할지 생각해 보시오.
>
> 가장 인기있는/인기없는 활동, 가장 적용하기 쉬운/어려운 활동, 가장 유용한/유용성이 낮은 활동은 무엇인가? 그 이유는 무엇인가? 위의 기법을 실행하는 데에 발생할 것으로 보이는 문제를 적고, 이를 어떻게 처리할지 기술하시오.

3 교수·학습활동에서 고려사항

3-1 팀/집단 작업

팀/집단 작업(team/group work)은 몇 가지 이유에서 번역교육에 유용하고 긍정적인 역할을 한다. 첫째, 교육 관련 연구에 따르면 협동학습이 더 풍요롭고 효과적이다. 둘째, 팀 작업은 학생들에게 중요한 사회적, 개인적 경험을 제공한다. 셋째, 대인관계 기술은 전문 번역사 활동에 중요한 요소일 뿐 아니라 고용주들도 중요시 여기는 핵심적 기술이다. 넷째, 문제 해결, 추론, 제안 및 의사결정에 대한 정당성 설명하기 등의 인지적 기술 계발에 대집단보다 소집단이 더 유용하다.

그러나 학생들이 집단으로 작업한다고 해서 무조건 대인관계 기술이 향상되는 것은 아니다. 학생들은 집단으로 작업하는 이유와 자신이 속한 집단의 기대학습성과가 무엇인지 인식해야 한다. 또한, 자신이 속한 집단이 어떻게 운영되며 어떠한 어려움이 있는지 분석하고 해결책을 모색해야 한다. 이러한 내용을 다루는 매우 탁월한 자료로 Gibbs(1995)의 연구가 있다.

우리는 위 목록에서 각 집단과 집단 활동을 간략히 기술하였다. 이제 집단의 구성과 관련된 측면을 더 자세히 살펴보자.

짝으로 활동할 것인가, 집단으로 활동할 것인가? 이에 대한 답은 수업의 학생 수, 구성원, 계획된 활동에 따라 다르다. 학생 수가 적으면 집단보다 짝이 더 적합하다. 또한 수업 구성원에 두 종류의 뚜렷한 하위 집단이 존재한다면(예를 들어 구성원의 50%는 A언어가 모국어이고 50%는 B언어가 모국어인 경우, 법률 번역 교육과정에서 50%는 번역사이고 50%는 변호사인 경우) 짝 활동이 더 적합하다. 짝 활동에서 각 학생은 매우 적극적으로 과업을 수행한다. 그러나 이 경우 새로운 내용을 배우는 폭은 줄어든다. 이러한 이유로 구성원이 2명일 경우에는 브레인스토밍과 같은 활동은 별 효과가 없다.

집단 내 구성원의 수를 몇 명으로 할 것인가? 여기서도 역시 수업 구성원이 집단 크기에 큰 영향을 미친다. 이질적인 구성원으로 이루어진 수업에서는 구성 비율을 반영하여 집단의 인원수를 정한다. 가령 A언어가 모국어인 내국인 학생 50%, B언어가 모국어인 외국인 학생 25%, A언어나 B언어 모두 모국어가 아닌 외국인 학생 25%로 이루어진 수업에서는 구성원의 비율을 반영하여(2-1-1) 집단 인원을 4명으로 정한다. 이렇게 하면 각 구성원이 각기 다른 배경지식을 통해 집단 활동에 기여할 수 있으므로 동료 튜터링이 가능하다. 인원이 5명을 초과하면 대인관계 기술과 집단 관리 기술이 계발되지 않은 교육 초기에는 집단 운영이 어렵다. 집단 크기가 클수록 각 구성원이 활동을 적게 하고 '숨을' 위험이 커진다.

집단 내 구성원을 변경할 것인가, 변경하지 않을 것인가? 교과목 혹은 교육과정 전체에 걸쳐 집단을 변경하지 않고 고정할 것인가, 혹은 중도에 변경할 것인가? 전체적으로 볼 때 교육 초기에는 고정된 집단이 더 적절하다. 구성원의 변경이 없어야 팀 관련 기술 습득, 협력방법 분석, 문제점 인식, 해결책 모색 등의 활동이 더 용이하다. 번역교육 후기에는 구성원을 변경하여 학습에 변화를 주고 학생들이 다양한 상황과 접근방식에 노출되도록 함으로써 안주하지 않도록 한다. 특정 활동을 수행하는 데에는 교호적 집단이 좋다. 교호적 집단은 특히 집단이 어떻게 운영되는지 분석하는 경우에 유용하다. 학생들은 일단 고정된 집단 내에서 집단이 운영되는 방식을 파악하고, 그 후에는 집단의 구성원을 서로 바꾸어서 해당 집단에서 어떠한 부분이 잘 기능하고 기능하지 않는지에 대해 여러 접근법과 해결책을 비교·분석한다. 그 후 다시 원래의 집단으로 돌아가서 적절한 조치를 취한다.

> 독자의 상황에서는 어떠한 집단이 수업활동에 가장 적합한가? 집단의 크기, 성격, 안정성을 생각해 보시오. 다른 활동에는 다른 집단을 활용할 것인가?

누가 집단 구성원을 정할 것인가? 이제까지 위에서 언급한 내용을 정하는 주체나 집단 구성원을 정하는 주체는 교수자나 학생이 될 수도 있고, 또는 교수자와 학생이 함께 결정할 수도 있다. 여기서도 역시 교육의 단계, 기대학습성과 등에 따라 결정의 주체가 다를 것이다. 특히 안정된 집단의 경우 집단 구성원을 학생들이 스스로 결정하고 교수자의 개입을 최소화하는 것이 가장 좋다.

> 당신이 담당하는 교과목의 경우 누가 집단 구성원을 결정할 것인가? 그 이유는 무엇인가? 이때 발생 가능한 문제점을 논하시오.

집단 운영에 문제가 발생하면 어떻게 할 것인가? 작업집단을 운영하는 데에 있어 시험적 기간이 지난 후 내부적으로 문제가 발견되는 경우가 있을 것이다. 이때 문제를 분석하고 해결을 시도하였으나 하나의 팀으로서 성공적으로 기능하지 못하는 경우에는 집단을 계속 유지할 이유가 없으며 구성원 교체가 필요하다. 결국 우리가 기대하는 학습성과는 학생들의 학습성취라는 것을 명심해야 한다. 학습을 방해하는 요인이 작업 환경이라면 환경을 바꾸는 것이 가장 쉬운 해결책이다.

> 당신의 교과목의 한 작업집단에서 어떤 구성원이 집단 회의에 잘 참여하지 않고, 참여하더라도 자신이 맡은 임무를 완수하지 않으며 비협조적이어서 다른 구성원들과 심각한 갈등이 있다. 구성원들이 당신에게 도움을 요청하면 어떻게 할 것인가?

평가는 어떻게 할 것인가? 번역교육에서 집단 작업에 대한 언급이 적은 원인은 주로 평가 문제와 관련이 있다. 교수자들은 총괄평가(8장 참조)가 개인별로 이루어져야 한다고 생각하여 집단 작업을 평가의 근거로 사용하기를 꺼린다. 일부 학생들, 특히 우수한 학생들이 집단 작업을 꺼리는 경향이 있는데 좋은 성적을 받을 기회를 잃는다고 생각하기 때문이다. 집단 작업에 대한 이러한 입장은 충분히 근거가 있으므로 집단 평가의 문제는 신중하게 다루고 논의해야 한다. 하나의 작업집단이라도 구성원에 따라 투여하는 노력과 학습 내용이 다르므로 작업집단에 일괄적으로 동일한 점수를 주는 것은 문제가 있다. 그러나 한편으로는 교과목의 모든 활동이 집단으로 이루어졌는데 학기 말의 평가는 개인별로 실행하는 것 또한 문제가 있다. 이러한 문제는 8장에서 더 자세히 다루며, 기존의 문헌에서 제안된 내용을 소개하고 번역교육에의 적용 방안을 논의할 것이다.

> 현재로서는 집단 작업을 총괄평가의 근거로 사용하는 것에 대한 견해를 적어 보시오. 과거에 이러한 방식으로 평가한 적이 있는가? 어떠한 문제를 일으켰는가? 이러한 방법이 공정한가? 공정하지 않다면 어떠한 면에서 공정하지 않은가? 이 질문에 대한 답은 8장에서 다시 논할 것이다.

3-2 교실 내외 활동

    대학의 전통에 따라 정규 수업시간 중 교실에서 수행하는 활동의 비중과 그 외의 시간에 기타 활동을 수행하는 비중이 크게 다르다. 한 극단에서는 공식적인 대면 수업시간이 최소한으로 설정되어(적게는 일주일에 9시간만 하는 기관도 있다.) 학생들이 각자 공부하는 시간이 훨씬 많다. 다른 극단에서는 25~30시간까지 교실에서 수업하는 경우도 있어서 각자 공부할 시간이 크게 줄어든다.

    교실 내외의 활동을 어떻게 배분할 것인가는 독자가 속한 기관의 환경을 고려해야 한다. 개인 시간이 매우 적은 학생들에게 수업 이외의 활동을 지나치게 많이 부여하는 것은 비합리적이다. 이 경우 학생들의 시간을 놓고 당신은 교수자로서 다른 동료들과 함께 경쟁하게 되는 셈이다. 이때는 대부분의 활동이 대면 수업에서 이루어지도록 하고, 다른 활동이 과도하게 많아지지 않도록 동료 교수자들과 잘 조정해야 한다. 대면 수업을 위해 계획한 활동이 반드시 교실에서 이루어질 필요는 없다. 독자가 속한 기관의 도서관, 컴퓨터실, 세미나실, 학생 휴게실, 잔디밭 등을 모두 사용할 수 있다. 활동의 성격에 따라 장소를 선택할 수 있다. 마찬가지로 번역회사 등 기관 방문과 회의 참석, 타기관의 자원 이용과 같은 각종 교외 활동도 수업활동이 될 수 있다. 뿐만 아니라 학습자와 교수자가 모두 같은 장소에 있어야 하는 것도 아니다. 각 하위 집단에 따라 교수자가 함께 하거나 하지 않을 수 있으며, 서로 다른 교실을 사용하거나 각각 다른 활동을 수행할 수 있다.

다른 극단에서는 상황이 본질적으로 달라질 것이다. 이 경우 정규 수업은 학생들 모두가 참여하는 전체 활동에 사용되도록 계획하고 각 수업단위 사이에 상호 대면과 지원(이메일 교환, 소집단 후속조치 회의, 개별 멘토링)이 충분히 이루어지도록 해야 한다. 전체 수업에서 소집단 활동, 기관 방문, 교외 활동을 하는 것이 바람직하지 않을 수 있다.

> 당신의 기관은 대면 수업시간이 많은 편인가, 적은 편인가? 학생들은 일주일에 평균 몇 시간을 수업에 사용하는가? 이것이 당신이 수업을 계획하는 데 무엇을 시사하는가? 당신이 수행하고자 하는 활동과 장소에 대한 제도적 제약이 있는가?
>
> 수업시간이 많은 편이라면 수업 이외의 활동을 어떻게 동료들과 조율할 것인가?
>
> 학생들과 대면하는 시간이 매우 적을 경우, 수업 이외의 시간에 대면 및 지원 시간을 확보하기 위해서는 어떻게 할 것인가?

4 지원과 멘토링

공식 대면 수업시간 이외에 이루어지는 지원과 멘토링 역시 각 교육기관의 전통에 따라 매우 상이하다. 학생 지원이란 매우 광범위한 개념이어서 개인적, 사회적, 심리적 사항 및 진로, 의료 관련 문제 등을 포괄하지만 여기서는 학습과 관련된 문제만 다루기로 하겠다. 학생들이 독자에게 도움이나 조언을 구할 때 올바른 방향을 제시하기 위해서는 독자가 속한 기관의 지원 체계를 잘 알고 있어야 한다. 교수자가 모든 문제에 전문가가 될 수 있는 것은 아니므로 해당 분야의 전문가에게 의뢰하는 것이 훨씬 현명한 경우가 많다. 기관에 따라 각각의 상황에 대비하여 대응 방침이 마련되어 있기도 하나 개별 교수자가 결정해야 하는 경우도 있다. 이러한 문제에 대해 미리 생각해 둔다면 임기응변으로 상황을 얼버무리는 상담자가 되지 않을 것이다.

> 당신이 속한 기관의 학생 지원 체계를 알고 있는가? 만약 알지 못한다면 학생들이 상담을 요청할 경우 도움을 줄 수 있는 방법을 찾기 위해서는 어떻게 해야 하는가?
>
> 당신이 속한 기관은 학생들의 문제에 교수자가 관여하는 것에 대하여 공식적인 지침이 있는가? 있다면 이를 잘 인지하고 있는가?

> 다음의 각 사항에 대해 학생이 도움을 요청하면 교수자로서 당신이 개입해야 할지 결정하시오. 만약 개입하지 않는다면 학생이 도움을 받도록 하기 위해 당신의 교육기관 내의 어느 곳을 소개할 것인가?
>
> - 외국인 학생이 시급히 치과 진료를 받아야 하나 해당 지역의 건강보험에 가입되어 있지 않다.
> - 고급 단계의 교과목을 수강하는 학생이 자신의 동기가 심각한 섭식장애가 있는 것 같다고 하며 상의한다.
> - 마지막 학년의 학생이 입사지원서 작성을 도와 달라고 한다.
> - 최근 졸업한 학생이 자신이 처음으로 의뢰받아 수행한 번역에 대해 얼마를 청구할지 모르겠다고 한다.
> - 1학년 학생들이 2학년 때 해외에서 공부하기 위해 장학금을 신청해야 할지 당신의 의견을 구한다.

학습 관련 지원에 대해서는 독자가 속한 기관에서 교수자의 의무를 명시해 두었을 가능성이 크다. 자신의 교과목을 수강하는 학생 모두를 위한 면담 시간 설정, 교육과정 전체 혹은 일정 기간 동안 일부 학생에게 멘토 역할 수행, 특정 프로그램(교류프로그램, 실무 연수, 시험위원회 등)에서 일정한 역할 및 책임 수행 등이 있을 것이다. 교수자의 책임이 무엇이든, 학생들이 언제, 어디로 교수자에게 연락할 수 있는지 알도록 해야 한다. 교과목 수업이 시작되면 가능한 한 빠른 시일 내에 개별적으로든 집단별로든 모든 학생들과 만나는 것이 좋다. 학생들은 공개적인 자리보다는 이 같은 상황에서 의문사항에 대해 질문하기를 더 좋아할 것이다. 교수자들은 학생들이 질문하지 않는다고 빈번히 불평하는데, 이런 경우 간단히 개별 혹은 소집단 면담 자리를 마련하면 된다. 학생들은 교수자에게 개인적으로 질문하기가 익숙하지 않거나, 자신들이 기대수준에 도달하지 못한 것으로 보이는 것이 두려워 공개적인 자리에서는 질문하기를 꺼려할 수 있다. 교수자는 끊임없이 학생을 평가하고 판단하는 주체가 아니라 학생의 학습을 돕는 주체임을 학생들이 인식하도록 해야 한다. 이처럼 한 명 혹은 소수의 학생과 대면할 때는 어느 정도 조용한 공간과 개입이 적은 화기애애한 분위기가 보장되도록 하는 것이 중요하다.

> 당신의 기관에서는 수업 이외에 수행하는 학생 지원에 대해 어떻게 규정하고 있는가? 당신에게 멘토로서 주어진 구체적인 책임이 있는가?
>
> 개별 학생이 도움을 청하거나 의문사항을 해소하기 위해 당신에게 어느 정도의 빈도로 상담을 요청하는가? 더 자주 상담을 요청해 와야 한다고 생각한다면 어떻게 격려해서 당신을 찾도록 할 것인가? (당신의 업무량이 과하지 않도록 유의하시오.)

이메일을 비롯한 기술의 발달로 학생 입장에서는 교수자에게 질문하는 일이 훨씬 더 용이해지고 시간도 줄었으며 부담을 덜 느끼게 되었다. 실제로 그 결과 교수자들은 이제 이메일을 과도하게 많이 받아서 답장할 시간이 부족하다. 5장에서 이 문제의 해결을 위한 몇 가지 제안을 소개하였다. 이메일은 유용하고 효과적인 의사소통 수단이지만, 거리감이 있고 비인간적인 측면도 분명 있으므로 교수활동에서 핵심이 되는 대인관계 측면을 잃지 않도록 해야 한다. 따라서 표준적 답장을 하더라도 학생의 이름을 언급하는 등 더 인간적인 방법으로 다가서는 것이 바람직하다.

5 교수·학습활동의 예

앞에서 논의한 내용을 정리하는 차원에서 이제 아래에 각기 다른 교육맥락과 단계에 적용되는 교수·학습활동의 예를 살펴보자.

교과목   번역 실습 입문
학습성과   번역 시 원천언어와 목표언어 간의 문화적 차이가 의사결정을 내리는 데에 어떠한 영향을 미치는지 알고 다양한 대안을 제시할 수 있을 것이다.
활동
- 버즈집단
- 다양한 국적의 집단
- 문화적 색채가 짙은 텍스트
- 암시적 정보 파악 및 이것이 전체적인 의사소통 상황에 미치는 중요성 파악
- 전체 수업에 보고

교과목	과학 번역 입문
학습성과	학생들은 병렬 텍스트(parallel text)[1]를 비롯하여 적절한 문헌 자원을 식별하고 이들 텍스트의 신뢰도를 평가할 수 있을 것이다.
활동	-활용 가능한 자원 파악을 위한 브레인스토밍 -전체 수업에 보고 -각 집단 과학 도서관 방문, 인터넷 사용, 전문가 방문 -수행한 활동의 성공 여부를 전체 수업에서 보고 -자료 검색 방법과 신뢰도 평가 기준을 포함하여 결론 작성
교과목	고급 법률 번역
학습성과	학생들은 자신과 동료의 번역물을 평가하고, 전문 번역물로서의 수용가능성을 평가할 수 있다. 또한 추후 프리랜서 활동에서 품질을 보장할 수 있을 만한 적절한 조치를 제안하고 실행할 수 있을 것이다.
활동	-각 작업집단은 매주/매 수업단위에 최소한 한 개 다른 집단의 번역물을 평가하는 임무가 있음 -이를 위해 언어서비스 제공업체가 사용하는 전문 품질보고서의 형식을 활용할 수 있음 -평가는 교실 밖에서 수행하고 평가받는 집단에 피드백으로 제공 -한 집단은 자료 조사인·용어 전문가·번역사의 역할을 수행하고 다른 집단은 감수자의 역할을 수행
상황	교육과정의 마지막 학년
전체성과	학생들은 구체적인 번역 브리프를 토대로, 실제 번역 실무에 종사하는 일정 경력을 가진 번역사에게 요구되는 전문 번역을 수행할 수 있으며 자신의 의사결정에 대해 정당성을 설명할 수 있을 것이다.
활동	-특정 교과목/수업단위와 별개로 개별 번역 프로젝트 수행

---

[1] [역주] 애초에 목표언어로 쓰인 비번역 텍스트로, 원천텍스트와 유사한 주제와 유형의 텍스트를 말한다.

- 학생들은 번역 의뢰 사항을 스스로 정하고 번역 브리프를 작성하여 번역물을 제출하되, 번역과정(분석내용, 자료 조사, 용어, 직면한 문제점 및 의사결정 결과, 감수)에 관한 상세한 논평, 전체 참고문헌 목록, 자가평가를 함께 제출
- 전체 과정을 통해 교수자의 지원(개별 혹은 집단 지도)을 받을 수 있음
- 번역물은 최소한 두 명으로 구성된 심사단에서 논의 및 평가되며 이 중 한 명은 동료 학생일 수 있음

위에서 논한 활동들은 그 자체로 학습성과를 온전히 보장하지는 않는다. 이들 활동은 전체 교과목이나 교육과정의 일부를 구성하며, 각 활동에 따라 그만큼의 학습성과 도출에 기여할 것이다.

이제 아래 상황에서 학습성과를 달성하기 위한 적절한 교수학습활동을 고안해 보시오.

상황 학부 교육과정의 전문 번역 실무 입문
학습성과 학생들은 전문 번역사협회의 역할에 대하여 자신들의 지역이나 국가의 상황을 토대로 논의하고 평가할 수 있을 것이다.
활동?

상황 단기 직업윤리 계발 과정
학습성과 참여자들은 복잡한 윤리적 결정이 필요한 상황을 분석하고 가능한 해결책을 제시할 수 있으며 동료가 제시한 분석과 해결책을 평가할 수 있을 것이다.
활동?

상황 영상 번역(자막 번역) 교과목의 중간 단계
학습성과 학생들은 문서 텍스트와 이미지를 결합한 시각화의 중요성을 이해할 수 있을 것이다.

> **활동?**
>
> **상황** 대학원의 번역 실습 초급자를 위한 교과목
> **목표** 학생들은 번역과정과 관련하여 텍스트 관습의 중요성을 이해하고고 다양한 텍스트 유형을 인식하며 구체적 번역 상황에 텍스트 관습에 대한 지식을 적용할 수 있을 것이다.
>
> **활동?**
>
> 2장에서 당신이 담당하는 교과목에 대해 학습성과를 작성한 바 있다. 이를 사용하여 각 단계(초기, 중기, 후기)의 교수·학습활동을 작성하시오.
>
> 당신이 설계한 활동을 학생들이 수업시간 내외에서 수행하는 데에 소요되는 시간을 계산해 보고 학점 대비 활동시간이 적절한지 확인하시오.
>
> 마지막으로 독자의 업무량을 생각해 보시오. 독자가 설계한 활동에 소요되는 시간을 감당할 수 있는가? 수업시간, 준비시간, 개별 및 소집단 학생 지원(대면 만남, 이메일 등), 평가활동에 소요되는 시간을 모두 고려하시오. 당신이 실제로 할애할 수 있는 시간을 과대평가하거나 학생들 지원에 소요되는 시간을 과소평가하기가 쉽다는 것을 염두에 두시오.

본 장에서는 각각 다른 종류의 교수·학습활동에 대해 논하고 특히 소규모 집단에 적절한 활동에 주안점을 두었다. 또한 집단 작업과 관련된 문제를 자세하게 논하고, 기존에는 주로 포함되지 않았던 교실 밖 활동을 실행 가능한 활동범주에 명시하였다. 또한 개별 학생에 대한 지원의 중요성과 학생들이 이러한 지원을 활용하도록 격려해야 할 필요성을 강조하고, 한편으로는 교수자가 감당할 수 있는 한도 이상을 부담하지 말아야

한다는 점도 논하였다. 마찬가지 관점에서, 교수·학습활동의 설계에 있어서도 과도하게 열의에 가득차 교수자와 학습자의 업무량을 과소평가하는 일이 없어야 한다는 점도 강조하고, 각 번역교육 단계와 상황에 적합한 교수·학습활동의 예시를 제공하였다. 독자들도 자신의 상황에 적절한 활동을 설계해 볼 것을 권한다. 다음의 7장에서는 활동 설계에 중요한 교육의 순서를 다루며 8장에서는 역시 중요한 내용인 평가를 자세하게 다룬다. 전체 교과과정의 유기적인 연계가 우리의 핵심 개념이라는 점에서 7장과 8장은 6장과 긴밀히 연결되어 있으므로 함께 고찰해야 한다.

● 추천문헌: 고등교육에서의 교수·학습활동

Brown, George (1978) *Learning and Explaining*. London: Methuen.
Gibbs, Graham (1995) *Learning in Teams. A Tutor Guide*. Oxford: Oxford Centre for Staff Development.
_____, Sue Habeshaw and Trevor Habeshaw (1992) *53 Interesting Things to Do in Your Lectures*. Bristol: Technical and Educational Services.
Habeshaw, Sue, Graham Gibbs and Trevor Habeshaw (1992) *53 Problems with Large Classes*. Bristol: Technical and Educational Services.
Habeshaw, Sue, Trevor Habeshaw and Graham Gibbs (1992) *53 Interesting Things to Do in Your Seminars and Tutorials*. Bristol: Technical and Educational Services.

● **추천문헌: 번역교육에서의 교수·학습활동**

교수·학습활동에 관한 다양한 문헌 중에서 구체적인 제안이 포함된 문헌을 아래에 소개한다. 9장의 교수자 교육에 관한 참조문헌 목록 중의 논문, 학술대회 발표문집 및 기타 출판물에도 관련 자료가 풍부하므로 살펴보기를 권한다.

Colina, Sonia (2003) *Teaching Translation. From Research to the Classroom*. New York, San Francisco: McGraw Hill.

Grellet, Françoise (1991) *Apprendre à traduire. Typologie d'exercices de traduction*. Nancy: Presses Universitaires de Nancy.

González Davis, Mariá (coord.) (2003) *Secuencias. Tareas para el aprendizaje interactivo de la traducción especializada*. Barcelona: Octaedro-EUB.

_____ (2004) *Multiple Voices in the Translation Classroom*. Amsterdam: John Benjamins.

Hatim, Basil and Jeremy Munday (2004) *Translation. An Advanced Resource Book*. London: Routledge.

Hurtado, Amparo (dir.) (1999) *Enseñar a traducir. Metodología en la formación de traductores e intérpretes*. Madrid: Edelsa.

Kiraly, Donald (2000) *A Social Constructivist Approach to Translator Education. Empowerment from Theory to Practice*. Manchester: St Jerome.

Nord, Christiane (1991) *Text Analysis in Translation. Theory, Methodology, and Didactic Application of a Model for Translation-Oriented Text Analysis*. Amsterdam: Rodopi. [Nord, Christiane (1988) *Textanalyse und Ubersetzen*. Heidelberg: Groos.의 영어 번역]

_____ (1996) 'Wer nimmt mal den ersten Satz? Überlegungen zu neuen Arbeitsformen im Überseztungsunterricht'. In Angelika Lauer,

Heidrun Gerzymisch-Arbogast, Johann Haller and Erich Steiner (eds.) *Überseztungswissenshaft im Umbruch*. Tübingen: Narr. 313-328. [이 논문의 제안에 대한 상세한 비판적 고찰은 Kiraly, 2000: 54-62를 참조하시오. 영어로 쓰여 있으므로 독일어를 모르는 독자들이 논문의 내용을 알 수 있는 기회가 된다.]

Robinson, Douglas (1997) *Becoming a Translator. An Accelerated Course*. London: Routledge. [2nd edition 2003: *Becoming a Translator. An Introduction to the Theory and Practice of Translation*. 특히 교수자를 위한 부록을 참조]

7장

교육 순서

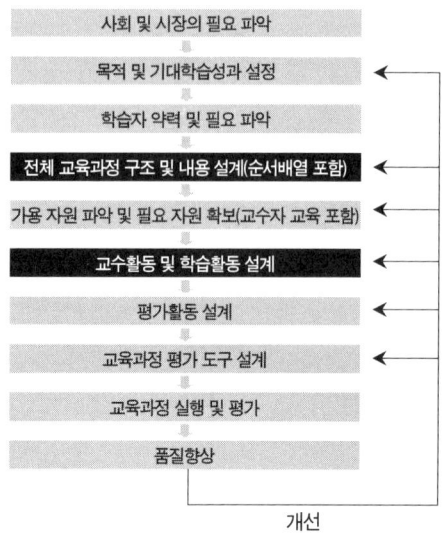

개요 및 목적

이제까지 교실 안팎에서의 다양한 교수·학습활동을 논하였다. 7장에서는 교육의 진행 순서에 관해 살펴볼 것이다. 각 활동이 모든 학습 단계에 적합한 것은 아니다. 어떤 활동이 각 단계에 가장 적합한지 결정하는 주체는 주로 교수자이다. 본 장에서는 먼저 교육의 순서와 관련된 오랜 논쟁에 대해 전반적으로 살펴보겠다. 즉, 이론과 실제 중 어느 것이 먼저인지에 대한 논쟁, 언어 숙달이 번역교육에 선행되어야 하는지, 이 둘을 병행할 것인지에 관한 논쟁 등을 개괄적으로 다룰 것이다. 이어 실습과 활동 유형의 순서를 논하고 번역 실습을 위한 텍스트 선정 문제를 살펴볼 것이며, 마지막으로 텍스트 선정의 기준을 제안하고 학생들을 자료 선정에 참여시키는 방법에 대해서 논할 것이다. 독자는 7장을 읽은 후 자신의 상황에 적절한 기준을 정립하여 수업에 사용할 수 있는 활동과 텍스트를 선정할 수 있을 것이다.

본 장의 내용을 더 자세히 논하기 전에 이 책의 체계적 교과과정 설계 전략으로 다시 돌아가 보자. 우리가 교실에서 무엇을 할 것인지, 어떤 교수·학습과정을 거칠 것인지는 전체 목적, 해당 교육과정 단계의 기대학습성과, 그리고 우리의 상황에 따라 다르다는 것을 명심해야 한다(여기서 상황이란 어떤 학생들과 어떤 사회·경제·제도적 맥락에서 수업하며, 어떤 자원을 활용할 수 있는가를 일컫는다.). 교육의 순서를 정하는 데에 있어 어떤 기준을 우선할 것인가 의문이 생길 때는 이러한 기본적인 전제로 돌아감으로써 의문점을 해소할 수 있다.

1 이론과 실제

이론과 실제 중 무엇이 우선인가는 오랜 논쟁거리이다. 이것은 물론 3장에서 논한 교수·학습방식과 긴밀하게 연결되어 있다. 연역적 방법을 선호하는 학습자는 이론을 사용하여 실제 문제를 해결할 것이며, 귀납적 방법을 선호하는 학습자는 실제 문제를 해결하는 과정을 거쳐서 일반적인 원리에 도달할 것이다. 오늘날에는 대체로 귀납적 방법이 심화 학습을 촉진하는 것으로 알려져 있다. 그러나 한 집단 안에서도 개인에 따라 학습방식이 모두 다르며, Kolb 학습사이클(<도표 6> 참조)에서 보는 바와 같이 유의미한 학습에 실제로 도달하기 위해서는 학습자가 모든 단계를 거쳐야만 한다는 것을 기억하자. 개인에 따라 이 사이클의 시작점이 다를 수 있다. 학생마다 학습방식이 다르므로 모든 활동에 단일 전략을 적용하기보다는 융통성 있는 접근법을 취함으로써 각 학습자가 자신에게 맞는 유형을 적용하도록 하는 것이 바람직하다.

> 당신은 자신의 학습방식을 어떻게 정의하겠는가? 당신이 속한 사회나 기관의 상황을 고려할 때 어떠한 학습방식이 지배적인가?
>
> 당신이 담당하게 될 교과목이나 교육과정의 학생들이 사전에 이론적 배경지식을 습득한 상태인가? 만약 습득했다면 어떤 맥락에서 어떻게 습득하였는가(다른 교과목이나 학습한 자료)? 학생들이 이론적 지식을 보유하고 있다는 사실이 교과목에서 관련 활동을 수행하는 데에 어떻게 영향을 미칠 것인가?

번역학자들과 실무자들 사이에서는 이론이 실제에 도움이 되는가에 대해서도 오랜 기간 논쟁이 있었다. 이러한 논쟁의 상당 부분은 숱한 다양한 이론을 문학 번역에 적용하면서 발생하였다. 문학 번역은 이제 전문 번역에서 비중이 매우 낮으며, 문학 번역의 특성상 번역하며 직면하는 문제가 기술 번역이나 법률 번역, 현지화 등과는 상당히 다른 것으로 인식되고 있다. 이러한 인식이 '올바른' 것인지와 상관없이, 전향적인 결론에 이르지 못한다는 것은 확실하다. 지난 50년 동안의 연구에서 실무자에게 적용될 수 있는 연구 결과가 많았지만 접근하기 어려운 형태로 숨겨져 있거나 일부 제한된 이들에게만 제공된 것으로 보인다. 실무자의 업무를 실제로 향상시킬 수 있는 분야의 연구가 더 이루어져야 할 필요가 있다. 독자가 이 논쟁에 어떤 측면으로 접근을 하든 이 같은 논의를 매우 흥미롭게 다룬 Chesterman과 Wagner(2002)의 저서를 참조하기를 권한다.

> 번역교육에서 번역 이론의 역할이 무엇이라고 생각하는가? 번역 이론이 실무에 도움이 되는가? 이에 대한 당신의 의견이 교육과정/교과목 설계에 영향을 미치는가? 영향을 미친다면 어떠한 방식으로 영향이 있는가?

2 언어 학습과 번역

많은 경우 번역교육에서, 특히 학부의 번역교육에서는 학습자들이 자신의 사용언어를 이미 완벽하게 알고 있다는 미신이 기저에 깔려 있다. 필자가 '미신'이라는 단어를 사용하는 이유는 다수의 번역 교수자가 자신이 담당하는 미래의 번역사들의 언어 능력이 번역 과업을 수행하기에는 부족하다는 것을 인식하고 있으며, 특히 교육 초기에는 더욱 그렇다는 것을 알고 있기 때문이다. 상황에 따라 차이가 있겠지만 이는 많은 학부 번역교육에서 보이는 공통적인 현상이다. 대학원에서는 이러한 문제가 당연히 훨씬 적을 것이다. 개별 번역 교수자가 전반적인 상황을 단기적으로 개선시킬 수 있는 여지는 매우 적어 보인다. 교수자로서 우리가 할 수 있는 일은 학생들의 언어 수준을 현실적으로 평가하여 활동을 설계하고 실행 순서를 정하는 데에 이를 반영하는 것이다. 필자의 의견으로는 현실은 그렇지 않은데 이상적인 상황을 상정하는 것은 누구에게도 득이 되지 않는다.

> 당신의 교과목/교육과정을 수강하는 학생들의 언어 수준(학습과정에서의 두 개의 사용언어)을 평가해 보시오. 학생들의 언어 수준이 기대수준에 부응하는가? 이러한 언어 수준이 당신이 담당하는 교과목/교육과정의 활동을 설계하고 그 순서를 정하는 데에 어떻게 영향을 미칠 것인가?

3 활동 순서: 과업과 프로젝트

    번역교육에서 언어 능력과 연결된 더 광범위한 문제로, 교수·학습활동 유형이 다소 획일적이라는 점을 들 수 있다. 즉, 학생들의 학습단계에 대한 고려가 부족하다. 앞서 보았듯이, 번역교육과정이 유기적으로 연계되기 위해서는 교수·학습활동이 기대학습성과 뿐만 아니라 다양한 학습자 약력에도 부합해야 한다. 이런 맥락에서 교육의 고급 단계에서 적용할 수 있는 적절한 방식은 아마도 Vienne(1994), Gouadec(2000), Kiraly(2000)가 주장하는 이른바 '상황적' 혹은 프로젝트기반 접근법일 것이다. 이 방식에서는 대규모의 번역 프로젝트를 실제로 의뢰받거나 혹은 이러한 프로젝트를 가상하여 모든 학생이 책임을 분담하여 번역을 수행한다. 학생들은 이 과정을 통해 복잡다단한 실제 혹은 실제와 근접한 상황에서 실제 번역 문제를 접하게 된다. 그러나 대규모 프로젝트는 번역능력을 계발하는 초기 단계에는 최선의 방법이 아닐 가능성이 크다. 초기 단계에서는 번역을 위해 꼭 필요한 능력이되 세부적인 능력이 아닌 일반적인 능력이 계발되어야 한다. 스페인의 교육학자 Gros Salvat(1995: 187)는 단순히 교실에서 전문가의 지식과 행위를 모방함으로써 전문성이 계발되는 것이 아님을 지적하고 있다. 학습 초기 단계에 적용할 수 있는 흥미롭고 최근에 제시된 성찰적 접근방식으로는 과업기반 접근법이 있다. 이 방식에서는 각 활동의 시작점으로 매우 구체적인 기대학습성과를 기술한다. Hurtado(1999)와 González Davies(2003, 2004)는 번역교육에 이 방식을 적용하여 상세히 기술하고 있다(그러나 이를 번역교육 초기에 국한하지는 않는다.). 이 접근법은 세분화된 단계에 따라 점진적으로 학습이 이루어지도록 모니터링하여 모든 학습과정을 포괄하고, 학생의 실력 향상에 대한 구체적인 피드백을 제공한다. 2장에서 다룬 각 능력에 대해 계발의 초기 단계를 상세히 계획하고 조절한다면, 후에 학생들이 고급 단계의 복잡한 대규모 협력프로젝트를 자율적으로 수행하도록 확고한 기반을 다지게 된다. 이러한 조절 작업은 각 교과목 단위로 수행하기보다는 기관 차원에서 전체적으로 진행하는 것이 훨씬 더 효과적이다. 각 교과목에서 별도로 진행하는 것도 유용한 시도이나 번역교육의 전체적 일관성을 보장할 수는 없기 때문이다.

프로젝트 중심과 과업 중심의 두 가지 접근법은 때로 상반된 것으로 간주되기도 한다. 그러나 필자가 보기에 이 둘은 상호 보완적인 성격을 가지며 두 접근법의 차이는 교육의 단계, 즉 순서의 문제에 불과하다. 이러한 측면에서 두 가지 접근법을 상반되는 패러다임으로 보기보다는 같은 방향을 향해 나아가되 학습자의 자율성 정도를 나타내는 선의 양 끝에 각각 위치하는 것으로 이해해야 할 것이다.

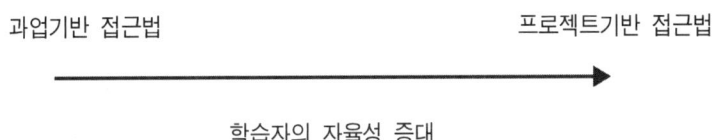

도표 12. 학습자의 자율성과 적합한 교수 접근법

이 시점에서 중요하지만 흔히 간과되는 사항을 언급하고자 한다. 순서배열(sequencing)의 문제는 내용(무엇을 하고/배우고/번역하는지) 못지않게 그 방법(어떻게 하고/배우고/번역하는지)에도 지대한 영향을 미친다.

> 당신이 담당하는 학생들은 위의 선에서 어느 지점에 위치한다고 생각하는가? 당신이 현재 담당하는 교육 단계를 생각할 때 어떤 접근법이 보다 적당한가? 그 이유는 무엇인가?

4   텍스트 선정 기준

번역교육의 텍스트 선정과 관련하여 앞서 6장의 서두에서 논하고 House가 언급한 개탄스러운 상황은 더 이상은 찾아볼 수 없기를 바란다. 하지만 텍스트 선정 기준이 불명료하거나 적절하지 않은 경우가 여전히 있는 것이 현실이다. 또한 번역교육을 담당하는 교수자들로서 우리는 수업에서 다룬 텍스트가 학습자에게 '적절하지 않다'고 판단한 경험이 있을 것이다.

> 당신이 선정한 텍스트가 수업에 적절하지 않다고 판단한 경우가 있었는가? 그 이유는 무엇이라고 생각하는가?

본 장에서 이제까지 논한 바와 같이 순서배열과 자료 및 텍스트 선정은 다양한 요인의 영향을 받는 복잡한 문제이다. 무엇보다 학생들의 특성과 기대학습성과가 중요하다. 이제 6장의 나머지 부분에서는 번역학자들이 텍스트 선정에 대해 언급한 내용을 간략히 살펴보고 향후 적용할 수 있는 일반적인 기준을 제시하고자 한다.

Hurtado(1995: 60)는 텍스트 선정의 기반이 되는 4개의 기본적인 기준(관심의 유형)을 제시하고 이를 번역교육 초기 단계의 목표와 연결시키고 있다. 아래에 Hurtado가 사용한 용어로 이를 소개한다.

- 언어적 측면[Hurtado는 이를 이른바 대조적 목표(contrastive objective)와 연결시킨다.]
- 언어외적 측면(인지적 보완과 관련된 목표, 도구, 주제 분야와 연결된다.)
- 텍스트 유형 측면(텍스트 유형과 관련된 목표로 Hurtado는 이를 번역교육 초기 단계 중 마지막에 두고 있다.)

- 번역과정의 메커니즘 이해와 관련된 측면(방법론적 목표와 연결되며 필히 번역교육의 가장 첫 단계에 적용된다.)

Nord(1991: 147)는 다음과 같이 기술한다.

번역수업을 위한 텍스트 선정은 엄정한 원칙에 따를 수 있는 문제가 아니다. 특히 교육적 목적으로 생산된 텍스트가 아니어서 양식화(schematization) 되지 않은 실제 텍스트를 찾는 경우는 더욱 그렇다. 그렇다고 단지 직관에만 의존할 수 있는 문제도 아니다.

Nord는 이어서 번역에서 직면하는 어려움을 다음과 같이 유형화한다.

- 텍스트 문제(텍스트 내적 요소의 분석 등 원천텍스트의 '이해가능성'의 정도에 따른 어려움)
- 번역사 문제(학습자의 지식과 능력의 수준에 따른 어려움)
- 실제적 문제(번역 과업 자체의 성격과 관련된 어려움)
- 기술적 문제(자료 조사 및 문서작성과 관련된 어려움)

(ibid.: 153-155)

Nord는 위와 같이 번역 문제를 유형화한 후 번역교육 초기의 텍스트 선정에 대해 아래와 같은 사항을 고려해야 한다고 주장한다.

기초 단계에서는 매우 관습화되고 문화적 색채가 낮은 비문화적 혹은 보편적 텍스트 유형을 선정한다. 이러한 텍스트는 대체로 구조 등의 변경이 적고 텍스트 내적 특징이 관습적이다(텍스트 문제). 또한, 학생들의 개인적 경험의 범주에 포함되는 주제를 다루는 것이 좋으며 원천텍스트 유형의 관습이 학생들에게 친숙한 것이어야 한다. 목표문화의 관습은 비교적 다르게 해석될 여지가 적고 번역사에게 그 관습이 잘 알려진 것이 좋다(번역사 문제). 번역 스코포스는 명료한 지침에 따라 자세하게 정의되어 있고 상황 요인의 보존을 요구하는 것이 좋다(실제적 문제). 원천텍스트는 오류가 없고 원래의 형태 그대로 제시되어야 하며, 교수자는 목표언어와 관련된 참고자료(병렬 텍스트나 모델 텍스트)를 충분히 제공해야 한다(기술적 문제).
(ibid.: 156)

마지막으로 Kussmaul(1995: 51)은 위의 고려사항에 동기적 요인을 추가한다.

> [...] 그 후에는 학생들이 자신의 과업에 대해 긍정적인 태도를 지닐 수 있어야 한다. 자신에게 부여된 텍스트를 (그리고 아마도 교수자를) 좋아하거나 최소한 텍스트를 번역하기를 좋아해야 한다. 번역 문제가 지나치게 커 보이거나 반대로 단순하게 느껴지지 않아야 한다. 우리는 교수자로서 번역교육의 구체적 단계에 따라 적합한 난이도의 텍스트를 신중하게 선정해야 한다.

선도적인 학자들이 번역교육에 관하여 언급한 위의 사항들은 교재 선정에 있어 (그리고 Nord의 경우 활동 선정에 있어) 몇 가지 기초적인 기준을 제공한다. 독자가 담당하는 교과목의 단계와 내용에 적절하다고 판단되는 기준의 목록을 작성해 보시오. 그 후 이를 아래의 제안과 비교하면 독자의 상황에 알맞은 기준을 설계할 수 있을 것이다.

이제까지 논한 바와 같이 많은 저자들이 번역교육에서 번역 실무의 현실을 반영하는 실무적 접근법을 중요한 기반으로 여기고 있다. 예컨대 위에서 우리는 상황적 접근법에 대해 논하였다. 필자의 견해로는 실무적 접근법이 중요하지만 학습의 진행 과정에 따라 신중하게 적용할 필요가 있다. 이러한 관점에서 볼 때 텍스트와 활동의 선정은 항상 교육 단계에 토대를 두고 서로 다른 기준들을 결합해야 한다. 대체적으로 실무적 접근법과 관련된 기준은 교육의 단계가 올라갈수록 중요하고, 교육의 진행과 관련된 기준은 교육 초기에 더 중요하다. 다음은 기존의 문헌과 필자의 경험을 기초로 작성한 기준의 항목이다. 이것은 모든 상황에 일괄적으로 적용되는 것이 아니며, 음미의 시작점으로서 제공된 것이므로 독자의 상황에 맞추어서 적용해야 한다.

4-1 실무적 접근법

1) 실제 텍스트와 자료의 사용

텍스트는 가능한 한 가공되지 않은 원래의 형태 그대로 제공하는 것이 바람직하다는 관점에는 이견이 거의 없다. 여기서 원래의 형태라는 것은 언어적·비언어적 요소의 관계나 그림 및 표의 처리 문제를 포함한다. 같은 맥락에서, 텍스트는 일부가 아닌 전체를 선택해야 한다. 그런데 현실적으로는 시간상의 문제와 모든 기준을 충족하는 짧은 텍스트를 찾기 어렵다는 이유 때문에 텍스트 일부만 발췌하여 번역하는 경우가 많다. 그러나 이때에도 가능하면 해당 텍스트가 발췌된 텍스트 전체를 제공함으로써 텍스트의 특징을 온전히 고려하도록 하는 것이 좋다.

여기서 기억해야 할 것은 이러한 텍스트 기준은 융통성을 가지며, 여타의 기준들은 물론 기대학습성과라는 가장 중요한 기준과 연결되도록 제안되었다는 점이다. 예컨대 번역교육 초기에는 경우에 따라 텍스트에서 특별히 어려운 부분을 생략하는 것이 정당할 수 있으며 (특히 번역을 시작하기 전에) 학생들이 관련 활동을 수행할 수 있도록 텍스트에 약간의 수정을 가하는 일도 허용된다는 뜻이다. 그러나 여전히 수정되지 않은 원래 그대로의 텍스트가 수업활동에 가장 적절하다. 다행히 새로운 기술의 등장으로 말미암아 특정한 성과를 도출하기 위해 텍스트를 찾는 작업이 불과 10년 전보다 훨씬 더 용이해졌다.

> 위에서 언급된 기준은 대체적으로 수용되고 있지만, 실제 적용되는 경우는 아마도 훨씬 적은 것으로 보인다. 이러한 기준에 동의하는가? 그 이유는 무엇인가?
>
> 수업에 사용하기 위해 원래의 텍스트를 수정할 필요를 느낀 적이 있는가? 그 이유는 무엇이며 어떠한 작업이 필요했는가? 이러한 방법 대신 유사한 다른 텍스트로 대체할 수도 있었는가? 혹은 원래의 텍스트를 그대로 사용하기 위해서 텍스트에 수정을 가하는 대신 번역 활동을 달리 조정하는 방법이 있었는가?

2) 현실적 번역 상황

선정된 텍스트는 최소한 한 가지의 현실적 번역 상황을 반영해야 한다. 따라서 현지의 영화관에서만 상영하는, 번역될 가능성이 없는 영상물이나 현지에만 해당되는 뉴스를 번역하는 것은 대체로 현실성이 떨어지고, 특히 단일 언어를 사용하는 사회 환경에서는 현실성이 매우 떨어진다. 번역의 언어조합이나 각 텍스트 유형의 번역 방향 및 그 빈도에서도 현실성이 있어야 한다. 이미 번역된 텍스트를 다시 원천텍스트로 사용하는 것은 극히 제한된 상황에서만 적절하다. 예를 들어, 릴레이 번역1)을 위해 번역물이 다시 원천텍스트가 되는 경우나[영어는 이러한 상황이 빈번하다(Dollerup 1997 참조).], 기대학습성과가 번역 연습으로써의 역번역(逆飜譯)2)과 관련

---

1) [역주] 번역물을 다시 원천텍스트로 삼아서 이를 기반으로 또 다른 목표텍스트로 옮기는 번역 방식
2) [역주] 번역물을 다시 원천언어로 옮기되, 원천텍스트 없이 번역물에만 의존하여 옮기는 번역 방식

된 경우가 되겠다(하지만 이런 상황은 거의 발생하지 않는다.).

현실적 번역 상황이라는 두 번째 기준은 하나의 텍스트가 다양한 번역 상황을 제공하는 경우에 특히 잘 적용된다. 학생들은 동일한 원천텍스트를 기반으로 각각 다른 상황에서 다양한 번역 관련 활동을 수행하고, 이로써 한 개의 원천텍스트에 대해 복수의 번역이 존재할 수 있음을 확실히 인식하게 된다. 동일한 원천텍스트를 학회지에 게재하기 위해 번역하는 경우와 과학자가 향후 자신의 연구에 활용하기 위해 내용을 이해할 수 있도록 번역하는 경우를 예로 들 수 있다.

> 당신의 언어조합에서 현실적인 번역 상황의 기준을 충족하지 못하는 텍스트의 예를 생각해 보시오. 이러한 텍스트가 수업에 적절하지 않다는 것에 동의하는가? 동의하지 않는다면 이 텍스트를 사용할 수 있는 경우를 생각해 보고, 정당성을 설명하시오.
>
> 하나의 원천텍스트가 최소한 두 가지의 현실적 번역 상황에 놓이게 되는 경우를 생각해 보시오.

3) 직업윤리

윤리 문제는 교육과정에서 전혀 다루어지지 않는 경우가 많다. 포함되어 있더라도 개별 세미나의 형태로 다루거나 번역료와 번역료 덤핑 등 직업 및 시장 보호에 관한 내용이 주를 이룬다. 필자의 견해로는 윤리 문제는 교육과정 전반에 걸쳐 명시적·암시적으로 모두 다루어야 하며, 번역사의 사회적 책임, 텍스트의 이데올로기 조작 등을 포함하는 최대한 광범위한 개념으로 이해하는 것이 바람직하다. 이를 위하여 텍스트 선정 기준에서 윤리 문제를 다루는 방법을 생각해 볼 수 있다. 즉 교육과정에서의 특정한 활동이 직업적 맥락에서 윤리적이지 않다고 판단되면 이를 교육과정에서 제외하거나, 혹은 오히려 포함시켜서 표준적인 관습을 분석하거나 이에 대해 이의를 제기할 수 있을 것이다.

> 직업윤리가 실무와 종종 상충하는 경우로 번역의 방향성이 있다. 일반적으로 외국어에서 모국어 방향으로 번역하는 것이 더 바람직하다고 인식되고 있다. 그런데 번역교육과정에는 주로 양방향의 번역이 모두 포함되어 있다(모국어로의 번역과 모국어로부터의 번역). 이것이 시사하는 바가 무엇인가?
>
> 직업윤리와 관련하여 당신의 상황에서 교육과정에서 제외되어야 한다고 판단되는 텍스트나 활동의 예를 생각해 보시오.

4) 번역시장

번역교육에서 선정되는 텍스트나 활동은 향후 학생들이 실제 활동할 지역 내, 국내, 혹은 국외 번역시장의 상황을 반영해야 한다. 이는 교수자가 시장 및 시장의 주요 흐름에 대한 지식(2장과 5장 참조)이 있어야 함을 의미한다. 예를 들어 필자가 속한 기관에서는 지역 및 국가 경제에 중요한 관광 분야의 텍스트와 그 번역에 비중을 둔다. 같은 맥락에서, 영어가 원천언어인 학생들에게는 현지화가 중요하지만 영어가 목표언어인 학생들은 현지화를 다루지 않을 것이다. 또한 영어가 원천언어도 목표언어도 아닌 학생들은 영어가 언어조합에 포함된 학생들과 같은 비중으로 현지화를 다루지 않을 것이다.

> 텍스트 선정에 있어 실제 번역시장을 어느 정도 고려하는 것이 좋다고 보는가? 오늘날과 같은 국제화 시대에 현지 시장을 논하는 것이 가능한가? 현지 시장의 개념이 아직 적용 가능하다면 독자가 속한 현지 시장에서 가장 많이 번역이 되는 텍스트는 어떤 종류인가? 이러한 텍스트가 교육과정에 포함되어야 할 것인가? 포함된다면 어느 단계에서 포함되는 것이 좋은가?

위에서 언급한 실무적 접근법의 4개 기준을 적용하여 학생들이 수업에서 수행하는 활동을 전문 번역사의 활동과 직접적으로 연결할 수 있으며, 이로써 Kiraly(1995, 2000)가 언급한 번역사로서의 자아개념을 계발할 수 있다. 또한 위의 기준들을 텍스트 선정에 적용하면 수업활동이 어느 정도 번역 실무와 유사하게 되므로 학생들이 번역사의 활동에 익숙해질 것이다. 따라서 이 기준은 번역사라는 직업의 세계로 다가서는 데 유용할 것이다. 그러나 필자의 견해로는 이 기준은 교육의 진행 과정의 개념이 부재하고 학습자의 사전 경험과 지식을 고려하지 않기 때문에 학습과정을 염두해 둔 텍스트 선정 기준으로는 충분하지 않다. 따라서 바로 이러한 요인을 고려하여 아래와 같이 교육의 진행 과정이라는 제목 하에 또 다른 기준을 설계하였다.

4-2 교육의 진행 과정

1) 텍스트 유형

선정된 텍스트는 번역시장의 주요 장르와 하위 장르를 모두 반영해야 하며, 가장 관습화된 텍스트에서 가장 관습화되지 않은 텍스트로, 가장 정형화된 텍스트에서 가장 정형화되지 않은 텍스트로 나아가는 것이 좋다. 이러한 맥락에서 Hatim과 Mason(1997)은 평가성(evaluativeness)과 유표성(markedness)이라는 이중의 기준을 제시한다.3) 따라서 요리법, 서신, 일기예보와 같은 분명한 특징과 관습이 있는 텍스트가 교육 초기에

---

3) [역주] 평가성은 한쪽 극단에는 가장 논증적(argumentative) 텍스트가, 다른 쪽 극단에는 가장 지시적(instructional) 텍스트가 위치하는 연속선상의 개념이다. 논증적 텍스트의 성격을 갖는 사설은 관습적이라는 면에서 유표성이 낮은 것으로 보고, 일반 신문 기사가 논증적 성격을 갖는다면 이는 일반적인 관습이 아니므로 유표성이 높은 것으로 본다(Hatim과 Mason, 1997: 182-183).

가장 적합하여 화살표의 한 쪽 끝에 위치하고, 점차로 더 역동적인 텍스트로 진행한다. 문학 텍스트나 광고 텍스트와 같이 창의성이 높은 텍스트는 화살표의 반대쪽 끝에 놓이게 된다.

Hatim과 Mason은 또한 텍스트 유형의 순서를 수사적 목표에 따라 분류하여, 지시적(instructional) 텍스트에서 시작하여 설명적(expositive) 텍스트, 논증적(argumentative) 텍스트의 순서로 진행할 것을 제안하고 있다. 다른 학자들(Reiss, 1976; Newmark, 1988; Nord, 1988/1991)은 Bühler의 표현적(expressive), 정보적(informative), 소구적(vocative) 기능을 토대로(학자에 따라 다른 술어를 사용하지만 그 의미는 다르지 않다.) 초기에는 정보적 텍스트로 시작하는 것이 가장 적절하고, 이어서 소구적4), 표현적 텍스트의 순서로 진행하는 것이 바람직하다고 보고 있다.

> 위의 기준은 번역교육에서 '일반' 번역이 '전문' 번역보다 먼저 이루어져야 한다는 기존의 생각과 상충하는 것으로 보인다. 일반 텍스트는 그 성격상 역동성이 강하기 때문이다. 이에 대해 어떻게 생각하는가? '일반' 번역이란 무슨 뜻인가? 이것이 번역교육에서 유용한 분류인가?
>
> 위의 기준에 맞추어 번역교육 초기에 적합하다고 생각되는 텍스트의 구체적인 예를 생각해 보시오. 교육의 중간 과정에는 어떤 텍스트가 적합한가?

2) 담론

필자의 견해로는 위에서 논한 텍스트 유형과 더불어, 각 학습자가 속한 문화의 거대담론(macrodiscourse)을 문화간 커뮤니케이션의 관점에서 식

---

4) [역주] '소구적(訴求的)'이란 독자·수신자가 무엇을 느끼거나 행하도록 만드는 언어 사용으로 Reiss의 경우 '작용적(operative)'이라는 용어를 사용한다.

별·분석할 수 있는 텍스트를 포함해야 한다. 2장의 번역능력에서 논한 바와 같이 미래의 번역사는 한 문화의 텍스트 기저에 있는 가치 및 사회적 통념에서 드러나는 거대담론을 인식해야 한다. 거대담론 속의 사생활이나 사회적 금기와 같은 문화적 차이를 인식하고 이를 다루기 위한 전략을 선택하는 일은 번역사의 문화적·문화간 능력에서 핵심이 되며, 따라서 교육과정에 포함되어야만 한다. 같은 맥락으로, 성차별주의·인종차별주의·사회적 고립 등의 거대담론을 통해 번역사의 윤리적 입장이나 사회적 역할의 이슈를 분석할 수 있다. 번역교육에서는 일반적으로 이러한 문제에 대해 대세를 차지하는 주요 담론만 다루고 비판적 분석을 피하는 경향이 있다(통역의 경우 번역보다 더더욱 그렇다.).

> 당신의 언어조합에서 텍스트 선정에 포함되어야 할 문화적 거대담론은 무엇인가? 이러한 거대담론을 보여주기에 적절한 텍스트는 무엇인가? 이들 텍스트가 위에서 언급한 다른 기준을 충족하는가?

3) 내용에 대한 접근성

수업 자료는 전체적으로 내용 면에서의 단계적 진행을 반영해야 하는데, 대체로 학습자가 이전에 경험하거나 접한 텍스트에서 시작하여 경험하지 않았거나 접하지 않은 텍스트로 진행해야 한다. 교수자들이나 저자들이 '일반' 번역에서 전문 번역으로 나아가야 한다고 할 때는 아마도 이를 의미할 것이다. 앞에서 언급하였듯이 '일반' 번역이라는 개념은 어떠한 범주에도 속하지 않으므로 의미가 없다. 그보다는 텍스트를 커뮤니케이션의 전문화 정도로 분류해서 생각하는 것이 훨씬 바람직하다. Arntz(1988)는 이를 비전문가(송신자)가 비전문가에게(수신자), 전문가(송신자)가 비전문가(수신자)에게, 전문가(송신자)가 전문가(수신자)에게 보내는 유형의 크게 3가지로 구분한다. 여기에 목격자가 변호사나 판사 앞에서 증언하는 경우와 같이 비전문가(송신자)가 전문가(수신자)에게 전달하는 유형을 추가할 수 있다. 커뮤니케이션의 전문화 정도를 다음의 도표와 같이 생각해 보자. 수평의 화살표는 전문화의 정도를, 수직 방향의 화살표는 실제 텍스트를 반영한다.

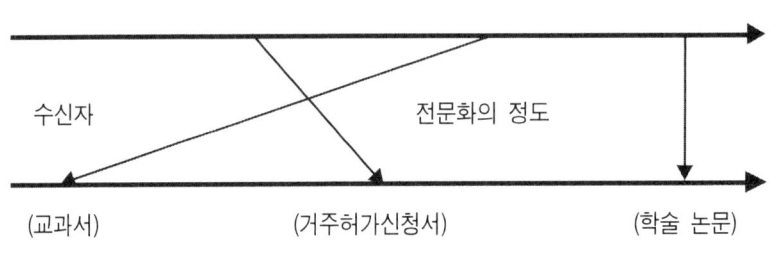

도표 13. 전문화의 정도

학습자의 텍스트 경험은 주로 화살표의 왼쪽에 위치하게 된다. 수신자로서도 물론이고 송신자로서는 더더욱 전문화의 정도가 낮기 때문이다. 위 도표를 텍스트 선정에 적용한다면 이미 번역이라는 복합적인 작업에 직면한 가운데에 내용의 어려움까지 더하는 위험을 줄일 수 있다. 19세에 불과한 대학 초년생들이 개인적으로 거의 경험한 적이 없는 계약서나 이와 유사한 복잡한 문서 번역을 다루도록 하는 것은 학생들의 어려움을 가중시킬 뿐 도움이 되지 않는다. 학습자 대부분은 요리법, 서신, 학교 소개 안내서, 관광 안내서, 신문 기사 등에 익숙하며 이러한 텍스트는 텍스트 선정 기준에 들어맞으므로 번역교육 초기에 유용하다.

내용에 대한 접근성과 관련하여, 학생들은 상급 학년으로 진학하면서 전반적으로 더 많은 경험을 축적한다는 것을 고려해야 한다. 학생들은 교환학생과 같은 활동을 통해서도 경험의 폭을 넓히고, 다른 교육과정의 교과목—예를 들어 경제학·법학·과학과 기술 등의 선택과목—수강 경험이 쌓이면서 다양한 주제에 대해 지식의 반경이 넓어진다. 또한 교육과정이 진행되면서 자료 조사 능력 또한 점차 향상된다[아래 4) 신뢰 가능한 자료에 대한 접근성 참조].

내용에 대한 접근성은 교육 후기에 특히 흥미로운 주제가 되는데, 가령 과학과 기술 교과목에서 다양한 분야를 폭넓게 다룰 것인지, 혹은 생리학과 같이 한 분야에 집중하여 이 분야의 다양한 텍스트 유형을 다룰 것인지에 대해 논란이 많다. 내용에 대한 접근성의 기준에서 보면 후자를 더 선호하는 경향이 있다. 내용면에서 연속성이 보장되므로 다양한 번역 문제를 더 심도 있게 다룰 수 있기 때문이다. 하지만 제1주에는 생리학, 제2주에는 조직학, 제3주에는 고생물학과 같이 다양한 주제를 다루게 되면 기초적인 자료 조사를 반복하고 핵심 개념을 이해하는 데 많은 시간을 할애해야 한다. 결국 어떠한 교육과정에서도 번역 실무에서 접할 수 있는 주제를 모두 다룰 수는 없다. 우리의 교육과정의 목표는 학생들이 필요한 기술을 체득하여 일반화함으로써 앞으로 접하게 될 여러 번역 환경에 이를 적용하는 것이다.

> Hatim과 Mason(1997: 188)은 유표성과 평가성이라는 두 가지 기준을 제안하고 이에 기초하여 국제조약을 교육 초기에 적합한 텍스트 유형으로 제안하였다. 내용에 대한 접근성과 관련하여 이 제안을 평가하시오.
>
> 당신이 속한 기관은 번역교육 후기에 전문 번역에서 다루어야 하는 내용에 대하여 지침이 있는가? 만약 있다면 그 근거는 무엇인가? 내용에 대한 접근성 기준을 어떻게 이 지침과 연결할 수 있는가? 만약 그러한 지침이 없다면, 두 접근방식 중 어느 쪽을 선호하는가? 그 이유는 무엇인가?

4) 신뢰 가능한 자료에 대한 접근성

이 부분은 위의 3) 내용에 대한 접근성과 아래의 6) 실행가능성과 긴밀히 연결되어 있다. 자료 조사 기술은 전문 번역가에게는 필수적이나 학습자들은 교육 초기에 이러한 능력을 보유하고 있지 않다. 따라서 초기에 다루는 텍스트는 조사가 거의 필요하지 않거나 상대적으로 간단한 것이어야 한다. 초기에는 교수자들이 다양한 형태로 도움을 줄 수 있다. 자료를 제공하고 전문가에게 질문할 수 있는 시간을 마련하거나, 컴퓨터실에서 학생들이 신뢰할 수 있는 자료를 찾도록 도울 수 있다. 이로써 학생들이 유용한 자료를 식별하고 자료의 신뢰성을 측정하는 방법을 찾도록 한다. 그러나 점차 지원을 줄여감으로써 학습자들이 스스로 작업하도록 해야 한다. 직업 활동의 측면에서 볼 때 인터넷의 등장은 번역사의 작업에 획기적인 변화를 가져왔다. 그러나 이 변화가 반드시 긍정적인 것만은 아니다. 번역사와 학습자는 이제 정보의 홍수 속에서 살고 이 중에서 신뢰할 수 있는 정보를 찾아내려면 명료한 기준이 필요하다. 따라서 교수자들은 학생들이 분별력을 갖추도록 도와야 한다.

> 자료 조사가 필요 없거나 혹은 매우 적게 필요한 텍스트(유형)의 예를 생각하거나 찾아보시오.
>
> 이제 기초적인 자료 조사 기술이 필요한 원천텍스트를 찾으시오. 번역교육 초기에 이 텍스트를 번역하기 위해서는 어떤 자료를 어떠한 형태로 학생들에게 제시할 것인지 수업활동을 설계하시오. 학생들이 번역물 생산 이외에도 기초적인 자료 조사 기술을 향상시키고, 특히 신뢰할 수 있는 자료를 식별하기 위해서는 어떠한 활동이 적합한가?

5) 학생들의 관심사와 동기 부여

동기 부여에 관한 내용은 3장에서도 다루었다. 앞서 Kussmaul을 인용한 부분에서 보았듯이 학생들의 동기 부여는 텍스트 선정에서 중요한 부분을 차지하며 Nord(1991: 57)에서도 이러한 언급이 있다. 이 기준은 위의 3) 내용에 대한 접근성과도 연결되지만 동일하지는 않다. 내용에 대한 접근성은 학생들의 이전 경험과 지식을 일컫는 데 반해, 텍스트에 대한 학생들의 관심이나 선호도는 더 주관적이며 학생에 따라 차이가 클 수 있다. 어쨌든 어떤 주제는 다른 주제에 비해 학생들의 흥미를 더 끌 것으로 예상할 수 있다. 예를 들어 음악, 영화, 스포츠, 흥미로운 장소나 행사, 사회봉사, 비영리단체 등의 주제는 대체로 학생들의 흥미를 더 유발한다. 필자는 번역 교과목을 처음 수강하는 학생들의 수업에서는 이러한 텍스트를 권하지 않는다. 이 경우 실무적 접근법을 비롯하여 일부 기준과 정면으로 상충하기 때문이다. 그러나 이들 분야에서 몇 개 텍스트를 학생 참여를 독려하기 위한 기반으로 삼고 다양한 활동과 실습을 할 수 있을 것이다. 이들 분야 중에서도 최대한 많은 학생들의 관심사가 무엇인지 살피고 반복으로 인한 지루함을 피하여 다양성을 유지해야 한다.

번역교육 후기가 되면 학생들은 직업의 세계를 더 가깝게 느끼게 되어 실무적 접근법 자체가 동기 부여 요인이 된다. 그러나 교육 초기나 교육과정에 따라서는 중간 단계까지도 대부분의 학생들에게 번역사라는 직업이 아직 멀게만 느껴져서 즉각적인 동기 부여가 되지 않는다.

> 당신이 담당하는 학생들의 관심 분야 2~3개를 알아보고, 관련 텍스트 유형을 찾으시오. 이러한 분야와 텍스트 유형이 초기 단계의 번역 활동에 적합한가? 실무적 접근법을 비롯하여 다른 기준에 부합하는가? 만약 부합하지 않는다면 그래도 이들 텍스트의 사용이 정당할지 생각해 보시오.

6) 실행가능성

위의 동기 부여 기준과 긴밀히 연결되는 기준이 실행가능성이다. 선정된 텍스트와 특히 다양한 활동은 학생들이 실제 실행할 수 있는 것들이어야 한다. Kussmaul이 위에서 언급하였듯이 지나치게 어렵거나 쉬운 텍스트는 모두 바람직하지 않다. 과도하게 어려운 텍스트와 활동은 학생들을 좌절시키고 반대로 지나치게 쉬운 텍스트는 도전 정신을 유발하지 않아 동기 부여가 되지 않으며 새롭게 배우는 내용이 없다. 실행가능성이란 단지 교육의 특정한 단계에 '내재한' 어려움만을 말하는 것이 아니라 과업 수행의 조건과 관련된 문제이기도 하다. 즉, 마감 기한이나 과업 제출 시 요구되는 전자파일 형식 변경 등의 기술적인 문제도 관련된다. 교수자는 쉽게 수행할 수 있는 과업도 훨씬 더 도전적인 과업으로 만들어서 동기 부여를 높일 수 있다. 예컨대, 고급 단계의 학생들이 전문 번역사처럼 빠른 속도로 번역하는 것을 목표로 설정하여 과업을 매우 짧은 시간 안에 완성하도록 하거나, 기존에 사용하지 않은 형식을 따르도록 하는 방법 등이 있다. 이와 마찬가지로, 원래 더 복잡한 과업을 단순화하여 품질 요건을 조절하거나(최종적으로 출판 가능한 정도의 번역이 아닌 감수를 거치기 위한 번역 초안 작성, 내부 사용만을 위해서 작성하는 작업 문서, 정보 제공만을 위한 목적으로 수행하는 문장구역5) 혹은 요약), 작업 조건을 조절할 수 있다(개별적 준비 대신 집단이나 2인 작업으로 준비).

> 위에서 논한 방법 이외에 번역 과업의 실행가능성을 보장하기 위해 과업의 난이도를 낮추거나 높일 수 있는 다른 방법을 강구하시오.
>
> 필자의 동료 중에는 때로는 학생들에게 난이도가 매우 높은 번역 과업을

---

5) [역주] 문장구역(文章口譯)은 원천텍스트를 눈으로 읽으면서 동시에 이를 통역하는 방식을 말한다. 시역(示譯)이라고도 한다.

부여함으로써 학생들이 자신의 한계를 인식하고 미래의 전문 번역사로서의 경각심을 가질 필요가 있다고 주장한다. 이러한 제안을 평가하시오.

5 학습자 참여

이제까지 논한 기준은 우선적으로 교수자에게 도움을 주고자 제시되었으나 이들 기준은 다른 용도로도 사용될 수 있다. 즉, 이러한 기준을 학생들에게 투명하고 명료하게 알려준다면 학생들의 이해를 증진시키고 이에 따라 더욱 적극적인 참여를 유도할 수 있을 것이다.

이제 마지막으로 누가 텍스트와 활동을 선정할 것인가에 대해 살펴 보자. 기존의 전통적인 교수자중심의 환경에서는 물론 교수자가 텍스트와 활동을 선정하였다. 경우에 따라 학과나 대학 등 기관 차원에서 결정을 내리는 경우도 있다. 그러나 보다 학생중심의 환경이라면 학생들이 텍스트 전체는 아니더라도 텍스트 중 일부를 선정하지 못할 이유가 없으며 오히려 텍스트 선정에 참여하는 것이 바람직하다. 이 역시 교육의 단계에 따라 다양한 방법으로 이루어질 수 있다.

초기 단계의 학생들은 번역 관련 문제에 대해 인식이 부족하므로 스스로 자료를 고르기가 특히 어렵다. 그렇다고 해서 이들이 모든 수업활동의 의사결정에서 제외되어야 한다는 것은 아니다. 이 단계에서는 먼저 교수자가 일련의 텍스트를 신중하게 선정하고, 이 중에서 일정한 제약을 두고 (예컨대 각 범주에서 한 개씩 고르는 식으로) 학생들이 개별적으로 혹은 함께 텍스트를 고르도록 함으로써 참여를 유도할 수 있다. 이러한 방법을 통해서 학생들은 자신들이 수행하는 활동에 더 애착을 가지며 학습에 어느 정도의 결정권이 있다고 느끼게 되어 동기 부여도 향상된다. 교육의 후기 단계에 들어서면 학생들이 100%까지도 스스로 텍스트를 선정하도록 할 수 있다. 이 때 텍스트 유형·길이·주제·활동 등은 교수자가 정하거나 교수자와 학생들이 함께 정해 둔다. 텍스트 선정 활동은 훌륭한 학습 경험으로, 번역 문제에 대한 학생들의 인식을 높이고 번역 실무의 다양한 활동에 대해 음미해 보는 기회가 된다. 또한 개별적으로 과업을 수행하지 않고 수업의 구성원 전체가 수행하는 경우는 학습자의 자율성과 책임감 향상의 효과도 있다. 필자가 속한 기관의 마지막 학년의 학생들 중에는 교과목의 학기말 강의 평가에서 텍스트를 스스로 선정하고 번역 의뢰서를 작성한 경험이 가장 흥미로웠고 동기유발이 되었다고 한 경우가 많았다. 학생들은 확실히 어렵고 흥미로운 텍스트를 선정했으며 매우 현실적이며 실행 가능한 번역 의뢰서를 설계하였다. 교수자들은 학생들이 좋은 점수를 받기 위해 그저 '쉬운' 텍스트를 선정하거나 혹은 텍스트 선정 기준을 제대로 설정하지 못할 것이라고 우려하는데, 필자의 경험으로는 이러한 생각이 기우였다.

> 학생들이 스스로 번역 브리프를 작성하거나 학습활동을 선정하는 것에 대해 어떻게 생각하는가?
>
> 당신의 교과목에서 학생들이 활동 및 자료 선정에 참여할 수 있는 방법을 생각해 보시오. 학생들이 이제까지 받은 번역교육이나 사전지식 및 경험이 이 같은 활동과 자료 선정에 참여하는 데에 어떤 영향이 있는가?

본 장에서는 순서의 배열에 대해 다양한 관점에서 논하였다. 특히 순서를 정하는 문제는 번역하는 내용이나 텍스트뿐만 아니라 수행할 활동에도 영향을 미친다는 점을 강조하였다. 텍스트 선정에 관한 일련의 기준을 제안하였으며, 맥락·기대성과·학습자 약력이 모든 교육과정의 설계에서 핵심적인 기준이 됨을 강조하였다. 마지막으로 학생 책임 하에 일부 텍스트와 활동을 선정할 것을 교수자들에게 권하였다.

● 추천문헌

Chesterman, Andrew and Emma Wagner (2002) *Can Theory Help Translators? A Dialogue Between the Ivory Tower and the Wordface.* Manchester: St. Jerome.

Hatim, Basil and Ian Mason (1997) *The Translator as Communicator.* London: Routledge.

Hurtado Albir, Amparo (1995) La didáctica de la traducción. Evolución y estado actual'. In José maría Bravo Gozalo and Purificación Fernández Nistal (coords.) *Perspectivas de la traducción inglés/español.* Valladolid: ICE, Universidad de Valladolid. 49-74. [특히 59-62 참조]

Nord, Christiane (1991) *Text Analysis in Translation. Theory, Methodology, and Didactic Application of a Model for Translation-Oriented Text Analysis.* Amsterdam: Rodopi. [Nord, Christiane (1988) Textanalyse und Übersetzen. Heidelberg: Groos.의 영어번역. 특히 147-160 참조]

8장

평가

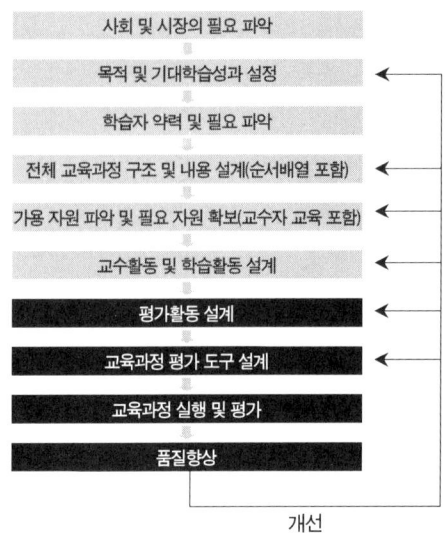

개요 및 목적

8장에서는 이 책의 서두부터 이어진 교육과정과 강의계획서 계획 및 설계에 대한 체계적인 접근을 마무리할 것이다. 평가는 다양한 형식과 기능을 가지며, 모든 교수·학습활동에서 중요한 부분을 차지한다. 전통적으로는 평가의 총괄 기능이 강조되었으나 여기서는 형성 기능에 초점을 둔다. 먼저 번역교육에서 전통적으로 사용된 평가 방법을 비판적으로 고찰할 것이다. 그 후 학생중심 평가의 원리에 대해 논하고, 동료 및 자가평가·학습 포트폴리오 등의 더욱 혁신적인 방법을 고찰할 것이다. 이들 방법은 개별적으로 혹은 다른 방법과 함께 사용되어 평가 작업을 개선시킬 수 있다. 그 후에는 규준참조평가와 준거참조평가를 비교하고 평가 기준 작성 방법을 제안할 것이다. 마지막으로 교수자의 수행 결과 평가와 교육과정 평가에 관한 문제들을 논함으로써 전체 체계를 사실상 마무리할 것이다. 이 마지막 단계에서 피드백을 얻음으로써 교육과정 개선과 품질향상을 이룰 수 있다. 독자들은 8장을 읽은 후 학기말의 표준적인 평가를 넘어 평가의 개념에 대해 개괄하고, 독자의 상황과 교과목에 적합한 평가 체계를 제안하고 적용할 수 있을 것이다.

1 번역물 평가와 오류의 개념

> '좋은' 번역을 정의하시오. 이어서 번역 오류를 정의하시오.
>
> 위 개념을 정의하면서 느끼겠지만, 이들은 정의하기 어려운 개념이며 번역학에서 전반적으로 합의점을 찾지 못하고 있다. 그럼에도 이들의 개념을 정의하는 것이 학생을 가르치는 데에 도움이 되는 면이 있다면 무엇인가? 학생들의 학습을 평가하는 측면에서는 어떠한가?

"번역사의 번역 결과물에 대한 평가는 폭넓게 행해지는 활동임에도 불구하고 이에 대한 연구와 논의가 부족하다"(Hatim과 Mason, 1997: 197). 실제로 번역품질과 평가의 문제는 번역 실무와 번역교육에서 모두 절대적으로 중요한 것으로 인식되고 있다. 번역 실무에서는 번역 결과물을 평가하기 위해 다양한 분류와 등급이 고안되어 매일 사용되고 있다. 본 장의 마지막에 열거된 추천문헌에 관련 문헌이 정리되어 있다. 본 장의 논의와 관련하여 이들 문헌에서 보이는 두 가지 특징을 강조하고자 한다. 이들 문헌에서는 한편으로는 번역 오류의 개념에 중점을 두고 있으나 다른 한편으로는 수용 가능한 번역이 무엇인가에 대해서는 합의가 되어 있지 않다. 우리는 교수자로서 정기적으로 평가를 수행하며 이를 위해 전문 번역사들의 관행을 따르는 경우가 빈번하다. 아래의 논의에서는 번역교육에서 일반적으로 이루어지는 평가 추세를 살펴본 후 이에 대해 의문을 제기하고, 더 바람직한 평가를 위한 기반을 구축하고자 한다.

2 번역교육과정에서의 전통적인 평가

> 당신이 속한 기관에서는 번역 교과목 평가가 어떠한 방식으로 이루어 지는가? 합의된 성적처리 기준이 있는가? 교수자, 교수자들로 구성된 팀, 외부 심사인 중에서 기준을 설정하고 개별 교과목을 실제 평가하는 주체는 누구인가?
>
> 현재의 체계가 가장 적합한 방법이라고 여기는가? 현재의 체계에서 만족스럽지 않은 부분과 그 이유를 설명하시오.

번역교육과정에서의 전통적인 평가방식이나 국제기구의 전문가 채용 혹은 전문 협회의 회원 모집에서 흔히 실시하는 방법은 번역 시험이다. 사전 사용이 허용 또는 불허되는 전형적인 시험 환경에서 제한된 시간 내에 모르는 텍스트를 번역하게 된다. 채점은 번역 오류 계산을 기반으로 하여 10/10, 20/20, 100% 등의 '완벽한' 번역 결과물을 상정하고 여기에서 감하는 방식으로 이루어진다. 이러한 시험은 다양한 각도에서 비판을 받는데 아래에 이를 정리하였다.

- 시험은 실제의 번역 상황(텍스트 유형에 대한 사전지식, 주제 분야, 다양한 종류의 자료 조사 수행 가능성, 시간적 압박, 물리적 환경 등)과 무관하거나 거의 무관하므로 현실성이 결여된다.
- 시험은 번역사의 전반적인 능력을 구성하는 여러 기술(奇術)을 한 번에 모두 측정하려는 시도이며, 시험을 통해 생산되는 번역물이 각 기술을 공정하게 반영하는 것으로 상정한다. 그러나 실제로 이러한 기술 중 상당 부분은 과정에 해당하며, 결과물과 관련이 없다 (Hatim과 Mason, 1997: 198).

- 시험을 위한 텍스트 선정 기준이 대체로 불명확하고 심지어 실제로 기준이 전무한 경우도 빈번하다.
- 시험은 그 특성상 학생 및 후보를 신뢰하지 않으며 이들의 책임감을 믿지 않는다.
- 이러한 종류의 오류 기반 성적처리 방식에서는 학생이 수행한 작업에 대해 긍정적인 측면은 고려하지 않는다. 긍정적인 측면은 모두 암시적으로 '오류 없음(non-error)'으로 묶여서 처리되고 실제 점수에는 보통 영향이 없다.
- 특정한 과업의 난이도가 높을 경우 학생들은 자신이 학습한 바를 보여주지 못할 때가 있는데 이 경우 학생이 X를 수행하지 못하면 Y, Z 역시 수행하지 못한다고 상정한다.
- 시험을 위한 번역에서는 번역 브리프 등을 통한 최소한의 맥락화도 되지 않은 경우가 빈번하다.

위와 같은 전적으로 타당한 비판과 더불어 한 가지 매우 중요한 비판을 덧붙이고자 한다. 바로 교과목의 목표 혹은 기대학습성과와 연계되지 않았다는 것이다. 이제 아래에서는 평가의 기본 원리에 대해 논하고 이를 번역교육에 적용해 보자.

> 위에서 열거한 비판을 당신이 속한 기관의 평가 체계에 대해 작성한 내용과 비교하시오.

3 학습과정 평가의 기본 원칙: 성과와 연계하기

모든 학습 평가는 그 목표나 기대학습성과와 직접적으로 연결되어야 한다. 학생들의 학습성과 달성을 돕는 데 있어 교수자가 학생들의 (그리고 교수자의) 성과 달성 여부를 파악하고 달성하지 못한 부분에 대해서 해결책을 제시하는 데 사용하는 도구가 평가이다. 2장에서 우리는 기대학습성과를 투명하고 평가가 가능하도록 작성하는 것이 중요함을 논하였다. 목표 및 기대학습성과에 평가를 연계하기 위해서는 교수·학습의 핵심이 되는 교육과정 및 강의계획서 설계 단계에서 평가 기준과 방법을 심사숙고해야 한다.

전통적으로 평가는 학습의 마지막 단계에서 이루어졌다. 교수자는 주로 시험 상황에서 과업을 부여하고 이를 채점하여 해당 교과목의 학점 이수, 다음 단계로의 진급, 학위 수여 여부 등을 결정한다. 이처럼 점수와 관련된 평가나 인정을 총괄평가(summative assessment)라고 한다. 그런데 학습과정에 대해 더 학생중심적인 접근방식에서는 또 다른 평가방식인 형성평가(formative assessment)에 주안점을 둔다. 형성평가는 학습에 대한 피드백을 제공하기 위해 학습 결과를 채점·수정·논평하는 방식으로, 평가의 목적을 학생의 실력 향상에 둔다. 이 두 가지 평가 기능이 상호 배타적인 것은 아니다. 총괄평가를 위해 실시된 기말시험이라도 학습을 개선하는 방법에 대해 (구두 혹은 서면으로) 논평하여 학생에게 돌려주면 형성평가의 기능을 갖게 된다. 형성평가는 계속평가(continuous assessment)와 혼동될 수 있는데 계속평가는 (기말에 최종적인 평가를 하기 위한 것으로) 기본적으로 총괄평가의 성격을 갖는다. 물론 교수자가 작은 규모의 과업을 빈번히 부여하고 이를 수정해서 돌려주는 경우에는 추후 학습을 위한 피드백을 제공하는 셈이 된다.

또 다른 중요한 평가 형태로 초기진단 혹은 필요분석이 있다. 이것은 이미 3장에서 다루었으므로 여기서 기억해야 할 것은 교수자가 교과목·수업단위·교육과정에서 학생의 출발점을 진단하기 위한 도구를 설계할 수 있어야 한다는 점이다. 이를 통해 교수·학습활동을 학생들의 특성과 수준에 맞출 수 있기 때문이다.

평가를 통해서 학생들의 기대학습성과 달성 여부를 측정하기 위해서는 먼저 이 기대학습성과를 재차 면밀히 검토함으로써 효과적인 평가 방법을 논할 수 있을 것이다. 앞서 2장에서 논한 목표를 다시 살펴보자.

- 번역 입문 교과목의 중반에 진행되는 교수단위:
  이 교수단위를 마친 학생들은 사전 이외에 번역사가 사용할 수 있는 자료를 파악하고 이를 효율적으로 사용하는 방법을 이해하며 번역 상황에 따라 이들에 대한 접근성과 신뢰성을 평가할 수 있게 될 것이다.

이러한 성과는 가장 낮은 혹은 구체적 단계인 개별 교수단위 차원에서 작성된다. 이제 교수단위 설계에서 고려해야 할 다양한 측면을 단계적으로 분석해 보기로 한다.

우선, 각 수업단위를 실제로 평가해야 하는가? 수업단위는 해당 교과목의 전체 목표, 나아가 교육과정의 목표에 관여하기 때문에 답은 일반적으로 '그렇다'이다. 이는 각 수업단위에 실제로 점수를 부여해야 한다는 뜻은 아니며 학생들 입장에서는 수업단위에서 설정된 구체적인 목표를 자신이 어느 정도까지 성취했는지 인식해야 함을 의미하고 교수자 입장에서는 수업 구성원 전체의 실력이 어느 정도 향상되었는지, 어떠한 문제점이 있는지 인식하고 해결책을 찾아야 한다는 뜻이다.

그렇다고 일련의 소규모 시험을 계속 봐야 한다는 뜻은 아니다. 시험 이외에도 학생들의 기대학습성과 달성 정도를 측정할 수 있는 방법은 다양하다.

여기서 논하는 평가의 종류는 학습을 강화하고 학습에 기여하는 것을 목표로 한다는 점에서 형성평가이다. 물론 형성평가를 통해 학생의 수행 결과를 기록하다 보면 학기말에 교수자가 등록해야 하는 최종 학점에 어떤 식으로든 영향을 미칠 수도 있다. 하지만 형성평가는 점수 부여를 목표로 하지 않는다.

학생들이 수행한 번역을 기반으로 특정한 학습성과를 평가하는 일이 용이하지는 않다. 전술하였듯이 학생들이 수행한 번역에 대해 번역능력(성과)을 평가하되 형성평가 기능에 초점을 두는 경우에는 관련 변수가 지나치게 많다는 문제점이 있다. 교수자들은 오류가 발생한 원인에 대해 직관적으로 결론을 내리는 경향이 있지만 이러한 결론을 뒷받침하는 실제 증거는 거의 없다. 학생과 대면 의사소통이 없는 경우에는 더더욱 그렇다. 따라서 위 예와 같이 특정한 성과를 평가하기 위해서는 해당 성과를 측정하기 위한 목적으로 설계된 도구를 사용해야 한다.

그러나 교수·학습활동 설계 이외에 평가활동을 별도로 설계해야 하는 것은 아니다. 설계 단계에서 고안되기만 하면 교수·학습활동은 형성평가와 총괄평가의 목적까지도 수행할 수 있다. 어쨌든 이 두 활동은 함께 설계되어야 한다.

이제 앞서 언급한 예에 대해 몇 가지 형성평가활동을 제안해 보기로 한다(이외에도 여러 가지 제안이 있을 것이다.).

- **개별 활동** 학생들은 구체적인 번역 브리프가 제시된 번역을 수행하되, 번역 의뢰 사항 중에서 자료 조사가 필요한 부분을 식별해야 한다. 학생들은 이러한 부분에 대해 잠재적인 참고자료를 파악하여 이들 자원의 접근성과 신뢰성을 평가한다. 학생들은 이러한 평가활동을 번역하기 이전이나 이후, 혹은 번역하지 않고 수행할 수도 있다. 물론 이들 자료의 유용성과 신뢰성은 실제 번역 후에야 명료해질 것이다. 그러나 이 시점에서 번역물을 수정하여 최종 결

과물로 제출할 필요는 없다. 질문이 주어지면 학생들은 서면으로 혹은 간단한 인터뷰나 튜터 수업에서 구두로 답할 수 있다. 또한 교실·도서관·컴퓨터실에서 요구되는 활동을 수행하는 동안, 또는 활동 종료 후 수업 이외의 시간에 답할 수도 있다. 대답은 교수자나 튜터(예컨대 상급 학생)에게 하거나 또는 동료평가나 자가평가의 형태도 가능하다. 동료평가나 자가평가를 할 경우에 번역교육 초기 단계에서는 교수자가 조언을 제공하는 것이 좋다. 또한 학생들이 자료를 거시적으로 분석하도록 독려하기 위해 자료의 신뢰성에 대한 전반적인 결론을 도출하도록 요구할 수도 있을 것이다.
- **집단 활동** 위의 내용과 동일한 활동을 6장에서 논한 바와 같이 소집단이나 장기분단(6장 참조)에서 수행할 수 있다. 이 경우, 학생들에게 제시되는 질문을 먼저 해당 집단에서 토론하고 그 결과를 구성원 전체가 참여하는 수업에서 혹은 교수자·튜터와 나눌 수 있다. 동료평가의 형태로 다른 작업집단과 나누는 것도 가능하다.

이제 위 내용을 최종 총괄평가에 통합시키는 방법을 제안한다. 최종 총괄평가는 모든 기대학습성과를 포함해야 한다. 이번 예에서는 개별 번역 프로젝트 혹은 시험의 방법을 선정했다고 가정하자.

- 학생이 수행해야 할 번역 과업 및 번역 브리프와 함께 각각 다른 기대학습성과를 다루는 한 가지 혹은 몇 가지 질문을 제시한다. 예컨대 다음과 같이 제시할 수 있다.

X(X는 강의계획서에서 다루고 평가 대상인 번역 의뢰 사항에 포함된 번역 문제)를 해결하기 위해 적절한 참고자료를 제시하라. 가장 신뢰할 수 있는 자료는 무엇인가? 제시한 답에 대해 정당성을 설명하라.

학생들은 번역 과업 수행과 더불어 주어진 질문에 구두나 서면으로 대답한다. 교수자는 번역물만으로 학생을 평가할 때보다 각 학생의 번역과정을 훨씬 잘 이해하게 된다. 즉, 교수자는 학생이 수행한 결과에 대해 큰 그림을 파악하고 교육과정의 목표를 달성하기 위해 적절한 조치를 취할 수 있게 된다.

- 같은 맥락에서 학생들에게 사용한 자료 목록을 모두 제출하라고 요구할 수도 있다. 이때 자료의 유용성, 접근성, 신뢰성 등에 대한 논평을 함께 제출하도록 할 수 있다. 이러한 방법은 번역 프로젝트를 실시하는 경우 사고를 자극하는 유용한 방법이지만 시험 상황에서는 적절하지 않다. 다만 텍스트 유형과 기타 관련 정보를 시험 보기 전에 미리 전달하는 경우는 예외가 될 것이다.

> 아래의 기대학습성과는 3~4년간의 전문 번역사 양성을 위한 교육과정 중에서 대인관계 능력에 관한 것이다. 여기에 적용 가능한 평가활동을 생각해 보시오. 먼저 각 교과목의 형성평가활동을 설계하고 그 후 교육과정 말기의 학위수여를 위한 총괄평가활동을 설계하시오.
>
> 학생들은 번역을 하면서 내린 결정에 대해 다른 사람들에게 정당성을 설명하고 번역과정에 관여한 다른 사람들을 평가할 수 있으며 잠재적인 충돌을 피하거나 해결할 수 있는 방법으로 자신의 의견을 전달할 수 있을 것이다.

4   번역 시험을 현실적으로 만들기

우리는 본 장의 서두에서 전통적인 번역 시험을 다양한 각도에서 비판하였다. 전체적으로 볼 때 교과목 전체에 걸쳐 형성평가를 실시하고 총괄평가는 몇 회에 걸쳐 적정한 시점에서 다양한 과업이나 활동을 중심으로 실시하는 것이 좋다. 이때 각 시점에서 학생들에게 합리적으로 요구되는 실력 향상 정도를 고려한다. 이러한 과업이나 활동은 교수자가 학생들과 합의하여 정할 수도 있고 전적으로 학생들이 정할 수도 있다(아래 포트폴리오에 관한 절 참조). 그러나 상당수 교육기관에서 기말시험은 대부분 의무적이다. 모든 학생이 기말시험을 봐야 하는 경우도 있고 계속평가에서 불합격한 일부 학생만 봐야 하는 경우도 있다. 또한, 기말시험이 곧 총괄평가인 경우도 있고 총괄평가의 일부인 경우도 있다. 계속평가를 기말시험과 결합하여 최종 점수를 부여하는 기관도 있으며 계속평가에서 만족할 만한 학습성과를 달성하지 못하는 학생을 구제할 목적으로 기말시험을 보는 기관도 있다. 이와 같은 경우 교수자는 전통적인 기말시험 대신 다른 평가 작업으로 대체할 수 있다. 예컨대 번역 과업을 집에 가져가서 24~48시간의 짧은 시간에 수행하도록 한다. 기관에 따라서는 이런 방법을 실행하는 것이 불가능하고 학생들이 '시험 상황'에서 번역 과업과 활동을 수행해야 할 수도 있다. 만약 이런 경우라면 상황을 더 현실적으로 개선하여 우리가 얻고자 하는 목표 즉, 학생들이 자신이 배운 바를 보여줄 수 있는 방법을 강구해야 한다.

> 당신이 소속된 기관에서는 기말평가와 시험에 대해 어떠한 규정이 있는가? 최종 점수를 부여하는 데에 계속평가만 사용할 수 있는가? 계속평가와 최종평가는 어떠한 관계인가?
>
> 만약 기말시험을 봐야 한다면 전통적인 방법("이 텍스트를 X언어로 번역하시오. 사전을 사용할 수 있으며/없으며 2시간 이내에 번역을 수행하시오.")을 개선할 수 있는 방안을 제시하시오.

이제 다양한 저자와 동료의 경험 및 경력을 기반으로 제안된 다음의 사항을 고려해 보자(추천문헌 참조).

- 번역 시험이 반드시 번역만으로 이루어질 필요는 없다. 사전(事前) 번역 작업 후 이에 대한 논평, 번역물 분석, 혹은 자신의 번역물에 대한 논평으로 대체할 수도 있다. 물론 목표텍스트를 함께 제출할 수도 있다. 어떠한 활동이 적절한지는 평가하려는 성과에 따라 다르다.
- 시험에서 사용할 수 있는 자원 역시 평가하고자 하는 기대학습성과에 따라 다르며 사전에 국한되지 않아야 한다. 시험에서 자원의 사용 가능성은 번역 실무 상황을 최대한 반영해야 하는데, 주로 컴퓨터와 인터넷의 사용이 될 것이다. 여기서 '주로'라고 하는 이유는 각 평가활동이 평가하고자 하는 기대학습성과에 따라 특정한 자원이 필요할 수도 있고 없을 수도 있기 때문이다.
- 번역 과업을 더 현실적으로 만들기 위해서는 예상 밖의 요소를 배제하는 것이 좋다. 때로 교수자들은 시험기간에 이러한 요소를 지나치게 선호하는 경향이 있다. 전문 번역사들은 사전 준비 없이 전혀 모르는 텍스트를 단시간에 번역하는 일이 거의 없다. 특히 시험 상황에서 참고자료가 입수 가능하지 않은 경우에는 학생들이 자신에게 주어진 자료만으로 시험을 봐야 하기 때문에 이러한 비판은 중요한 의미가 있다. 다양한 방법을 통해 예상 밖 난관(이러한 요소는 이미 스트레스가 있는 상황에 스트레스를 더한다.)을 줄일 수 있다. 예를 들어, 시험 텍스트를 실제 시험일 이전에 공지하여 학생들이 사전에 도서관이나 컴퓨터실 등에서 자료 조사를 하도록 시간을 배정한다. 그리고 이러한 활동에 대해 학생들이 논평하도록 하여 이를 번역과정의 일환으로 평가할 수 있을 것이다. 또한 텍스트 유형, 주제 및 핵심어를 미리 공지하여 학생들이 시험 이전에 병렬 텍스트와 용어를 준비하도록 할 수도 있다(Sánchez, 2004). 이 역시 평가 대상이 될 수 있다.

- 시간 배정이 중요하다. 학생들이 주어진 시간 안에 시험에 선정된 텍스트를 번역하고 관련 활동을 수행하도록 현실적으로 시간을 배정해야 한다.
- 원천텍스트와 함께 번역 브리프가 항상 제시되어야 하며 번역 브리프는 학생들이 과업을 맥락화할 수 있도록 명료해야 한다. 즉, 요구되는 번역물 유형과 제시 형태(출판을 위한 최종 결과물, 감수, 요약 등)에 대한 지침이 매우 명료해야 한다.
- 학생들이 평가와 성적처리 기준(아래 내용 참조)에 대해 충분히 인식하도록 한다. 특정한 성과를 평가하려 한다면 평가 기준이 이 성과에 기반을 두어야 하며 번역물 전체의 품질에 기반을 두어서는 안 될 것이다(물론 예컨대 교육과정을 마무리하며 평가하고자 하는 학습성과가 번역물 전체의 품질이라면 예외이다.).

5 대안 : 번역 포트폴리오

번역 포트폴리오(translation portfolio)를 기반으로 하는 평가에서는 학습성취를 가장 잘 증명할 수 있는 것이 무엇인지를 결정하는 주체가 교수자가 아니라 학습자 자신이다. 포트폴리오는 학습성취를 학생의 관점에서 증명해 보이는 항목의 집합이다. 따라서 각 항목은 교과목이나 교육과정의 기대학습성과와 연결되어야 한다. 학생들은 대부분 이와 관련된 자유나 책임에 익숙하지 않기 때문에 교수자는 학생들이 자신이 제출해야 하는 항목들의 성격을 잘 이해하고, 특히 자신에게 기대되는 것이 무엇인지 인식하도록 해야 한다. 학생들은 지나치게 많은 결과물을 제출하려는 경향이 있을 수 있으므로 수업에서 일정한 시간을 할애하여 제출 항목의 구성에 대해 대략적으로 합의하도록 하면 좋을 것이다. 이 자체가 매우 흥미로운 수업이 되는데, 브레인스토밍이나 버즈집단(6장 참조) 활동을 통해 자신의 번역능력 계발 결과를 보여주는 참신하고 혁신적인 아이디어가 많이 배출될 수 있기 때문이다. 그 후 이러한 아이디어를 구성원 전체가 참여하는 수업에서 토론하고, 포괄적인 용어를 사용하여 포트폴리오를 기술하는 '계약'에 합의한다. 여기서 '포괄적인'이라는 단어를 사용하는 이유는 혁신적이고 창의적인 선택을 배제하기 않기 위함이다.

> 당신의 언어조합에서 마지막 학년의 전문 번역 교과목에서 기말에 제출하기에 적절한 학습 포트폴리오를 구성해 보시오.
>
> 포트폴리오에 샘플 번역이 아닌 다른 항목을 포함시켰는가? 만약 적절한 항목을 제시하기 어렵다고 느꼈다면 학생들은 훨씬 더 어렵게 여길 것임을 주지할 필요가 있다. 학생중심의 평가가 제대로 이루어지기 위해서는 세심한 준비가 필요하다.

아래는 번역 포트폴리오의 구성 예이다.

- 학생이 자신의 포트폴리오의 목표와 구성을 설명하는 소개 부분
- 포트폴리오의 각 항목
  - 적절한 항목의 수는 경우에 따라 다르다. 항목의 성격, 수업 구성원 간의 '계약' 등에 따라 다르지만 Biggs(2003)는 최대 4개를 제안한다. 예컨대 '4개 항목 중에서 최소 1개, 최대 3개는 학생이 수행한 번역물이어야 한다.'라든지 '샘플 번역은 500~1000 단어 이내이어야 한다.'와 같이 구체적인 조건이 있다면 유용하다.
- 각 항목의 선정 이유와 증명해 보이는 학습성취 결과 등 포트폴리오에서 해당 항목이 갖는 의미를 설명하는 부분
  - 전반적인 자가평가서의 형식을 포함할 수도 있다.

각 항목으로는 다음과 같은 내용을 제안한다.

- 샘플 번역(형식, 길이, 주제 등은 교과목에 따라 다르다.)
- 번역에 대한 논평(학생 자신의 번역인 경우가 보통이나 꼭 그럴 필요는 없다.)
- 학생이 수행한 감수 결과(주로 논평 포함)
- 학생이 작성한 용어정리집(주로 논평 포함)
- 교과목에서 제시된 추천문헌 중 한 권에 대한 서평
  - 예를 들어 교과목에서 다룬 텍스트 유형을 이론적 관점에서 언급한 책에 대한 서평
- 해당 주제의 전문가나 번역회사에서 학생의 번역에 대해 실행한 평가
  - 여기서 동료평가를 활용할 수도 있다.
- 해당 번역과 관련된 소규모 시장 조사나 고객/사용자 설문조사(예컨대 의학 전문가에게 번역사들과 어떻게 작업하는지 질문하기)
- 교류프로그램이나 실무 연수가 어떻게 평가 대상 교과목의 학습에 도움이 되었는지에 대한 분석

포트폴리오에 대한 성적처리는 주로 총체적으로 이루어지며 다음과 같은 기준이 사용된다.

6 성적처리: 규준참조 대(對) 준거참조

가장 빈번히 사용되는 전통적인 성적처리 방법은 '완벽한' 결과물(10/10, 20/20, 100% …)을 상정하고 오류가 발견될 때마다 점수를 감하는 방식으로 이루어짐을 앞서 언급하였다. 때로는 특별히 우수한 해결책에 추가 점수를 주기도 한다. 전통적인 시험의 형식과 마찬가지로 이러한

성적처리에 대해서 다음과 같은 몇 가지 비판을 제기할 수 있다.

- 평가 대상이 학생이 학습한 내용이 아닌 번역 결과물이 된다.
- 완벽한 번역이라는 개념은 아무리 암시적으로 사용하더라도 번역 활동에 관한 어떠한 현대적인 관점과도 부합하지 않는다.
- 학생이 배운 것이 아니라 틀린 것을 강조하는 결과를 초래한다.
- 특정한 오류의 비중을 정확하게 측정하는 것은 매우 복잡한 작업이어서 정당성을 입증하기 어렵고 또한 투명하지 않으므로 결국 자의적이 될 가능성이 크다.
- 객관적으로 보이는 수치가 실제로는 매우 주관적이다. 각 오류에 매우 주관적인 평가와 의사결정이 관여되기 때문이다.

성적처리와 관련된 아래의 질문에 답하고 근거를 제공하시오.

❑ 학생이 모국어의 철자법을 틀리는 것을 어느 정도로 심각하게 여기는가?
❑ 번역 과제 제출 시간을 지키지 않을 경우 불이익이 있는가? 있다면 어떠한 불이익인가?
❑ 시험에서 번역을 하지 않은 채 공백으로 둔 부분을 어떻게 평가하는가(학생이 가져온 참고자료 이외에 다른 것은 사용하지 못할 경우)?
❑ 수업 구성원의 30%가 주어진 시험 시간 이내에 번역을 완료하지 못했다면 이에 대해 불이익이 있는가?
❑ 수업 이외의 시간에 수행한 과학 번역에서 핵심 용어가 계속 잘못 번역되었는데 이 번역물이 평가를 위해 제출되었다. 다른 부분은 모두 훌륭하게 번역했다면 이를 어떻게 성적에 반영할 것인가?

위에 대한 독자의 답과 다른 동료들의 답을 비교하면 매우 다양한 견해가 있음을 알게 된다. 결국, 번역 평가에 대해 합의가 거의 없으며 성적처리와 관련한 의사결정 역시 본질적으로 객관적인 면이 없음을 다시 한

번 확인할 수 있다.

성적처리 관행은 크게 규준참조평가(norm-referenced assessment, 상대평가)와 준거참조평가(criterion-referenced assessment, 절대평가)[1]로 나뉜다. 규준참조평가는 '전형적으로' 혹은 심지어 강제적·통계적으로 성적을 배분하는 방식으로, 가령 A는 상위 10%, B는 그 다음 25%, C는 그 다음 30%, D는 그 다음 25%, E는 하위 10%에게 점수를 부여하는 방식이다. 이러한 접근방식(놀랍게도 유럽고등교육지역의 작업문서에서 이 방식을 사용하고 있다.)은 학생들이 성취한 결과를 개인별 학습에 기반을 두지 않고 상대적 혹은 경쟁적으로 평가한다. 이 방식에서는 학생들 일부는 만족스러운 성과를 도출하지 못할 것을 이미 전제하고 있기 때문에 학생중심으로 볼 때는 정당하다고 보기 어려운 방식이다. 물론 어떤 학생들은 잘 못할 수도 있겠지만 교수자로서 우리의 최대 도전 과제는 학습을 어려워하는 학생들(혹은 흥미 없어 하는 학생들)이 더 잘하도록 돕는 일이다. 따라서 학생중심 접근에서는 준거참조평가를 더 선호한다. 이 방식에서는 성적처리 결과가 학생들의 학습 여부를 그대로 반영하며 전체 교수·학습과정의 근간인 기대학습성과를 어느 정도 달성했는가에 평가의 토대를 둔다.

준거참조평가에서는 그 기준이 투명해야 하며 학생과 같이 논의되고 공유되어야 한다. 보통 기본적인 기대학습성과를 달성하면 '합격/불합격'의 기본 평가가 주어지고 이보다 성취도가 높은 경우는 더 높은 점수가 주어진다. 준거참조평가는 본질적으로 질적 평가이고 주로 등급이나 논평으로 성적을 표시하지만 기관에 따라서는 수치로 표시하기도 한다. 이러한 접근방식에서 사용되는 기준의 예를 살펴보자.

---

[1] [역주] 규준참조평가는 규준지향평가, 상대기준평가, 상대평가로 일컫기도 하며, 준거참조평가는 준거지향평가, 절대기준평가, 절대평가로 일컫기도 한다.

상황: 전문 번역 실무 입문

기대학습성과: 학생들은 원천언어 독자와 목표언어 독자 사이의 문화적 차이로 인해 발생하는 번역 문제를 식별하고 이에 대해 적절한 해결책을 제시할 수 있다.

학생평가활동: 번역 브리프가 명료하고 문화적 차이와 관련된 내용을 포함하는 짧은 분량의 번역을 수행한다(150~200 단어). 학생들은 번역을 마친 후 자신이 식별한 문화 관련 문제와 제시한 해결책에 대해 간단히 논평한다.

평가과정: 교수자는 문화적 차이로 인한 번역 문제를 포함하며 현 단계에서 학생이 비교적 어렵지 않게 다룰 수 있는 텍스트를 선정한다. 학생의 실제 번역물(번역 문제에 대한 해결책을 볼 수 있다.)과 논평(번역 문제를 식별했는지 알 수 있고 각 학생의 번역과정을 파악할 수 있다.)을 함께 살펴보기 때문에 각 학생의 기대학습성과 성취 여부를 상대적으로 용이하게 알 수 있다.

성적처리 기준:

탁월 학생은 모든 문화적 차이를 식별했으며 이들 모두 혹은 거의 모든 경우에 적절한 해결책을 제시하였다.

매우 잘함 학생은 거의 모든 문화적 차이를 식별했으며 대부분에 대해 적절한 해결책을 제시하였다.

잘함 학생은 두 대상 독자의 문화적 차이를 대부분 식별했으며 이들 중 상당 부분에 대해 적절한 해결책을 제시하였다.

만족할 만함 학생은 두 대상 독자의 문화적 차이를 상당 부분 식별했으며 이들 중 일부에 대해 적절한 해결책을 제시하였다.

만족스럽지 않음 학생은 두 대상 독자의 문화적 차이를 상당 부분 식별하지 못했으며, 식별한 부분에 대해서 번역 브리프에 부합하는 적절한 방식으로 해결책을 제시하지 못하였다.

> 이제 다음의 구체적인 기대학습성과에 대해 평가활동을 설계하고 이를 위한 성적처리 기준을 제시하시오.
>
> **상황(교과목)**: 과학 번역 입문
> **기대학습성과**: 학생들은 적절한 용어를 찾을 수 있으며 이를 일관적이고 적절하게 사용할 수 있을 것이다.
> **학생평가활동**: ....
> **평가과정**: ....
> **성적처리 기준**: ....

각 기대학습성과에 따라 부여된 점수는 <도표 14>와 같은 형식으로 수집 및 분석될 수 있다. 최종 점수는 학생의 전반적인 성과에 따라 부여한다. 교수자에 따라서 계산을 용이하기 위해 질적 점수를 양적 점수로 전환할 수 있을 것이다. 그러나 교과목의 각 다른 단계에서 부여된 점수를 통합할 때는 세심한 유의가 필요하다. 즉, 교과목의 말기에 높은 점수를 받았다면 이는 학습이 이루어졌음을 뜻하므로, 만약 초기에는 낮은 점수를 받았다면 이 점수를 무시하거나 이 점수의 비중을 더 작게 처리해야 한다.

7 누가 평가할 것인가?

전통적으로 평가 주체는 주로 교수자나 시험위원회이다. 최종 점수를 부여하는 주체가 정해져 있는 기관이 많지만 이러한 규정에 더 융통성이 있는 곳도 있다. 특히 형성평가활동이나 계속적 총괄평가활동에는 대체로 어느 정도 융통성이 있다. 교수자가 수행하는 전통적인 평가에 대한 대안으로 동료평가(peer assessment), 자가평가(self assessment), 외부 전문가 평가 등이 있다.

　동료평가는 같은 집단이나 수준의 다른 학생들이 실행하는 평가이다. 동료가 하는 논평은 교수자가 하는 경우보다 더욱 잘 수용될 수 있을 것이다. 동료평가를 실행하면 다른 학생들의 피드백을 받을 뿐만 아니라 반대로 다른 학생의 번역에 대해서도 논평하는 기회를 갖는다. 따라서 동료평가는 자신의(혹은 소집단의) 번역을 평가받음으로써 얻는 이득 이외에도 모든 학생이 평가능력, 자신의 의사결정과 논평한 내용을 방어하는 능력, 번역물 감수능력을 향상시킬 수 있는 이점이 있다.

　자가평가는 자신의 성취 결과와 실력 향상에 대해 학생 자신이 실행하는 평가이다. 어느 직업에서든 자가 모니터링은 매우 중요한 기술이며, 번역사의 경우 프리랜서 번역사가 되고자 하는 이들에게 특히 중요하겠지만, 대체로 번역능력 및 전문성을 구성하는 중요한 요인으로 인식되고 있다. 또한 자가 모니터링 기술은 계발하기 어렵기 때문에 많은 교수자들이 학생이 동료평가를 수행하는 데에 익숙해진 이후에 자가평가를 소개하는 것이 바람직하다고 보고 있다. 학생들이 스스로를 돌아볼 수 있도록 교수자가 아래와 같은 짧은 질문지를 제공하면 자가평가를 더 용이하게 수행할 수 있다.

- 번역을 수행하는 데 특히 어려웠던 점은 무엇인가?
- 어떻게 이 문제를 해결하였는가?
- 찾은 해결책에 대해 만족하는가?
- 만족하지 않는다면 어떻게 하는 것이 좋았을 것이라고 생각하는가? 그렇게 하지 않은 이유는 무엇인가?

위에 대한 대답을 구두 또는 서면으로 교수자에게 전달하고 교수자와 학생 간 정기적인 면담 시간에 논할 수 있을 것이다. 혹은 이를 작업집단 회의에 가져가면 동료 학생이 문제에 대한 해결책을 제시할 수도 있을 것이다. 물론 이를 단순히 학생 자신의 발전 상황에 대한 기록으로 활용할 수도 있다. 필자가 근무하는 기관의 한 동료는 학생들에게 각각 자신의 '아킬레스건'(지속적으로 나타나는 문제점이나 약점)을 식별하고 이를 극복할 작업 계획을 설계하도록 하며, 이 때 비교적 정교한 형성적 자가평가 제도를 사용하도록 하고 있다(Way, 출간 예정). 이러한 방법은 특히 원격 학습 상황에서 유용할 것이다.

일부 대학에서는 기준의 동질성을 보장하기 위해 외부 평가자가 평가를 하기도 한다. 통역사 교육의 경우 회의통역사가 최종 시험위원회의 일원으로 참여하기도 한다. 필자가 논하는 외부 평가는 총괄평가를 위한 외부인 참여가 아니라, 학생의 번역이나 활동에 대해 피드백을 받기 위해 외부의 전문 번역사를 초청하는 것을 말한다. 외부 평가자들은 때로 학생들에게 지나치게 높은 수준을 요구할 수도 있기 때문에 평가의 형성적인 기능을 이들이 충분히 숙지하도록 해야 한다. 하지만 학생들이 품질 평가를 통해 전문 번역사의 기준을 인식하고 이를 수업에서 적용되는 기준과 비교해 보며 이 둘 모두에 대해 의문을 제기하는 일은 매우 바람직하다. 과업을 잘 선정하여 적절한 시점(주로 고급 단계)에 이러한 평가방식을 활용한다면 크게 동기 부여가 될 것이다.

이 같은 평가의 변형된 형태로 '사용자' 평가가 있다. 이것은 특정 목표 텍스트의 잠재적 실제 사용자가 수행하는 평가이다. 예를 들어 의사에 의한 의료 텍스트 평가, 변호사에 의한 법률 텍스트 평가, 여행자에 의한 관광 안내서 평가 등을 말한다. 이들 사용자가 구두나 서면으로 피드백을 제공할 수도 있고 혹은 이들을 번역물을 논의하는 수업에 초청할 수도 있을 것이다. 또한 학생들이 직접 실제 독자를 찾아가서 보고서 작성을 부탁하고 이를 번역물과 함께 제출하는 방법도 있다.

누가 평가를 하든 기대학습성과를 토대로 평가항목의 목록을 작성하고 이를 4~5개의 명료한 기준에 따라 등급으로 평가한다면(1~5, A~E), 아래와 같이 보고서 양식으로 피드백을 단순화시킬 수 있다.

텍스트의 평가항목	A	B	C	D	E
전문용어 사용					
가독성					
...					

도표 14. 평가보고서 양식

> 당신이 담당하는 교과목에서 1개 교수·학습활동에 대해 평가보고서 양식을 작성하시오. 평가항목은 기대학습성과를 기반으로 하시오. 평가 주체는 개별 학생, 작업집단 전체, 다른 학생, 다른 작업집단, 외부인, 당신 중에서 누가 될 것인가? 당신이 선택한 평가자에 대해 그 선정 이유를 설명하시오.

8 개별평가 대(對) 집단평가

6장에서 우리는 팀 작업과 관련된 어려움 중 하나로 평가를 언급하였다. 팀 내 개별 구성원의 기여도, 노력 및 학습 정도가 모두 다르기 때문에 팀원 모두에게 동일한 점수를 부여하는 것을 교수자나 학생 모두 꺼려한다. 그러나 모든 작업이 팀으로 이루어진다면 개인별 활동 및 과업을 토대로 하는 총괄평가 역시 공평하지 않다. 이러한 팀 작업 평가와 관련된 어려움은 협동학습을 다루는 문헌에서는 대부분 언급되고 있으며, 각 팀원에게 동일한 점수를 주는 방법에 대한 대안으로 다음의 방법이 제시되고 있다.

- 집단의 구성원 개인별로 집단 내에서 자신의 참여를 기록한 일기/일지를 제출하도록 한다. 이를 각 개인에게 부여되는 최종 점수에 반영함으로써 집단별로 부여된 점수를 조절한다.
- 각 작업집단이 합동 보고서를 제출하도록 한다. 보고서에는 팀의 운영 방식, 팀 내의 업무 조절, 문제 해결 방법 등을 명시하고, 각 구성원의 기여도를 양적 혹은 질적으로 평가하도록 한다. 보고서는 팀원들 간 토론과 합의를 통해 도출되어야 하며, 교수자는 이를 기반으로 개별 인원에 대해 평가하거나 혹은 이를 단순히 팀 전체의 활동 과정을 더 심도있게 평가하는데 사용한다.
- 각 집단의 인원수에 일정한 수치를 곱하여 집단 전체에 수치화된 점수를 부여하고(예를 들어 4명의 인원 × 55% = 220점), 이를 팀원들 간에 조정하도록 한다(이 때, 가장 높은 점수와 가장 낮은 점수의 차이가 15% 이하가 되도록 한다든지, 집단 전체가 '합격' 점수를 받으면 구성원 중 불합격 점수는 아무도 받지 않는 것으로 한다든지 등의 일정한 제약을 설정한다). 조정 결과는 문서로 작성하여 교수자에게 제출하되 결과 도출 경위에 대한 설명을 첨부한다.

위와 같은 방법을 사용할 때는 학생들에게 미리 공지하고 구성원 모두가 참여하는 수업에서 논의하여 교과목 전반에 걸쳐 구체적인 규칙이 적용되도록 한다.

> 위에서 제시된 팀 작업의 점수를 분배하는 방법들을 분석하시오. 만약 당신의 교과목에서 이를 적용한다면 어떠한 어려움이 예상되는가? 또한 준거참조평가와 어떻게 부합되는가?
>
> 팀 작업 평가에 대한 대안을 제시할 수 있는가?

9 교육과정 평가

마지막으로 언급할 평가는 교수·학습과정 전체에 대한 평가이다. 학생들에게 학습을 위한 피드백이 지속적으로 필요한 것과 마찬가지로, 교수자들과 교육과정도 피드백을 통한 개선이 필요하다. 대부분의 기관이나 회사에서는 일정한 형태의 품질 평가가 있어서 개선이 필요한 부분을 식별하고 이 부분의 개선 추진을 위한 체계가 정립되어 있다. 여기서 이들 체계에 대해 세부적인 내용을 다루지는 않는다. 그러나 이에 대해 간략히 언급하고 개별 교수자가 교수 품질을 향상시킬 수 있는 방법에 대해 좀 더 상세히 논할 필요는 있다. 교육과정의 모든 관련 당사자(교수자, 학습자, 행정직원, 학교 당국, 미래의 고용주 등 기타 이해관계자)가 교육과정을 평가하는 일은 교육과정 설계에서 중요한 부분이며 높은 수준의 교수·학습 품질을 성취하고 유지하기 위한 핵심적 요인이다.

> 당신이 속한 기관에서는 학생들을 대상으로 실시하는 설문조사, 동료 평가, 관련 중앙부서의 평가 등 어떠한 종류의 교수 평가(teaching assessment)가 있는가? 이러한 평가는 형성평가와 총괄평가 중 어떠한 결과로 나타나는가? 승진, 장려금, 재임용, 교수 교육 등과 연결되는가? 이러한 체계를 어떻게 생각하는가?

기관에서 실행하는 체계와 별도로, 교수자가 형성평가 기법을 스스로 실행하여 학생과 동료들에게 피드백을 받고 개선할 점을 찾을 수도 있다. 가장 흔히 사용되는 방법은 학생 설문조사이다. 이것은 학생들의 의견을 파악하기 위한 가장 신뢰성이 확보되는 방법으로, 토론이나 인터뷰 등의 다른 방법도 유용하지만 관련자들이 편안하게 여기지 않는다는 문제가 있다. 설문지는 지나치게 길지 않고 학생들이 답할 수 없는 질문을 배제해야 한다. 또한 (설문지의 의도가 교과목 전체에 대한 평가일 경우) 평가가 모두 종료되고 결과가 공개된 이후에 설문조사가 이루어져야 학생들이 교수자를 '만족시키기' 위한 부담을 갖지 않는다. 더욱이 평가가 종료된 후 설문조사가 이루어져야 총괄평가를 포함하여 교수·학습과정 전체를 평가할 수 있게 된다. 설문지의 각 항목은 명료하고 모호한 내용이 없이 교과목과 연결되어야 하며, 개방형 질문을 포함하여 흥미로운 논평의 여지를 남기는 것이 좋다. 기관에 따라 이러한 종류의 도구를 간단하고 효과적으로 설계할 수 있도록 지원하기도 한다.

> 당신이 담당하는 교과목에서 학생들에게 설문조사를 한다면 어떠한 항목을 포함할 것인지, 이들 항목을 통해 무엇을 얻을 수 있을지 숙고해 보고 이어서 설문지를 작성하시오(최대 20개 질문). 설문조사의 실시 방식(설문지의 형식, 소요 시간, 취합)을 결정하되 발생 가능한 어려움을 예상해 보고 이에 대한 해결책을 강구하시오.

자가평가는 물론 모든 교수자에게 중요하며 다양한 개별 형식을 취하게 될 것이다. 예를 들어 일부 교수자는 자신의 수업에서 성공적이라고 판단된 부분과 그렇지 않은 부분에 대해서 그 이유와 개선책을 일지에 기록한다. 또 어떤 교수자는 각 수업단위나 교과목이 종료된 후 자신의 교수 내용과 방법에 대해 전체적으로 분석하여 원하는 결과를 도출하지 못한 자료나 활동을 제거하고, 향후 수업단위나 교과목을 위해 미리 새로운 자료나 활동을 계획하기도 한다. 일부 기관에서는 교수 임용 및 승진 과정에서 교수 포트폴리오(teaching portfolio)를 요구하기도 하다. 이 경우 교수자는 자신이 수업한 내용 중에서 우수하다고 판단되는 사례를 수집·분석함으로써 자가평가 결과를 제시하는 좋은 기회를 얻게 된다.

> 당신의 교수 포트폴리오에 포함할 항목을 생각해 보시오. 각 항목이 우수한 사례임을 어떻게 증명해 보일 수 있는가? 이러한 포트폴리오 항목의 분석 및 수집이 당신이 속한 기관에서 의무적이거나 표준적인 관행이 아니라 하더라도 이는 매우 가치 있는 자가평가 방법이다. 또한 언젠가는 외부에 제시하기 위한 목적으로 사용될 수 있다.

동료평가는 아마도 교수 평가에서 사용이 가장 저조한 방법일 것이다. 많은 교수자가 이러한 상황을 불편하게 여기므로, (해당 교육기관의 체계가 정립되지 않는 경우에는) 자신과 가까운 '비판적 친구'와 비공식적으로 상호 평가하는 방법이 동료평가의 출발점으로 최선일 것이다. 동료들끼리 서로의 수업에 1~2회 참관 후 비공식적이며 비위협적인 분위기에서 생각, 의견, 제안사항 등을 교환한다. 이러한 평가 경험을 거치면 후에 다른 동료가 공식적으로 동료평가를 수행하거나 상관 혹은 위원회에서 평가를 수행하더라도 부담이 크게 줄 것이다. 비공식적인 상호 평가가 어렵다면 동료들과 만나 단지 교수법에 대한 의견을 교환하는 방식만으로도 긍정적인 피드백을 얻을 수 있으며, 이를 통해 일부 교수자들이 겪는 소외감을 피할 수 있을 것이다.

> 당신의 상황에서는 어떠한 동료평가를 생각할 수 있는가? 이러한 활동에 대해 어떻게 생각하는가? 이것이 어떤 면으로든 위협적이라는 생각이 드는가? 위협적이라고 생각된다면 그 이유를 분석하시오.

본 장에서는 3장에서 다룬 초기 필요분석을 제외한 주요 평가 종류를 다루었다. 본 장의 핵심은 평가가 기대학습성과와 직접 연결되고 기대학습성과에 기반을 두어야 한다는 것이다. 또한 본 장에서는 시험, 성적처리, 교수 평가와 관련된 사항도 다루었다. 본 장을 끝으로 이제 전체 교과과정 설계를 모두 다루었다. 마지막 장인 9장에서는 교수자 교육의 중요성을 강조하고 현재 입수 가능한 교육과정과 자료에 초점을 둘 것이다. 또한 9장에서는 이 책에서 다룬 번역교육에 관한 모든 내용에 대하여 결론을 내리기로 한다.

● 추천문헌: 번역 평가

다음은 번역 품질이나 번역 품질을 큰 맥락에서 다룬 저서들이다.

Gouadec, Daniel (1989) 'Comprendre, évaluer, prévenir. Pratique, enseignement et recherche face à l'erreur et à la faute en traduction.' *TTR* Ⅱ. 2. 35-54.

Hatim, Basil and Ian Mason (1997) *The Translator as Communicator.* London: Routledge.

House, Juliane (1997) *Translation Quality Assessment: A Model Revisited.* Tübingen: Narr.

Klaudy, Kinga (1995) 'Quality Assessment in School vs. Professional Translation'. In Cay Dollerup and Vibeke Appel (eds.) *Teaching Translation and Interpreting 3. New Horizons.* Amsterdam: John

Benjamins. 197-206.

Maier, Carol (ed.) (2000) *Evaluation and Translation*. Special issue of *The Translator*. Vol. 6, N°. 2.

McAlester, Gerard (2000) 'The Time Factor: A practical evaluation criterion'. In Meta Grosman *et al.* (eds.) *Translation into Non-Mother Tongues — In Professional Practice and Training*. Tübingen: Stauffenburg. 133-140.

Nord, Christiane (1996) 'El error en traducción: catagorías y evaluación'. In Amparo Hurtado Albir (ed.) *La enseñanza de la traducción*. Castellón: Universitat Jaume I. 91-108.

Pym, Anthony (1992) 'Translation Error Analysis and the Interface with Language Teaching'. In Cay Dollerup and Anne Loddegaard (eds.) *Teaching Translation and Interpreting. Training, Talent, and Experience*. Amsterdam: John Benjamins. 279-290.

Sager, Juan (1989) 'Quality and Standards — the evaluation of translations'. In Catriona Picken (ed.) *The Translator's Handbook*. 2nd edition. London: Aslib. 91-102.

Waddington, Christopher (1999) *Estudio comparativo de diferentes métodos de evaluación de traducción general (inglés-español)*. Madrid: Universidad Pontificia Comillas de Madrid.

● 추천문헌: 직업기준

다음은 전문 번역사들이 사용하는 주요 기준이다.

The DIN 2345 Standard, Deutsche Institut für Normung.
The LISA QA Model, Localization Industry Standards Association (LISA). http://www.lisa.org
European Committee for Standardization (CEN) European Quality Standard for Translation Services EN-15038. 담당 운영위원회의 회원이 이 기준에 대해 언급한 내용을 보려면 Juan Jośe Arevalillo Doval (2005) Quality Standard for Translation Services: What's behind it?을 참조 http://www.lisa.org/globalizationinsider/2005/04/la_norma-europe.html
Languages National Training Organization (LNTO) (2001) *The National Standards in Translating*. London: LNTO.

● 추천문헌: 학생의 학습 평가

Biggs, John (2003) *Teaching for Quality Learning at University. What the Student Does*. Maidenhead: Open University Press, 2nd edition. [8장과 9장의 학습 품질 평가의 원리와 실제]
Gosling, David and Jenny Moon (2001) *How to Use Learning Outcomes and Assessment Criteria*. London: Southern English Consortium for Credit Accumulation and Transfer (SEEC).
Wakefore, Richard (2003) 'Principles of Student Assessment'. In Heather Fry, Steve Ketteridge and Stephanie Marshall (eds.) *A Handbook for Teaching and Learning in Higher Education. Enhancing Academic Practice*. London: RoutledgeFalmer. 42-61.

● 추천문헌: 교육과정 평가

European Association for Quality Assurance in Higher Education: http://www.enqa.net

International Network for Quality Assurance Agencies in Higher Education: http://www.inqaahe.org

고등교육의 품질에 관한 다양한 접근방식에 대해 비판적 평가수행: Chapter 13 "The Reflective Institution: Quality assurance through quality enhancement" in Biggs, John (2003) *Teaching for Quality Learning at University. What the Student Does.* Maidenhead: Open University Press. [2nd edition]

9장

번역 교수자 교육

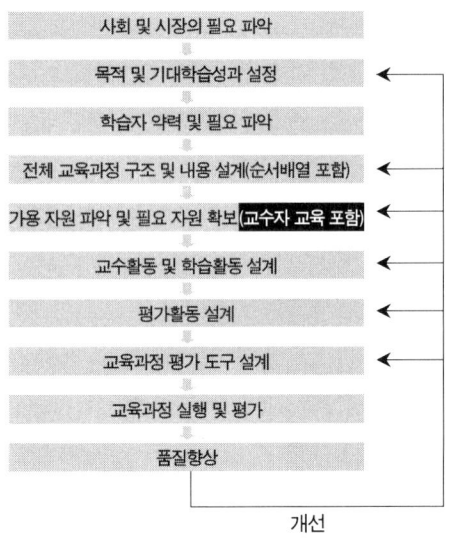

개요 및 목적

마지막 장인 9장에서는 번역 교수자 교육을 필요로 하는 이들을 위해 제공 가능한 자원을 조명해 볼 것이다. 번역 교수자도 교육이 필요하다는 인식이 분명히 제기되고 있지만 실제로는 이러한 필요가 거의 충족되고 있지 않다. 본 장에서는 이에 대한 대응책의 일환으로 기존 자원에 관해 정보를 제공하고 어떻게 교육과정 설계를 접근할 것인지 개괄할 것이다. 독자는 본 장을 읽은 후 현재의 자원이 자신에게 적합한지 판단할 수 있으며, 만약 적합하지 않다고 생각되면 자신의 교육 필요를 충족시키기 위한 실행 계획을 설계할 수 있을 것이다.

1　교수자 교육의 필요성과 교수자 능력

교수자로서의 과업을 효율적으로 수행하기 위해서 번역 교수자들도 교육이 필요하다는 점이 이제는 명백할 것이다. 우리는 3장에서 번역 교수자에게 필요한 자질에 대해 다루었으며, 이들이 무엇보다도 우선 유능한 교수자이어야만 한다는 것이 결론이다. 유능한 번역 교수자가 되기 위해 필요한 능력 또는 전문성은 다음과 같다.

- 전문 번역사로서의 번역 실무 경험
- 번역학에 대한 지식
- 교수능력[1])

위의 첫 두 가지는 전반적인 번역 교수자 능력의 핵심이지만 우리가 관심을 가지는 중심적인 능력이라기보다는 필수적인 능력이라는 점에서 전문 번역사에게 요구되는 언어 능력과 유사한 면이 있다. 이 책에서는 위 세 가지 중 마지막 요소인 교수능력에 특히 주안점을 두려 한다. 교수능력은 아래와 같이 '하부 능력'으로 분류할 수 있다.

- 조직적 능력
  - 교육과정과 적절한 교수·학습활동을 설계할 수 있는 능력
  - 교육과정과 적절한 교수·학습활동을 적용하고 관리할 수 있는 능력
  - 적절한 평가활동을 설계·적용·관리할 수 있는 능력
- 대인관계 능력

---

[1]) [역주] 교수능력은 교수자 능력의 일부로 원서에는 'teaching skills'로 되어 있으나 이를 구성하는 여러 가지 '하부 능력'을 고려하여 '교수기술'이 아닌 '교수능력'으로 옮겼다.

- 학생들의 학습목표 달성을 위해 협력하는 능력
   - 자신이 교육하는 팀에서 함께 일하는 능력
   - 학생들에게 멘토 역할을 수행하는 능력
 • 지시적 능력
   - 내용을 제시하고 명확히 설명하는 능력
   - 토의와 성찰적 사고를 활성화하는 능력
   - 흥미와 열정을 유발하는 능력
 • 맥락적/직업적 능력
   - 해당 지역과 국내외의 교육적 맥락에 대한 이해
   - 교수자로서의 직업에 대한 이해
 • 도구적 능력
   - 다양한 종류의 교육 자원에 대한 지식과 이를 교육 절차에 적절하고 유용하게 적용하는 능력

위에 언급한 대부분의 내용은 이전의 장들에서 논의되었다.

2 교수자 교육 설계

우리가 이제까지 교육과정 설계에서 제안한 내용을 그대로 따른다면 교수자 교육 설계의 가장 첫 단계는 사회나 시장의 요구를 반영하여 학습성과를 설정하는 것이다. 신규 및 기존의 번역교육과정을 볼 때 전문 교수자의 필요성이 명백히 제기되지만 이것이 구체적으로 각 기관의 교육과정으로 연결되고 있지는 않다. 앞서 살펴본 번역 실무와 번역학에 대한 지식의 두 가지 번역 교수자 능력은 기존의 학부 및 대학원 과정에서 다루어지고 있다고 보는 것이 타당할 것이다. 그런데 바로 세 번째 조건인 실제 교수능력이 제대로 충족되지 않고 있다. 여기서 다시 이 책의 제안을

따른다면 해당 기관 및 지역의 상황에 주목해야 한다. 고등교육의 국제화와 번역 관련 직업의 국제화에도 불구하고 각 지역 내에서는 번역 교수자 및 번역교육과 관련하여 지역적 특수성에 따른 제약이 지속되는 것이 사실이다. 따라서 이러한 상황도 교수자 교육에 반영되어야 한다. 연구에 따르면 교수자 교육은 교수자의 실제 상황에 근접할수록 바람직하다. 이는 해당 지역의 (그리고 아마도 해당 학과의) 구체적인 교육과정이 학습을 보장하는 최선의 방법임을 암시한다. 그렇다고 외부에서의 교육을 권하지 않는 것은 결코 아니다.

2장에서 번역능력을 고려하여 학습성과를 도출한 것과 같이 여기서의 학습성과도 위 교수능력의 항목을 참고하고 해당 지역의 상황을 고려하여 대략적으로 도출할 수 있다.

> 위의 번역 교수자 능력을 토대로 당신의 상황에 부합하는 번역 교수자 교육의 기대학습성과를 작성하시오. 2장에서 학습성과 작성과 관련하여 논한 사항들을 기억하시오.

> 교육과정의 참여자에 관하여 생각해 보시오. 참여하는 학습자의 약력을 간단히 기술하되, 사전지식, 동기 부여와 같은 사항을 고려하시오. 이제 교수자의 약력을 기술하시오. 적합한 교수자가 당신의 주위에 존재하는가(제3장 참조)?

이제 우리는 교수자 교육을 위해 교수·학습활동을 설계하는 단계에 들어섰다. 이 책의 음영 처리된 박스들에 다양한 활동의 예가 제시되어 있다. 물론 이외에 다른 예들도 생각해 볼 수 있다. 동료교수(peer teaching) 및 평가와 같이 동료로부터 피드백을 받는 실제 교수활동과 팀 작업에 특히 주목할 만하다. 예컨대, 이 책의 이전 장들에서 제시된 활동을 소집단이나 팀으로 수행한다면 훨씬 더 내실 있는 결과를 얻을 수 있을 것이다.

> 당신이 작성한 교수자 교육의 기대학습성과 중에서 한 가지를 선택하여 최소한 한 개의 관련 학습활동을 설계하시오. 이 활동을 위해 무엇이 필요한가? 이들 자원은 당신의 상황에서 용이하게 찾을 수 있는가?

마지막으로 평가에 대해 언급하고자 한다. 자가 및 동료평가가 교수자 교육에서 핵심적 요소라는 것은 의심의 여지가 없다. 경우에 따라 총괄평가가 필요한 때도 있으나(승진, 정년 보장 및 재임용), 교수자와 학생 모두에게 최대 관심사인 실제 교육 개선을 위해서는 형성평가를 설계하는 것이 좋다.

3 기존 자원

이미 번역 실무 및 번역학 능력을 갖추고 번역 교수자가 되고 싶어 하는 이들이나 번역 교수자로 활동 중이지만 교육 기술을 향상시키고 싶은 이들을 위해 다양한 자원이 마련되어 있다. 아래에 이를 간략히 소개한다. 추가 정보를 얻을 수 있는 웹페이지 주소는 본 장의 끝에 추천문헌으로 제시되어 있다.

3-1 문헌

이제는 번역교육에 관한 연구가 상당히 많아졌으며 이 중 일부는 1장에서 논하였다. 또한 필요할 때마다 이 책에서 인용하거나 참고문헌 목록에 제시하였다. 이 분야에 대해 추가적으로 다음을 소개한다.

- 학술대회 발표집
  번역교육을 위해 특별히 조직된 학술대회 이외에도(예를 들어 1991년 코펜하겐대학의 Cay Dollerup이 주도한 학술대회가 있다. 이 학술대회의 발표집은 본 장의 끝에 추천문헌으로 제시되어 있다.) 많은 번역학 학술대회에 교육에 관한 섹션이 있다. 출간된 발표집에서는 교육의 다양한 측면에 대해 상당히 폭넓은 접근방식을 소개하고 있다.
- 번역학회
  앞에서 언급한 바와 같이 국제번역·문화간연구학회(IATIS)나 유럽번역학회(EST)와 같은 기관에서는 번역교육에 관한 참고문헌 및 서평을 제공하는 교육위원회를 두고 있다. 참고문헌과 서평 작성 시 국제번역·문화간연구학회(IATIS)의 교육위원회의 위원장이 해당 시점까지 가장 포괄적이라고 판단되는 서지정보 초안을 작성한다.
- 번역학 참고문헌 데이터베이스
  세인트제롬 출판사(St. Jerome)의 번역학 초록(Translation Studies Abstracts)과 번역학 참고문헌(Translation Studies Bibliography) 등은 번역교육을 포함하여 번역학의 각 분야에 대해 상세한 최신 정보를 제공한다.
- 번역학 정기간행물
  번역학 분야의 많은 선도적인 정기간행물에서 교육 관련 이슈, 교육과정 소개 등의 내용을 일정 분량 다루고 있다.

3-2 교육과정

일반적으로 고등교육 기관에서는 신임 교원을 위한 입문 과정이나 기존의 교원을 위한 재교육과정을 제공하는 경우가 증가하고 있다. 이러한 교육과정은 번역교육에도 여러 측면으로 적용될 수 있다.

구체적으로는 몇 개 대학이나 컨소시엄에서 정기적으로 교육과정을 운영하고 있다. 특히 흥미로운 내용으로 번역 교수자 교육 컨소시엄(CTTT, Consortium for Training Translation Teachers)이 Daniel Gouadec 총괄 하에 프랑스의 렌에서 매년 일주일간 개최되며, 다른 지역에서도 Anthony Pym의 지도 하에 개최된다. 스페인의 빅대학교에서는 2004년부터 매년 협동번역교수인증제를 운영하고 있으며, 미국 캘리포니아의 몬트레이대학에서는 2002년에 세미나를 개최하였다. 대학원에서 번역을 연구하는 이들 중 상당수가 추후 교편을 잡고 번역교육에 종사하게 될 가능성이 높아지면서 일부 대학원 과정에서도 번역교육에 관한 구체적인 교육과정이나 교과목을 개설하고 있다. 그러나 교육과정이 빈번하게 바뀌기도 하므로 이 책에서 모든 관련 정보를 제공하는 것은 불가능하다.

> 자신의 상황을 생각해 보고 소속된 기관에서 제공하는 자원이 있는지 찾아보시오. 이 중에서 당신이 활용할 수 있는 자원이 있는가?
>
> 이제 당신이 속한 학과의 상황을 염두에 두고 교수자에게 유용한 교육 분야를 적어 보시오. 이러한 필요에 부응할 수 있는 단기 교육과정을 설계하시오. 이 때 의도하는 성과, 교수자와 학습자 등 참여자, 자원, (필요한 경우) 바람직한 평가 방법을 고려하시오.

4 결론

이 책을 집필하며 필자는 경력 있는 번역 교수자들이 자신의 교수활동에 관하여 논의한 내용을 다시 살펴보는 값진 기회를 가졌으며, 필자 자신의 교수활동에 대해서도 깊이 있게 반추할 수 있었다. 필자가 이 과정에서 읽고 음미하고 집필한 내용을 그라나다의 가까운 동료들 및 그 외 다른 지역의 동료들과 토론한 시간들은 실로 흥미롭고 풍요롭고 도전이 되는 시간이었다. 또한 이들 내용을 필자가 담당하는 학부 및 대학원생들과 토론하는 시간도 가졌다. 요컨대 이 책의 집필 과정은 필자에게 매우 소중한 경험이 되었으며, 번역학 분야의 교수와 학습에 대해 새로운 생각을 열어 주었다. 이 책에서 소개된 내용이 동료들에게도 도움이 되고 각자가 속한 기관에서 매일 수행하는 교수활동을 비판적으로 분석하고 고찰해 나가는 출발점이 되기를 바란다.

● 추천문헌: 고등교육

Biggs, John (2003) *Teaching for Quality Learning at University. What the Student Does.* Maidenhead: Open University Press. [2nd edition]

Cannon, Robert and David Newble (2000) *A Handbook for Teachers in Universities and Colleges.* London: Kogan Page.

Cowan, John (1998) *On Becoming an Innovative University Teacher.* Buckingham: Society for Research into Higher Education and Open University.

Fry, Heather, Steve Ketteridge and Stephanie Marshall (eds.) (2003) *A Handbook for Teaching and Learning in Higher Education. Enhancing Academic Practice.* London: RoutledgeFalmer.

Gibbs, Graham, Sue Habeshaw and Trevor Habeshaw (1994) *53 Interesting Ways to Teach: 12 Do-it-yourself Staff Development Exercises.* Bristol: Technical and Educational Services.

Gibbs, Graham and Trevor Habeshaw (1993) *Preparing to Teach: An Introduction to Effective Teaching in Higher Education.* Bristol: Technical and Educational Services.

González, J. and R. Wagenaar (2003) *Tuning Educational Structures in Europe. Final Report. Phase One.* Bilbao: Universidad de Deusto. http://www.relint.deusto.es/TuningProject/index.htm

Tight, Malcolm (ed.) (2003) *The RoutledgeFalmer Reader in Higher Education.* London: RoutledgeFalmer.

● 추천문헌: 번역 교수자 교육

이 책의 가장 마지막의 번역교육에 관한 일반 참고문헌도 살펴보기를 권한다.

번역 교수자 교육 컨소시엄(CTTT) 활동과 기타 교수자 교육에 관한 정보:
  http://isg.urv.es/cttt/cttt/cttt.html
빅대학교 연례 세미나에 대한 정보:
  http://www.uvic.es/fchtd/especial/en/collaborative_translation_teaching.html
국제번역・문화간연구학회(IATIS)의 교육위원회에 관한 정보:
  http://www.iatis.org
코펜하겐대학의 Cay Dollerup이 1991년에 주최한 Teaching Translation and Interpreting 학술대회 발표집 4권:
  Dollerup, Cay and Vibeke Appel (eds.) (1996) *Teaching Translation and Interpreting 3. New Horizons.* Amsterdam: John Benjamins.
  Dollerup, Cay and Annette Lindegaard (eds.) (1994) *Teaching Translation and Interpreting 2. Insights, Aims, Visions. Papers from the Second Language International Conference, Elsinore,*

Denmark 4-6 June 1993. Amsterdam: John Benjamins.

Dollerup, Cay and Anne Loddegaard (eds.) (1992) *Teaching Translation and Interpreting. Training, Talent and Experience.* Amsterdam: John Benjamins.

Hung, Eva (ed.) (2002) *Teaching Translation and Interpreting 4. Building Bridges.* Amsterdam: John Benjamins.

|용|어|해|설|

A언어(A language)
　　모국어 또는 모국어 수준으로 구사하는 언어

B언어(B language)
　　통역이나 번역 시 능동적으로 사용하는 언어

Bloom 분류체계(Bloom's Taxonomy)
　　Benjamin Bloom(1956)이 제안한 교육목표 분류체계
　　- 다양한 교육목표들을 인지적 영역, 정의적 영역, 운동기능적 영역으로 분류했으며 각각의 영역마다 지적 활동이 낮은 수준에서 높은 수준으로 학습위계를 분류·체계화했다. 초기의 Bloom 분류체계는 인지적 영역(지식, 이해, 사고)에 초점을 두었다.

C언어(C language)
　　통역이나 번역 시 수동적으로 사용하는 언어

SOLO 분류체계(SOLO Taxonomy)
　　Biggs와 Collis(1982)가 제안한 학습성과 분류체계
　　- Biggs와 Collis(1982)는 학습자들에게서 일정하게 나타나는 사고의 반복적 양상, 즉 사고 기능에서 순차적으로 유사한 구조적 복합성이 출현한다는 사실을 발견하고 이를 SOLO 분류체계라는 모형으로 정리했다. 이 모형에서는 다섯 단계의 반응이 양적 차원(보다 많은 학습량)과 질적 차원(우수한 품질의 학습)에서 복합성에 있어 오름차순으로 구성되며, 각 단계의 반응은 전 구조화 반응, 단일 구조화 반응, 다중 구조화 반응, 관계화 반응, 확장된 추상화 반응이다.

강의(lecture)
　　번역교육에는 일반적이지 않지만 고등교육에서 가장 빈번히 사용되는 교수방식
　　- 주로 교수자가 강의계획서에 포함된 내용 중 요점을 발표하는 형식을 취한다.

과업기반 접근법(task-based approach)
　　특정 부분을 연습할 수 있도록 돕는 일련의 활동과 간략한 연습문제에 기초한 번역교육 접근법
　　- 과업기반 접근법은 분야별 연습을 통해 전체적인 목적을 달성하고 번역 결과물을 생산할 수 있다는 전제 하에 점진적이고 순차적인 세부학습성과 달성을 목표로 한다.

교과과정 설계(curricular/curriculum design)
　　기대학습성과, 교육과정 구조, 활동, 순서배열, 평가 등의 전체적인 구조의 설계
　　- 하위 단계(개별 교과목) 차원의 경우 강의계획서 설계(syllabus design)라고 한다.

교과목(module)
　　교육과정을 구성하는 세부 단위
　　- 교육과정(course)은 복수의 교과목(module)으로 구성되어 있으며, 개별 교과목(module)은 복수의 수업단위(unit)로 세분화될 수 있다. 예를 들어, [번역교육과정]은 <영상번역>, <시사번역>, <번역메모리> 등의 교과목들로 구성되며, 이 중 <영상번역>이라는 교과목은 '자막번역(1~5주)', '더빙번역(6~10주)', '장비사용법(11~15주)' 등의 수업단위로 구성될 수 있다.

교류프로그램(mobility programme)
　　기관들 간에 학생 및 교원의 상호 방문·체류를 허용하는 프로그램
　　- 교환교수 프로그램과 교환학생 프로그램이 대표적이지만 '교환' 형식을 취하지 않는 경우도 있다.

교수·학습활동(teaching and learning activities)
학습성과 달성을 돕는 모든 활동
- 개인 단위 또는 팀 단위의 활동은 물론 교실 안과 밖에서 실시되는 모든 활동을 지칭한다.

교육과정 평가(program evaluation)
교육과정에서 설정된 목표에 대하여 그 달성 정도를 평가하는 과정으로 주로 학생, 교수자 및 기타 관련자의 만족도와 중퇴율, 졸업생 취업률 등을 측정하여 평가한다.

※ 품질향상(quality enhancement) 참조

교육과정(course)
학위 또는 수료증을 취득할 수 있는 과정 또는 프로그램
- 번역교육과정을 이수하고 졸업 요건을 충족하면 번역 관련 학위를 취득하게 된다.

교육의 진행 과정(progression)
학습자들이 더 높은 학습 단계로 나아가는 과정

교호적 집단(cross-over group)
기존의 작업집단(work group)이나 장기분단(syndicate)의 구성원들을 재배치하여 일시적으로 편성되는 집단으로 주로 상호 의견 교환을 목적으로 한다.

규준참조평가(norm-referenced assessment)
학생의 성취 결과가 사전에 설정된 점수 분포, 즉 동료의 성취 결과에 따라 결정되는 평가 방식(=상대평가)

※ 준거참조평가(criterion-referenced assessment) 참조

능력(competence)
지식을 쌓고 노하우를 배우고자 하는 기질은 물론 기술, 지식, 적성, 태도의 총체
- 포괄능력(generic competence)은 같은 단계에 있는 모든 사람들(예: 학부

생)이 습득해야 하는 일반적·전환적 능력인 반면 세부능력(specific competence)은 특정 분야 및 전공에 국한되는 직업적·전문적 능력이다.

대면 교수·학습(face-to-face teaching and learning)
교수자와 학습자가 물리적으로 한 곳에 있는 상태에서 진행되는 교수·학습과정

동기(motivation)
행동의 발생, 방향, 강도, 지속성을 설명하는 데 사용되는 이론적 구인
- 외적 동기(extrinsic motivation)는 학점이나 인정 욕구에 기인하며 내적 동기(intrinsic motivation)는 지적 호기심이나 학습에 대한 내면적 욕구로부터 나온다.

동시적(synchronous)
시간적으로 동시에 일어남

※ 비동시적(asynchronous) 참조

동료 튜터링(peer tutoring)
학습자들이 서로에게서 배우는 교수·학습활동

동료평가(peer assessment)
동료 학습자에 의한 평가

멘토링(mentoring)
학생의 학문적 실력 향상을 위해 지도와 조언을 하는 활동
- 학생의 사회적, 심리적, 개인적 사항 및 진로, 의료 관련 지원도 포함된다. 고참 번역사가 신참 번역사를 번역 실무 초기에 지도하는 과정과 같은 직업 상황에서도 사용된다.

버즈집단(buzz group)
통상 5분 이내에 종결되는 소집단 토론으로 보통 토론 결과를 전체 집단에 보고

번역능력(translation competence)
전문 번역사로서 업무 수행을 위해 보유해야 하는 일련의 지식, 기술, 태도, 적성 등을 아우르는 번역학 용어
- 번역사능력(translator competence)이라고도 한다.

볼로냐 프로세스(Bologna Process)
통합적 교과과정과 학제 및 상호 자격 인정을 목표로 하는 과정
- 유럽 대학들에 의해 추진되고 있으며 유럽고등교육지역(European Higher Education Area) 설립을 궁극적인 목표로 한다.

브레인스토밍(brainstorming)
창의성을 촉진하기 위해 설계된 소집단 활동
- 구성원들이 특정 주제에 대해 즉각적으로 생각나는 내용을 나눈다.

비동시적(asynchronous)
서로 다른 시간에 이루어짐
- 각 학생이 서로 다른 시간에 활동하는 원격학습에서 빈번히 사용되는 용어

※ 동시적(synchronous) 참조

사내 교육(in-house training)
직원들을 대상으로 사내에서 조직하고 실시하는 교육

사회구성주의(social constructivism)
학습에 있어 개인의 역할과 사회의 역할 중 후자를 보다 강조하며, 학습은 사람들이 공유하는 문제나 과제에 대해 사회적인 대화와 활동에 참여함으로써 지식을 구성하게 되는 과정이라는 관점

상황적 접근법(situational approach)
번역 교수자가 이미 수행한 '실제' 번역을 토대로 수업활동을 설계해야 한다는 접근법

수업단위(unit)
교과목을 구성하는 단위

※ 교과목(module) 참조

순서배열(sequencing)
    교육의 진행을 위해 교수자와 교육기관이 교수・학습을 조직하는 순서

심층접근법(deep approach)
    근간을 형성하고 있는 원리나 이론 및 개념을 이해하려는 학습접근법
    - 표층접근법(surface approach)과는 달리 주어진 과업과의 유의미한 관계 형성과 비판적인 평가를 수반하며, 이를 통해 인지 과정의 높은 단계에 도달할 수 있다. 심층접근법은 주로 해당 주제에 대한 각별한 관심 등의 내적 요인에 의해 동기가 부여된다.

역할극(role play)
    실제 직업 상황을 모의실습하기 위해 학생들이 번역 실무에서 관련 당사자의 역할(번역사, 감수자, 용어전문가, 의뢰인)을 수행하는 집단 작업

원거리 2인 작업(tandem work)
    새로운 기술을 활용하여 원격으로 수행하는 짝 활동

원격교수・학습(distance teaching and learning)
    교수자와 학습자가 물리적으로 동일한 공간에 있지 않은 상태에서 진행되는 교수・학습과정

유럽고등교육지역(European Higher Education Area)
    볼로냐 프로세스(Bologna Process)의 목표이며 대학들 간에 학제와 교과과정이 상호 이해・인정되는 지역
    - 공통 학점 제도와 두 개의 주기로 구성된 통합적 교과과정 실시와 학습자 중심의 교수・학습으로의 전환을 목표로 한다.

자가평가(self assessment)
    학습자 본인에 의한 평가

자아개념(self-concept)
    자기 자신의 개인적・사회적 역할 또는 정체성에 대한 의식(이 책에서는 전문 번역사로서의 자아개념을 지칭함)

작업집단(work group)
　　프로젝트 또는 활동을 공동으로 수행하기 위해 조직된 소집단

장기분단(syndicate)
　　프로젝트 활동을 수행하거나 혹은 더 지속적인 활동의 수행을 위해 조직된 작업집단

　　※ 작업집단(work group) 참조

전략적 접근법(strategic approach)
　　당면한 필요에 따라 변화하고 적응하는 학습접근법
　　- 이 접근법에 따르면 초기에 심층접근법(deep approach)을 채택한 학습자라도 시험에 임박했을 때는 고득점을 위해 표층접근법(surface approach)으로 전환할 수 있다.

준거참조평가(criterion-referenced assessment)
　　학습자의 성취 결과가 사전에 설정된 기준에 따라 평가되는 방식(=절대평가)

　　※ 규준참조평가(norm-referenced assessment) 참조

2인 작업(pair work)
　　짝으로 실행하는 교수·학습활동

총괄평가(summative assessment)
　　점수 부여, 고급 단계로의 진급, 학위 수여를 위해 설계된 평가활동

　　※ 형성평가(formative assessment) 참조

팀 작업/집단 작업(team work/group work)
　　소집단이나 팀으로 수행하는 활동
　　- 이러한 교수·학습 기법에서는 집단 책임이 핵심적 요소다.

평가 기준(assessment criteria)
　　학습자의 학습을 평가하기 위해 사전에 설정된 기준

평생교육(continuing education/life-long education)
　　전 인생 발달 단계에 걸쳐 지속적으로 참여하는 교육

- "요람에서 무덤까지"라는 슬로건이 의미하듯 급변하는 사회적 조건을 고려하였을 때 교육은 대표적인 교육기관인 학교를 졸업함으로써 완료되는 일종의 종점적 형태보다는 시간적으로 개인의 전 인생 발달단계에 걸쳐서 지속적으로 교육활동에 참여할 수 있어야 함을 강조하는 개념이다.

표층접근법(surface approach)
심층접근법(deep approach)과 상반되는 개념으로 원리에 대한 이해보다는 세부 내용에 집중하고 암기를 통해 학습하는 방법
- 시험에 합격해야 하는 필요성 등의 외적 요인에 의해 동기가 부여되는 것이 일반적이며, 주어진 과업을 분석하거나 그 의미와의 관계를 형성하려는 과정이 부족하거나 전무한 상태에서 주로 맹목적인 암기를 통해 눈앞에 닥친 과업을 수행하는 것이 특징이다. 표층접근법을 채택할 경우 인지 과정의 피상적 수준에 머무는 학습으로 이어지기 쉽다.

품질향상(quality enhancement)
기관 및 교수자가 고등교육을 제공·수행하는데 있어 품질을 향상시키기 위해 취하는 활동이나 과정

필요분석(needs analysis)
학습자들의 사전지식, 기대, 동기 등은 물론 학습에 영향을 미칠 수 있는 개인적 특성(문화적 배경 등)에 대한 초기 분석

학생발표(student presentation)
개별 학생 혹은 소집단의 학생들이 수업 구성원 전체를 대상으로 수행하는 발표

학습 포트폴리오(learning portfolio)
학습자가 자신이 학습한 내용을 실증적으로 보일 수 있는 항목을 수집하여 제출하는 평가 형식
- 애초에 미술 및 기타 인접 분야에서 발전하였으며 현재는 다른 분야에도 빈번히 사용된다.

학습방식(learning style)
개개인이 선호하거나 친숙한 학습 성향

학습성과(learning outcomes)
　　교수・학습과정이 목표로 하는 성과
　　- 일반학습성과는 해당 교육과정의 전체적인 목적인 반면 세부학습성과는 특정 교과목이나 수업단위를 통해 달성하고자 하는 구체적이고 세부적인 성과다.

협동학습(collaborative learning)
　　학습자들의 공동 노력과 대인관계에 기초한 학습과정

형성평가(formative assessment)
　　학생들의 학습 증진에 대해 피드백을 제공하여 학습을 촉진하기 위해 설계된 평가활동

　　※ 총괄평가(summative assessment) 참조

|참|고|문|헌|

Alcina, Amparo (forthcoming) 'Translation Technologies: A Description of the Field and the Classification of Tools and Resources'. *Perspectives. Studies in Translatology.*

Arntz, Reiner (1988) 'Steps towards a Translation-oriented Typology of Technical Texts'. *Meta* XXXIII, N°. 4. 468-471.

Biggs, John (1987) *Student Approaches to Learning and Studying*. Hawthorn, Victoria: Australian Council for Educational Research.

_____ (1993) 'From Theory to Practice: a Cognitive Systems Approach'. *Higher Education Research and Development* 12. 73-86.

_____ (2003) *Teaching for Quality Learning at University. What the Student Does*. Maidenhead: Open University Press.

_____ and Kevin F. Collis (1982) *Evaluating the Quality of Learning: The SOLO Taxonomy*. New York: Academic Press.

Bloom, Benjamin (1956) *Taxonomy of Educational Objectives Handbook I: Cognitive domain*. New York: McGraw-Hill.

Brown, George (1978) *Lecturing and Explaining*. London: Methuen.

Calvo, Elisa (2001) *La evaluación diagnóstica para la traducción jurídica. Diseño de un instrumento de medida*. Unpublished postgraduate dissertation. Universidad de Granada, Spain.

_____ (forthcoming) *Desarrollo de la concepción académica y profesional durante los estudios de Tranducción e Interpretación por parte del estudiantado*. Doctoral dissertation in progress. University of Granada, Spain.

Caminade, Monique and Anthony Pym (1998) 'Translator-training Institutions'. in Mona Baker (ed.) *Routledge Encyclopedia of Translation Studies*. London: Routledge. 280-285.

Campbell, Stuart (1998) *Translation into the Second Language*. London and New York: Longman.

Cannon, Robert and David Newble (2000) *A Handbook for Teacher in Universities and Colleges*. London: Kogan Page.

Carroll, Judith and Janette Ryan (forthcoming) *Teaching International Students*. London: Routledge.

Chesterman, Andrew and Emma Wagner (2002) *Can Theory Help Translators? A Dialogue Between the Ivory Tower and the Wordface*. Manchester: St. Jerome.

Colina, Sonia (2003) *Teaching Translation. From Research to the Classroom*. New York, San Francisco: McGraw Hill.

Cowan, John (1998) *On Becoming an Innovative University Teacher*. Buckingham: Society for Research into Higher Education and Open University.

D'Andrea, Vaneeta-Marie (2003) 'Organizing Teaching and Learning: Outcomes-based planning'. In Heather Fry, Steve Ketteridge and Stephanie Marshall (eds.) *A Handbook for Teaching and Learning in Higher Education. Enhancing Academic Practice*. London: RoutledgeFalmer. 26-41.

Delisle, Jean (1980) *L'analyse du discours comme méthode de traduction: Initiation á la traduction française de textes pragmatiques anglais, théorie et pratique*. Ottawa: Presses de l'Université d'Ottawa. [English translation of Part I by Patricia Logan and Monica Creery (1988) *Translation: An Interpretive Approach*. Ottawa: University of Ottawa Press]

_____ (1992) 'Les manuels de traduction: essai de classification'. TTR V, No. 1. 17-48.

_____ (1993) *La traduction raisonnée. Manuel d'initiation à la traduction professionelle de l'anglais vers le français*. Ottawa: Université d'Ottawa.

_____ (1998) 'Définition, rédaction et utilité des objectifs d'apprentissage en enseignement de la traduction'. In Isabel García Izquierdo and Joan Verdegal (eds.) *Los estudios de traducción: un reto didáctico*. Castellón: Universitat Jaume I. 13-44.

Dollerup, Cay (1997) 'Issues Today, Challenges Tomorrow: Translation and English as the International Lingua Franca'. In Marian Labrum (ed.) *The Changing Scene in World Languages. ATA Scholarly Monograph Series Volume IX*. Amsterdam: John Benjamins. 65-82.

Dollerup, Cay and Vibeke Appel (eds.) (1996) *Teaching Translation and Interpreting 3. New Horizons*. Amsterdam: John Benjamins.

Dollerup, Cay and Annette Lindegaard (eds.) (1994) *Teaching Translation and Interpreting 2. Insights, Aims, Visions. Papers from the Second Language International Conference, Elsinore, Denmark 4-6 June 1993*. Amsterdam: John Benjamins.

Dollerup, Cay and Anne Loddegaard (eds.) (1992) *Teaching Translation and Interpreting. Training, Talent and Experience*. Amsterdam: John Benjamins.

Durieux, Christine (1998) *Fondement didactique de la traduction technique*. Paris: Didier Erudition.

Fleischmann, Eberhard (ed.) (1997) *Translationsdidaktik*. Tubingen: Narr.

Fry, Heather, Steve Ketteridge and Stephanie Marshall (eds.) *A Hanbook for Teaching and Learning in Higher Education. Enhancing Academic Practice*. London: RoutledgeFalmer.

Gabr, Moustafa (2001) 'Toward a Model Approach to Translation Curriculum Development'. In *Translation Journal*, Vol. 5, N°. 2. at http://www.accurapid.com/journal/16edu.htm

García Izquierdo, Isabel and Joan Verdegal (eds.) *Los estudios de traducción: un reto didáctico*. Castellón: Universitat Jaume I.

Gibbs, Graham (1995) *Learning in Teams. A Tutor Guide*. Oxford: Oxford Centre for Staff Development.

_____, Sue Habeshaw and Trevor Habeshaw (1992) *53 Interesting Things to Do in Your Lectures*. Bristol: Technical and Educational Services.

_____ (1994) *53 Interesting Ways to Teach: 12 Do-it-yourself Staff Development Exercises*. Bristol: Technical and Educational Services.

_____ and Trevor Habeshaw (1993) *Preparing to Teach: An Introduction to Effective Teaching in Higher Education*. Bristol: Technical and Educational Services.

Gile, Daniel (1995) *Basic Concepts and Models for Interpreter and Translator Training*. Amesterdam: John Benjamins.

González, Julia. and Robert. Wagenaar (2003) *Tuning Educational Structures in Europe. Final Report. Phase One.* Bilbao: Universidad de Deusto. http://www.relint.deusto.es/TuningProject/index.htm.

González Davies, Mariá (coord.) (2003) *Secuencias. Tareas para el aprendizaje interactivo de la traducción especializada*. Barcelona: Octaedro-EUB.

_____ (2004) *Multiple Voices in the Translation Classroom*. Amsterdam: John Benjamins.

Gosling, David and Jenny Moon (2001) *How to Use Learning Outcomes and Assessment Criteria*. London: Southern England Consortium for Credit Accumulation and Transfer (SEEC).

Gouadec, Daniel (1989) 'Comprendre, évaluer, prévenir. Pratique, enseignement et recherche face à l'erreur et à la faute en traduction'. *TTR* II, 2. 35-54.

_____ (1994) 'L'assurance qualité en traduction — perspectives professionnelles, implications pédagogiques'. Unpublished plenary address at the I Jornadas Internacionales de Traducción e Interpretación, Universidad de Las Palmas de Gran Canaria.

_____ (ed.) (2000) *Formation des traducteurs. Actes du colloque international Rennes 2 24-25 Septembre 1999*. Paris: Maison du Dictionnaire.

_____ (2003) 'Position Paper: Notes on Translator Training'. In Anthony Pym, Carmina Fallada, José Ramón Biau and Jill Orenstein (eds.) *Innovation and E-Learning in Translator Training*. Tarragona: Universitat Rovira i Virgili. 11-19. [http://www.fut.es/~apym/symp/intro.html or in N°. 1 of the journal *Across Languages and Cultures*]

Grellet, Françoise (1991) *Apprendre à traduire. Typologie* d'exercices *de traduction*. Nancy: Presses Universitaires de Nancy.

Gros Salvat, B. (1995) Teorías cognitivas de enseñanza y aprendizaje. Barcelona: EUB.

Grosman, Meta, Mira Kadric, Irena Kovacic and Mary Snell-Hornby (eds.) (2000) *Translation into Non-Mother Tongues in Professional Practice and Training*. Tubingen: Stauffenburg.

Habeshaw, Sue, Graham Gibbs and Trevor Habeshaw (1992) *53 Problems with Large Classes*. Bristol: Technical and Educational Services.

Habeshaw, Sue, Trevor Habeshaw and Graham Gibbs (1992) *53 Interesting Things to Do in Your Seminars and Tutorials*. Bristol: Technical and Educational Services.

Hansen, Gyde (ed.) (1999) *Probing the Process in Translation: Methods and Results. Copenhagen Studies in Language* 24.

_____ (2002) *Empirical Translation Studies. Process and Product*.

Copenhagen Studies in Language 27.

Hatim, Basil (2001) *Teaching and Researching Translation*. Harlow: Longman.

_____ and Ian Mason (1997) *The Translator as Communicator*. London: Routledge.

_____ and Jeremy Munday (2004) *Translation. An Advanced Resource Book*. London: Routledge.

Hönig, Hans G. and Paul Kussmaul (1982) *Strategie der Übersetzung: Ein Lehr-und Arbeitsbuch*. Tübingen: Narr.

House, Juliane (1997) *Translation Quality Assessment: A Model Revisited*. Tübingen: Narr.

Hung, Eva (ed.) (2002) *Teaching Translation and Interpreting 4. Building Bridges*. Amsterdam: John Benjamins.

Hurtado Albir, Amparo (1995) 'La didáctica de la traducción. Evolución y estado actual'. In José María Bravo Gozalo and Purifiación Fernández Nistal (coords.) *Perspectivas de la traducción inglés/español*. Valladolid: ICE, Universidad de Valladolid. 49-74.

_____ (1996) 'La enseñanza de la traducción directa "general". Objetivos de aprendizaje y metodología'. In Amparo Hurtado Albir (ed.) *La enseñanza de la traducción*. Castellón: Universitat Jaume I. 31-56.

_____ (dir.) (1999) *Enseñar a traducir. Metodología en la formación de traductores e intérpretes*. Madrid: Edelsa.

Intercultural Studies Group, Universitat Rovira i Virgili (2000) *Innovation in Translator and Interpreter Training (ITIT). An on-line symposium 17-25 January 2000*.

Jääskläinen, Riitta (1998) 'Think-aloud Protocols'. In Mona Baker (ed.) *Routledge Encyclopedia of Translation Studies*. London: Routledge. 265-269.

Katan, David (2004) *Translating Cultures. An Introduction for Translators, Interpreters and Mediators.* Manchester: St. Jerome. [2nd edition]

Kelly, David (2004) *Effective Speaking.* Huddersfield: Falcon.

Kelly, Dorothy (2002) 'La competencia traductora: bases para el diseño curricular'. *Puentes,* Nº. 1. 9-20.

_____ (2003) 'La investigación sobre formación de traductores: algunas reflexiones y propuestas'. In Emilio Ortega Arjonilla (dir.) *Panorama actual de la investigación en Traducción e Interpretación.* Granada: Atrio, Vol I. 585-596.

_____ (2005) 'El profesor universitario de Traducción e Interpretación ante el reto del Espacio Europeo de Enseñanza Superior'. *Trans* 9. 61-72.

_____ (forthcoming) 'Translator Competence Contextualized. Translator Training in the Framework of Higher Education Reform: In Search of Alignment in Curricular Design'. In Dorothy Kenny and Kyongjoo Ryou (eds.) *Selected Papers from the Inaugural Conference of the International Association for Translation and Intercultural Studies, Seoul 12-14 August 2004.*

Kenny, Dorothy (1999) 'CAT Tools in an Academic Environment: What are They Good for?' *Target,* 11, 1. 65-82.

Kingscott, Geoffrey (2000) 'Future Developments in International Translation'. In Wolfram Wilss (ed.) *Weltgesellschaft, Weltverkehrssprache, Welkultur. Globalisierung versus Fragmentierung. Tübingen: Stauffenburg.* 225-234.

Kiraly, Donald (1995) *Pathways to Translation. Pedagogy and Process.* Kent, Ohio: Kent State University Press.

_____ (2000) *A Social Constructivist Approach to Translator Education. Empowerment From Theory to Practice.* Manchester: St. Jerome.

Klaudy, Kinga (1995) 'Quality Assessment in School vs. Professional Translation'. In Cay Dollerup and Vibeke Appel (eds.) *Teaching and*

Interpreting 3. New Horizons. Amsterdam: John Benjamins. 197-206.

Koutstas, Jane (dir.) (1992) *La pédagogie de la traduction: questions actuelles*. *TTR*, Vol. V, N°. 1.

Kussmaul, Paul (1995) *Training the Translator*. Amsterdam: John Benjamins.

Languages National Training Organization (LNTO) (2001) *The National Standards in Translating*. London: LNTO.

Li, Defeng (2000) 'Needs Assessment in Translation Teaching: Making Translator Training More Responsive to Social Needs'. *Babel*, 46, 4. 289-299.

Maier, Carol. (ed.) (2000) *Evaluation and Translation*. Special issue of *The Translator*. Vol. 6, N°. 2.

Malmkjaer, Kirsten (ed.) (1998) *Translation and Language Teaching*. Manchester: St. Jerome.

Marchese, Theodore 'The New Conversations about Learning. Insights from Neurosciences and Anthropology, Cognitive Science and Workplace Situations'. Available from http://www.newhorizons.org/lifelong/higher_ed/marchese.htm

Marco, Josep (2003) 'La formación de traductores, en la encrucijada entre lo social, lo cognitivo y lo textual'. In Emilio Ortega Arjonilla (dir.) *Panorama actual de la investigación en Traducción e Interpretación*. Granada: Atrio, Vol. I . 597-612.

_____ (2004) '¿Tareas o proyectos? ¿Senderos que se bifurcan en el desarrollo de la competencia traductora?' *Trans* N°. 8. 75-88.

Marton, Ference (1975) 'On Verbatim Training - 1: Level of Processing and Level of Outcome'. *Scandinavian Journal of Psychology* 16. 273-279.

Marin, Ference and Roger Säljö (1984) 'Approaches to Learning'. In Ference Marton et al (eds.) *The Experiences of Learning*. Edinburgh: Scottish Academic Press.

Mayoral Asensio, Roberto (2001a) *Aspectos Epistemológicos de la Traducción*. Castellón: Universitat Jaume I .

―――― (2001b) 'Por una renovación en la formación de traductores e intérpretes: revisión de algunos de los conceptos sobre los que se basa el actual sistema, su estructura y contenidos'. *Sendebar* N°. 12. 311-336.

―――― (forthcoming) 'La formación de traductores en el contexto universitario: crítica de la situación actual y algunas propuestas'. In Evelyne LePoder and Dorothy Kelly (eds.) *Hacia la renovación de la formación de traductores. Colección AVANTI 2*. Granada: Universidad de Granada.

Mayoral, Roberto and Dorothy Kelly (1997) 'Implications of Multilingualism in the European Union: Translator Training in Spain'. In Marian B. Labrum (ed.) *The Changing Scene in World Languages. Issues and Challenges*. (ATA Scholarly Monograph Series IX) Amsterdam: John Benjamins. 19-34.

McAlester, Gerard (2000) 'The Time Factor: A Practical Evaluation Criterion'. In Meta Grosman et al. (eds.) *Translation into Non-Mother Tongues ― In Professional Practice and Training*. Tübingen: Stauffenburg. 133-140.

McCarthy, Paty and Caroline Hatcher (2002) *Presentation Skills. The Essential Guide for Students*. London: Sage.

Neubert, Albrecht (2000) 'Competence in Language, in Languages, and in Translation'. In Christina Schäffner and Beverly Adab (eds.) *Developing Translation Competence*. Amsterdam: John Benjamins. 3-18.

Newmark, Peter (1988) *A Textbook of Translation*. London: Prentice Hall.

Newstead, Stephen E. A. Franklyn-Stokes and P. Armstead (1996) 'Individual

Differences in Student Cheating'. *Journal of Educational Psychology* 88. 229-241.

Newstead, Stephen E. and Sherria Hoskins (2003) 'Encouraging Student Motivation', In Heather Fry, Steve Ketteridge and Stephanie Marshall (eds.) (2003) *A Handbook for Teaching and Learning in Higher Education. Enhancing Academic Practice*. London: RoutledgeFalmer. 62-74.

Nord, Christiane (1991) *Text Analysis in Translation. Theory, Methodology, and Didactic Applications of a Model for Translation-Oriented Text Analysis.* Amsterdam: Rodopi. [English translation of German original (1988) *Textanalyse und Übersetzen.* Heidelberg: Groos.]

_____ (1996a) 'El error en traducción: catagorías y evaluación'. In Hurtado Albir, Amparo (ed.) *La enseñanza de la traducción. Castelló*n: Universitat Jaume I . 91-108.

_____ (1996b) 'Wer nimmt mal den ersten Satz? Überlegungen zu neuen Arbeitsformen im Überseztungsunterricht'. In Angelika Lauer, Heidrun Gerzymisch-Arbogast, Johann Haller and Erich Steiner (eds.) *Überseztungswissenshaft im Umbruch.* Tübingen: Narr. 313-328.

Nunan, David (1989) *Designing Tasks for the Communicative Classroom.* Cambridge: Cambridge University Press.

PACTE (2000) 'Acquiring Translation Competence: "Hypotheses and Methodological Problems of a Research Project"'. In Allison Beeby, et al. (eds.) *Investigating Translation.* Amsterdam: John Benjamins. 99-106.

Pym, Anthony (1992) 'Translation Error Analysis and the Interface with Language Teaching'. In Cay Dollerup and Anne Loddegaard (eds.) *Teaching Translation and Interpreting. Training, Talent, and Experience*, Amsterdam: John Benjamins. 279-290.

_____ (1993) *Epistemological Problems in Translation and its Teaching*. Calaceite: Caminade.

_____ (2000) *Negotiating the Frontier*. Manchester: St. Jerome.

_____ (2003) 'Redefining Translation Competence in an Electronic Age. In Defence of a Minimalist Approach'. *Meta* XLVIII, 4. 481-497.

_____, Carmina Fallada, José Ramón Biau and Jill Orenstein (eds.) (2003) *Innovation and E-Learning in Translator Training*. Tarragona: Universitat Rovira i Virgili.

Reiss, Katharina (1976) *Texttyp und Übersetzungsmethode: Der Operative Text*. Kronberg: Scriptor.

Roberts, Roda (1984) 'Compétence du nouveau diplômé en traduction'. In *Traduction et Qualité de Langue. Actes du Colloque Société des traducteurs du Québec/Conseil de la langue française*, Québec: Éditeur officiel du Québec. 172-184.

Robinson, Douglas (1997) *Becoming a Translator. An accelerated course.* London: Routledge. [2nd edition 2003: *Becoming a Translator. An Introduction to the Theory and Practice of Translation*]

Sager, Juan (1989) 'Quality and Standards — the evaluation of translations'. In Catriona Picken (ed.) *The Translator's Handbook*. 2nd edition. London: Aslib. 91-102.

Sánchez, Dolores (1997) 'La traducción especializada: un enfoque didáctico para los textos científicos (español-francés)'. In Miguel Ángel Vega Cernuda and Rafael Martín Gaitero (eds.) *La palabra vertida. Investigaciones en torno a la traducción*. Madrid: Universidad Complutense de Madrid, 1997. 457-462.

_____ (2004) 'Documentacíon y competencia traductora en la clase de traducción de textos científicos'. In Emilio Ortega Arjonilla (dir.) *Panorama actual de la investigación en Traducción e Interpretación*.

Granada: Atrio, 349-356.

Schäffner Christina and Beverly Adab (eds.) *Developing Translation Competence*. Amsterdam: John Benjamins.

Shreve, Gregory (2000) 'Translation at the Millennium: Prospects for the Evolution of a Profession'. In Peter Schmitt (ed.) *Paradigmenwechsel in der Translation. Festschrift für Albrecht Neubert zum 70. geburstag*. Tübingen: Stauffenburg. 217-234.

Teichler, Ulrich and Wolfgan Steube (1991) 'The Logics of Study Abroad Programmes and Their Impacts'. *Higher Education*. Vol. 21, N°. 3. 325-349.

Teichler, Ulrich and Volfer Jahr (2001) 'Mobility during the Course of Study and after Graduation'. *European Journal of Education*. Vol. 36, N°. 4. 443-458.

Tight, Malcolm (ed.) (2003) *The RoutledgeFalmer Reader in Higher Education*. London: RoutledgeFalmer.

Tsokaktsidou, Dimitra (2005) *Los estudiantes de intercambio en el aula: una guía de buenas práticas*. Granada: Universidad de Granada.

Vienne, Jean (1994) 'Towards a Pedagogy of "Translation in Situation"'. *Perspectives* 2, 1. 51-59.

Villa, Manuel (2004) 'Educadores orientados al aprendizaje'. In Francisco Michavila y Jorge Martínez (eds.) *La profesión de profesor de universidad*. Madrid: Cátedra UNESCO de Gestión y Política Universitaria. 53-60.

Waddington, Christopher (1999) *Estudio comparativo de diferentes métodos de evaluación de traducción general (inglés-español)*. Doctoral thesis. Madrid: Universidad Pontificia Comillas.

Wakeford, Richard (2003) 'Principles of Student Assessment'. In Heather Fry, Steve Ketteridge and Stephanie Marshall (eds.) *A Handbook for*

Teaching and Learning in Higher Education. Enhancing Academic Practice. London: RoutledgeFalmer. 42-61.

Way, Catherine (2000) 'Structuring Specialised Translation Courses: A Hit and Miss Affair?'. In Christina Schaeffner and Beverly Adab (eds.) *Developing Translation Competence*. Vol. 38 Benjamins Translation Library. Amsterdam/Philadelphia: John Benjamins. 131-141.

_____ (2002) 'Traducción y Derecho: iniciativas para desarrollar la colaboración interdisplinar'. *Puentes* 2. 15-26.

_____ (forthcoming) 'El talón de Aquiles: un modelo para la autoevaluación formativa'. In Evelyne LePoder and Dorothy Kelly (eds.) *Hacia la renovación de la formación de traductores. Colección AVANTI 2*. Granada: Universidad de Granada.

Wilss, Wolfram (1976) 'Perspectives and Limitations of a Didactic Framework for the Teaching of Translation'. In Richard W. Brislin (ed.) *Translation Applications and Research*. New York: Gardner. 117-137.

Wisdom, James and Graham Gibbs (1994) *Course Design for Resources Based Learning. Humanities*. Oxford: Oxford Centre for Staff Development.

Working Group Basic Skills, Entrepreneurship and Foreign Languages (2003) *Implementation of 'Education and Training 2010' Work Programme: Progress Report*. Unpublished working document. European Commission, Directorate-General for Education and Culture.

● 참고하거나 인용한 웹사이트

Academic Cooperation Association: http://www.aca-secretariat.be

American Translators Association: http://www.atanet.org
Aquarius website for professional translators: http://www.aquarius.net
Bundesverband der Dolmetscher und Übersetzer: http://www.bdue.de
CIUTI: www.ciuti.org
Colegio de Traductores Públicos de la Ciudad de Buenos Aires:
    http://www.traductores.org.ar
Consortium for Training Translation Teachers:
    http://isg.urv.es/cttt/cttt/cttt.html
European Association for Quality Assurance in Higher Education:
    http://www.enqa.net
European Commission (translator profile):
    http://europa.eu.int/comm/dgs/translation/workingwithus/recruitment/translator_profile_en.htm
European Society for Translation Studies (EST):
    http://www.est-translationstudies.org
Institute for Translation and Interpreting: http:www.iti.org.uk
Intercultural Studies Group. Translator Training Observatory:
    http://isg.urv.es/tti/tti.htm
International Association for Translation and Intercultural Studies (IATIS):
    http//www.iatis.org
International Federation of Translators (FIT): http://www.fit-ift.org
International Network for Quality Assurance Agencies in Higher Education:
    http://www.inqaahe.org
Irish Translators' and Interpreters' Association:
    http://www.translatorsassociation.ie
Korean Society of Translators: http://www.kstinc.or.kr
Localization Industry Standards Association (LISA): http://www.lisa.org
National Centre for Languages, CILT: http://www.cilt.org.uk

New Zealand Society of Translators and Interpreters: http://www.nzsti.org
ProZ website for professional translators: http://www.proz.com
Souété Française des Traducteurs: http://www.sft.fr
South African Translators' Institute: http://www.translators.org.za
Support4learning (resources for advisors, students and everyone involved in education, training and communities): http://support4learning.org.uk/careers/work_exp.htm
Temcu Socrates Action 6 Project on training teaching staff for the multicultural classroom arising from mobility programmes: http://www.temcu.com
Tradutech: http://www.tradutech.net
Tuning Project: http://www.relint.deusto.es/TuningProject/index.htm
Universitat de Vic trainer training seminar:
http://www.uvic.es/fchtd/especial/en/collaborative_translation_teaching.html

|색|인|

(B)
Bloom 교육목표 분류체계 ········· 50

(K)
Kolb 학습사이클 ······················ 68

(P)
POSI 프로젝트 ······················ 102

(S)
SOLO 분류체계 ······················ 51

(ㄱ)
가상 교류 ····························· 132
계속평가 ······························ 198
과업기반 접근법 ············· 18, 172
과업기반 학습 ························ 18
과정중심 접근법 ····················· 13
관습화 ·································· 175
교수 평가 ····························· 216
교수 포트폴리오 ··················· 218
교수목표 ·························· 9, 28

교수방식 ························ 68, 82
교수자 교육 ························· 226
교수자 능력 ························· 225
교육과정 평가 ····················· 216
교육기술 ····························· 125
교육내용 ······························ 92
교육위원회 ····························· 7
교호적 집단 ························· 149
교환교수 ······························· 75
교환학생 ······························· 75
국제교류프로그램 ·················· 74
국제번역·문화간연구학회 ····· 7, 229
국제번역사연맹 ············· 102, 137
기대학습성과 ················· 28, 50
기술적 능력 ························· 39

(ㄴ)
남아프리카공화국번역사협회 ····· 137
내적 동기 ····························· 71

258 | 번역사 만들기

논증적 텍스트 ·························· 181
뉴질랜드통번역사협회 ············· 137

(ㄷ)

다중언어 텍스트 ······················ 33
대면 수업시간 ························ 155
대안텍스트 ····························· 122
대인관계 능력 ················· 45, 111
대중 발표 ······························· 123
대집단 ···································· 144
도구적 능력 ··························· 100
독일통번역사협회 ··················· 137
동료 튜터링 ··························· 150
동료교수 ································ 227
동료평가 ···················· 83, 201, 212
동질성 ······································ 74

(ㄹ)

릴레이 번역 ··························· 178

(ㅁ)

맥락화 ···································· 197
멀티미디어 텍스트 ··················· 33
멘토링 ···································· 156
목표언어 생산능력 ··················· 38
무동기 ······································ 71
문장구역 ································ 188
문화적 능력 ··················· 41, 108
미국번역사협회 ······················ 137

(ㅂ)

발표 ·· 144
방법론적 능력 ·························· 39
백과사전적 능력 ······················ 39
버즈집단 ································ 149
번역 교수자 교육 컨소시엄 ······ 230
번역능력 ·································· 38
번역사 채용공고 ······················ 33
번역사협회 ······················ 5, 137
번역시장 ································ 180
번역적 능력 ····························· 39
번역학회 ···································· 7
번역회사 ·························· 7, 229
병렬 텍스트 ··························· 160
볼로냐 프로세스 ······················ 31
브레인스토밍 ························· 149

(ㅅ)

사고발화법 ······························ 15
사용언어 ································ 171
사용자 평가 ··························· 213
사전지식 ··························· 62, 79
사회구성주의 ··························· 20
상대평가 ································ 209
상황적 접근법 ················ 17, 176
설명적 텍스트 ························ 182
세부능력 ·································· 47
세부적 기술 ····························· 35
소구적 기능 ··························· 182

소크라테스 에라스무스 프로그램 … 131
수업 연한 ………………………… 93
시각화 …………………………… 161
실무기반 학습자중심 번역교육 … 11
실무적 접근법 …………………… 176
실행가능성 ……………………… 188
심리적·생리적 능력 …………… 42
심층접근법 ……………………… 69

(ㅇ)

아일랜드통번역협회 …………… 137
양식화 …………………………… 175
언어 능력 …………………… 39, 41
언어 외적 능력 ………………… 42
언어조합 ………………………… 179
에라스무스 프로그램 …………… 75
역번역 …………………………… 178
영국통번역협회 ………………… 137
영국국립언어교육기구 ………… 32
영국국립언어원 ………………… 32
외부 평가 ………………………… 213
외적 동기 ………………………… 71
원거리 2인 작업 ………………… 129
원천언어 수용 능력 …………… 38
유럽고등교육지역 ……………… 31
유럽번역학회 …………………… 7
유럽언어위원회 ………………… 102
유럽학점이전제도 ……………… 93
유표성 …………………………… 181

이질성 …………………………… 74
이해 능력 ………………………… 39
이해가능성 ……………………… 175
일반 번역 ………………………… 100
일반 번역교육과정 ……………… 37

(ㅈ)

자가평가 …………………… 83, 212
자료 조사 능력 ………………… 39
자아개념 ………………………… 15
작업집단 …………………… 111, 150
장기분단 ………………………… 150
재표현 능력 ……………………… 39
전달자적 접근법 ………………… 119
전략적 능력 ……………………… 42
전문 도구 사용 능력 …………… 42
전문 번역 …………………… 100, 160
전문가화 ………………………… 109
전문화 …………………………… 92
전체적 목적 ……………………… 52
전환 능력 …………………… 38, 42
절대평가 ………………………… 209
정보적 기능 ……………………… 182
제3차 교육모형 ………………… 46
제도적 번역교육 ………………… 3
주입식 교육접근법 ……………… 70
주제 분야 능력 ………………… 111
지시적 텍스트 …………………… 182
직업교육중심 교육과정 ………… 91

직업기준 ································ 30, 221
직업윤리 ····································· 179

(ㅊ)

체험 학습 ··································· 70
초월 능력 ··································· 38

(ㅋ)

커뮤니케이션의 전문화 정도 ····· 183

(ㅌ)

태도적 능력 ······························· 113
텍스트 선정 ······························· 180
텍스트적 능력 ····························· 41
튜닝 프로젝트 ····························· 47
트라뒤테크 프로젝트 ················ 130
특수 번역교육과정 ······················ 37

(ㅍ)

평가성 ······································· 181
평생교육 ····································· 66

포괄능력 ····································· 46
표층접근법 ································· 69
표현적 기능 ······························· 182
프랑스번역사협회 ····················· 137
필요분석 ····································· 76

(ㅎ)

학문적 능력 ······························· 39
학문중심 교육과정 ····················· 91
학생 설문조사 ··························· 217
학습동기 ····································· 70
학습방식 ····································· 67
학습자의 자율성 ······················· 173
학습접근법 ································· 69
핵심 교육내용 ····························· 95
현지화 ····························· 7, 33, 180
협동번역교수인증제 ················· 230
협력적 접근법 ····························· 20